ENERGIEVAMPIRE

mit Liebe besiegen

Dorothy Harbour

ENERGIE VAMPIRE

mit Liebe besiegen

Neue Methoden
gegen psychischen
Energieraub

INTEGRAL

Die diesem Werk beigelegte CD ist die ideale Unterstützung, um die im Buch dargestellten Inhalte und Methoden wirksam in den Alltag umzusetzen. Mit acht Originalübungen aus dem Buch.

FSC
Mix
Produktgruppe aus vorbildlich bewirtschafteten Wäldern und anderen kontrollierten Herkünften
Zert.-Nr. SGS-COC-1940
www.fsc.org
© 1996 Forest Stewardship Council

Verlagsgruppe Random House FSC-DEU-0100
Das für dieses Buch verwendete FSC-zertifizierte Papier *Munken Premium* liefert Arctic Paper Munkedals, AB, Schweden.

Integral Verlag
Integral ist ein Verlag der Verlagsgruppe Random House GmbH

ISBN 978-3-7787-9185-1

Erste Auflage 2007

Einbandgestaltung: Reinert & Partner, München,
unter Verwendung einer Illustration von Thomas Reinert
Gesetzt aus der 10/13,3 Photina MT
bei C. Schaber Datentechnik, Wels
Druck und Bindung: GGP Media GmbH, Pößneck
CD aufgenommen im Studio Mitschnitt, Unterhaching
Hintergrundmusik: www.gemafreie-musik.de

Inhalt

Einführung

Als ich Mitte der Achtzigerjahre meine Praxis für spirituelle Energie- und Lebensberatung eröffnete, ahnte ich nicht, wie viele Menschen sich bald schon hilfesuchend an mich wenden würden. Doch der Erfolg hatte für mich auch seinen Preis: Da ich es nicht über mich brachte, auch nur einen Menschen, der seine Hoffnungen in mich setzte, abzuweisen, war ich bald schon nahezu Tag und Nacht mit den spirituellen Krisen und energetischen Problemen meiner Klienten beschäftigt.

Meine neue Aufgabe begeisterte mich und mobilisierte ungeahnte Kräfte in mir, doch mit den Jahren drohte sie mich auch mehr und mehr zu überwältigen. Zwar achtete ich sorgsam darauf, zumindest einen Tag pro Woche nur mir selbst und meinen Liebsten zu widmen, und von Anfang an richtete ich meine eigene Energiearbeit auf die extremen Erfordernisse aus, die meine spirituelle Praxis an mich stellte. Dennoch spürte ich im Spätsommer des Jahres 1999 deutlich, dass die Zeit für eine längere meditative Pause gekommen war.

So zog ich mich für einige Monate in die Einsamkeit zurück, an einen See in den kanadischen Bergen, wo ich ganz allein in einem kleinen Holzhaus lebte. Ich meditierte viel und wanderte oft halbe Tage lang durch die von Menschenhand nahezu noch unberührten Wälder. Das hinter mir zurückgelassene Leben verblasste rasch, und bald schon gelangte ich zu einer mystischen Einheit mit der mich umgebenden Schöpfung. Die Fragen, die mich in dieser Zeit beschäftigten, waren im Grunde die gleichen wie die Konflikte, die ich zusammen mit meinen Klientinnen und Klienten bearbeitet hatte. Nur bedachte ich sie nun auf einer tieferen, fundamentaleren Ebene, mehr mit dem Blick auf das kosmische Ganze als auf einzelne Menschen und ihre alltäglichen Probleme.

Wie können wir sicherstellen, dass alle Menschen jederzeit über genügend Lebensenergie verfügen? Wie lässt sich das in unzähligen Variationen wiederkehrende, in seinem Grundmuster dennoch immer gleiche Problem des individuellen – chronischen oder akuten – Energiemangels auf sanfte und nachhaltige Weise lösen?

Wenn ich abends auf meiner Veranda am Rand des Ahornwaldes saß und zusah, wie die Sonne im See versank, schien es mir desto rätselhafter, dass die Mehrheit der Menschen in den »westlich« orientierten Ländern noch immer auf dem Irrweg des Materialismus und Rationalismus beharrt. Dass so viele Menschen mehr oder minder ihr ganzes Leben damit verbringen, um die vermeintlich knappe Ressource Lebensenergie zu kämpfen – ohne zu erkennen, dass die Schöpfung uns Energie in unermesslicher Fülle zur Verfügung stellt, ja sogar, ohne sich dieser Energiekämpfe auch nur schattenhaft bewusst zu werden.

Phänomenologie des Energievampirs

In meinem Buch *Achtung, Energie-Vampire!* habe ich die Phänomenologie des Energievampirismus bereits ausführlich dargelegt. An dieser Stelle möchte ich daher nur einige grundlegende Einsichten zusammenfassend wiederholen.

Wie für viele andere, die ein spirituelles Bewusstsein entwickelt haben, ist es auch für mich sonnenklar, dass wir eine Vielzahl der zwischenmenschlichen und gesellschaftlichen Konflikte und Probleme in unserer heutigen Welt erst von einem energetischen Standpunkt aus angemessen verstehen können. Die weit überwiegende Mehrheit der Menschen in den »westlich« orientierten Ländern leidet an einem chronischen Mangel sowohl an Lebensenergie wie auch an Möglichkeiten, ihre eigene Energie zu kontrollieren. Auch dieses Defizit an Kontrolle lässt sich in zwei Aspekte unterteilen: in die Schwierigkeit der meisten Menschen, genügend Energie aus sich selbst heraus zu generieren, und in das ebenso grundlegende Problem, andere Menschen am vampiristischen Raub ihrer Lebensenergien zu hindern. Und solange all diese Konflikte und Probleme den Betroffenen nicht einmal ansatzweise bewusst sind, haben sie auch keine Chance, mit einer erfolgversprechenden Strategie dagegen vorzugehen.

Unter Energievampiren verstehe ich – allgemein gesprochen – solche Menschen, die sich als weniger vital als ihre Umgebung empfinden. Meist ist ihr Energiefluss in der Tat mehr oder minder blockiert, doch der Schluss, den sie aus diesem Defizit ziehen, würde ihnen in anderen Lebensbereichen erhebliche Schwierigkeiten eintragen: Anstatt ihre Energiespeicher aus eigenen Kräften wieder aufzufüllen, verlegen sie sich auf Diebstahl, Erpressung und Raub.

Jeder von uns kennt solche Zeitgenossen, die gewohnheitsmäßig von der Lebenskraft ihrer Mitmenschen zehren, wie der Vampir sich am Blut seiner Opfer gütlich tut. Da ist der »Liebesvampir«, der in der Partnerschaft oder in der Familie die Personen seiner Umgebung unaufhörlich »anzapft«. Mal will er von uns getröstet werden, dann wieder haben wir ihm vermeintlich Unrecht getan und müssen ihm Abbitte leisten, und so verfügt er oder sie über unzählige kleine oder größere Kniffe, um unsere Aufmerksamkeit, unsere Liebe und Zuwendung – und damit unsere Energieressourcen – auf sich zu lenken.

Ebenso kennen wir alle zahlreiche Beispiele für den Typus des »Machtvampirs« – Chefs und Führungsfiguren in sämtlichen Berufs- und Lebensbereichen, die sich an ihrer Macht über andere regelrecht berauschen. Das »Charisma« solcher Leader-Gestalten und die »Droge Macht«, von der in solchen Zusammenhängen oftmals die Rede ist, sind nichts anderes als die Gesamtheit der Energien, die sie ihren Bewunderern oder Fans, Untergebenen oder in anderer Weise von ihnen abhängigen Personen geraubt haben. Kein Wunder, dass beispielsweise Politiker, die ihre Ämter und Würden verlieren, in ein tiefes Tal der Depressionen stürzen. Letztlich sind sie »Energie-Junkies« auf Entzug.

Der unheimlichste Geselle im Trio der typischen Energieräuber ist wohl der »Angstvampir«. Seine Lebensenergie ist in tief greifendem Ausmaß blockiert. Meist sind Individuen dieses Typus psychisch krank oder zumindest in erheblichem Maß seelisch gestört. Sie neigen zu Verschwörungsfantasien, Katastrophenvisionen und Sektierertum. Um Einfluss auf einen Menschen zu gewinnen, zerrütten sie dessen Beziehungen und untergraben sein Selbstvertrauen. Wer von ihnen umgarnt wird, hat nach kürzester Zeit den Eindruck, gefangen zu sein und rapide an Antriebskraft zu verlieren – ein zutreffender Verdacht, da der Angstvampir seine Zähne in die spirituelle Halsschlagader seines Opfers gebohrt hat.

Ein allgegenwärtiges Energiedrama

Wäre das Problem des Energievampirismus auf wenige Zeitgenossen beschränkt, so würde es genügen, wenn man einige leicht zu beherzigende Sicherheitsmaßnahmen beachtet. Doch unglücklicherweise sind nahezu alle Menschen der »westlichen« Zivilisation in dieses Drama verstrickt. Denn wie gesagt: So gut wie niemand in der modernen Welt ist sich dieses Problems überhaupt bewusst oder vermag gar, aus eigener Kraft seine Energieproduktion zu kontrollieren und vor räuberischen Übergriffen zu beschützen.

Mit anderen Worten: Nahezu alle Menschen in unserer Umgebung sind potenzielle Energievampire, unterschieden nur durch die Häufigkeit und Raffinesse, mit der sie sich auf Raubzüge begeben. Die einen sind Gelegenheits-Vampire, die anderen Gewohnheitsräuber; die einen gehen amateurhaft vor und scheitern wie unbeholfene Ladendiebe, die dem Detektiv in die Arme stolpern, während andere mit der Eleganz einer Raubkatze ihren Mitmenschen die Lebenskraft entziehen. Gleich ist in allen Fällen geglückten Raubs nur das Befinden des Opfers, das kraftlos und ausgelaugt zurückbleibt.

Bereits in *Achtung, Energie-Vampire!* habe ich auf eine gewisse Mitschuld auch des Energieraub-Opfers hingewiesen: Energetische Verunreinigungen und Blockaden in unserem Innern rufen Lecks und Lücken in der Aura – unserem energetischen Schutzschild – hervor, durch welche die Lebenskraft-Vampire eindringen können. In meinem neuen Buch möchte ich nicht zuletzt auf diese Seite des Problems ausführlicher eingehen.

Eines Morgens bei Sonnenaufgang, während ich durch den kanadischen See schwamm, in dessen tiefblauer Fläche sich die Bäume am Ufer und die Wolken am Himmel spiegelnd vermischten, wurde mir schlagartig klar, dass aller Schutz vor Energievampirismus bei unseren eigenen *inneren Energieräubern* beginnen muss. Ja, mehr noch: dass wir uns auch vor Angriffen von außen sehr viel wirksamer schützen können, wenn wir die Energievampire in unserer (familiären oder beruflichen) Umgebung dazu bringen, sich einer inneren energetischen Reinigung zu unterziehen. Es war das Heureka meines neuen Energieschutz-Konzeptes, für das ich auch am gleichen Morgen, noch ehe ich wieder aus dem See gewatet war, einen passenden Namen fand: *Positive Spirituelle Intervention.*

In meinem neuen Buch möchte ich zeigen, dass unverarbeitete Traumata und andere autobiografische »Wrackteile« in unserem Unbewussten auch ihrerseits sozusagen wie Energiefresser wirken – Räuber, die in unserem tiefsten Innern lauern, ständig von unserer Energie zehren und sich nicht selten auf unheilvolle Weise mit äußeren Energievampiren verbünden. Durch bestimmte energetische Übungen und die Beherzigung einiger Regeln können wir uns von diesen inneren Energieräubern befreien und die in den »Wrackteilen« gespeicherten Energien für uns selbst wieder nutzbar machen.

Hierauf aufbauend möchte ich demonstrieren, wie Sie sich mit dem höheren Selbst, dem »inneren Engel«, eines Angreifers verbünden und diesen von seinem Energiemangel und damit auch aus seinem Dasein als Energievampir »erlösen« können. Mittlerweile hat sich dieses Programm der Positiven Spirituellen Intervention in meiner Praxis bereits vielfach bewährt. Der Erfolg setzt jedoch voraus, dass wir noch sehr viel konsequenter als bisher an uns selbst arbeiten und durch weiteres spirituelles Wachstum Zugriff auf sogenannte paranormale Fähigkeiten wie Telepathie und spirituelle Suggestion erhalten.

Das kosmische Energieprinzip

Das gesamte Universum schwingt im steten Wechsel von Kontraktion und Expansion, Zusammenziehung und Ausdehnung. Die Energie, die den Kosmos durchpulst, ist für das ungeübte Auge normalerweise unsichtbar, jedoch seit altersher in allen Kulturen bekannt – als *Prana* in Indien, als *Chi* in China, als *Orgon* in der von Wilhelm Reich begründeten lebensenergetischen Philosophie. Von der Amöbe bis zur Supernova gilt für alles und jeden im Universum das gleiche Gesetz der Pulsation. Jede lebendige Zelle ist von einer Membran umgeben.

Diese Membran grenzt den Einzeller von seiner Umgebung ab, und auch die menschliche Haut und das menschliche Ich-Bewusstsein haben, energetisch gesehen, die Funktion einer solchen Grenze.

Anders als alle anderen Lebewesen verfügt jedoch die menschliche Spezies zusätzlich über eine zweite Membran, die jeden Einzelnen von uns gleichsam nach innen abschließt, mit der Folge, dass wir die universelle Schwingung normalerweise nicht mehr oder nur noch mühsam und vermittelt wahrzunehmen vermögen. Durch diese innere Membran, die der geniale Lebensenergie-Forscher Wilhelm Reich »Panzerung« genannt hat, entsteht die für den Menschen so typische Illusion einer »materiellen Welt«, einer grundlegenden Spaltung in Subjekt und Objekt, in Geist und Körper. Und es ist allein diese Illusion, auf der alle Macht und aller Glanz, Elend und Hochmut der »westlichen« Zivilisation basieren. Kriege und Umweltzerstörung ebenso wie die prachtvollen technischen Errungenschaften des industriellen und kybernetischen Zeitalters – dies alles entspringt einzig und allein der Wahnvorstellung einer »materiellen Welt«, einer scheinbar leb- und sinnlosen Maschinerie, die der Mensch nach seinem Gutdünken umbauen, zerstören, durch hybride Neuschöpfungen verunstalten darf.

Denn was alle anderen Geschöpfe intuitiv spüren und auch den Menschen der älteren Kulturen stets bewusst war, das ist aus dem Gedächtnis und Erfahrungsspektrum des »modernen« Menschen vollständig getilgt: die unhinterfragbare Gewissheit einer All-Einigkeit, einer existenziellen Verbundenheit, eines energetischen Gleichklangs aller Geschöpfe, die gleichsam nur die Milliarden Häupter und Glieder eines einzigen universellen Lebewesens sind. »Dies alles bist du«, wie es schon in den ältesten Weisheitslehren der Menschheit heißt – der See und der Himmel darüber, die Bäume am Ufer, die Berge in der Ferne, die sich im Gewässer ebenso spiegeln wie das Gesicht des Betrachters – »dies alles bist du«.

Wie kann man sich erklären, dass die Menschheit von dieser unwillkürlichen Empfindung eines universellen Gleichklangs abgeschnitten worden ist? Offenbar handelt es sich um einen evolutionären Vorgang, um eine Veränderung in der Struktur der Schöpfung, deren Sinn und Zweck sich mit rationalen Mitteln nicht ergründen lässt. Die Paradiesmythen nahezu aller Kulturen erzählen von jener ursprünglichen Einheit der Menschen sowohl mit dem Göttlichen als auch mit der Natur, die durch den »Sündenfall«, den Diebstahl vom »Baum der Erkenntnis«, verloren gegangen sei. Und seither besteht die Aufgabe der Menschen darin, diese Vertreibung rückgängig zu machen, unsere Isolierung von der restlichen Schöpfung wieder aufzuheben und in die »paradiesische« All-Einheit zurückzukehren – eine tragische Bewährungsprobe, an der die Menschheit desto gründlicher zu scheitern droht, je verbissener sie auf dem Irrweg des Materialismus und Rationalismus voranzukommen versucht.

Aufs Große und Ganze gesehen erfüllt also jeder von uns eine kosmische Pflicht, indem er oder sie diesen Irrweg verlässt und sich auf den spirituellen Pfad begibt – den einzigen Weg, auf dem unsere Spezies den verlorenen Zugang zum universellen Energiepool, zur schwingenden Symphonie der Schöpfung wiedergewinnen kann. Und zugleich handeln wir hierbei zu unserem eigenen wohlverstandenen Besten, da wir auf diese – und nur auf diese – Weise unser individuelles Energiedefizit grundlegend beheben können.

Zugang zum kosmischen Energiepool

In den meisten »westlichen« Menschen ist die Pulsation, die Schwingung kosmischer Energie, mehr oder minder gelähmt. Hierdurch wird auch der Energiefluss gestaut: Wir »platzen« vor blockierter Energie, oder aber unsere Energiespeicher entladen sich unkontrolliert und können keine neue Energie generieren. Beide Arten von Fehlfunktionen machen uns krank, schwach und angreifbar.

Dabei ist jeder Mensch imstande, sich an den unerschöpflichen kosmischen Energiepool anzuschließen, also seinen Energiemangel nachhaltig zu beheben – wenn er es nur wirklich aus tiefstem Herzen will und bereit ist, hierfür sein Leben in einigen Punkten zu ändern. Das betrifft etwa unsere Ernährung, die energetisch wertvoll sein sollte, und mehr noch die Kunst des vertieften Atmens, die dazu beitragen kann, unsere inneren Energieblockaden so eindrucksvoll wie nachhaltig aufzulösen. Aber bei alledem geht es nicht einfach um ein paar Kunstgriffe und Techniken, die man sich nebenher aneignen kann, um ansonsten der bisherigen Lebensbahn weiter zu folgen.

Wer sich aus der Zwangslage eines chronischen Defizits an Lebensenergie befreien will, in der heutzutage die Mehrheit der Menschen zumal in den »westlich« orientierten Ländern gefangen ist, der sollte sich zu einer grundlegenden Änderung seiner inneren Einstellung zu dieser Welt, seinen Mitmenschen und nicht zuletzt zu sich selbst durchringen. Aus diesem fundamentalen Perspektivwechsel gehen dann die notwendigen Änderungen in Einzelfragen – von der Ernährung über die Erziehung unserer Kinder bis hin zu unserem Verhalten gegenüber unserem Lebenspartner, unseren Kollegen und Vorgesetzten – so zwanglos wie unausweichlich hervor.

Wer sich entschließt, den ausgetretenen Weg der Materialität zu verlassen und stattdessen auf den Lichtpfad der Spiritualität einzubiegen, der wird gewiss nicht über Nacht die erhofften und verheißenen Veränderungen spüren. In unserer Konsumkultur muss jeder Wunsch immer sofort erfüllt, jedem Reiz auf der Stelle nachgegeben werden. Aber gerade diese rasche und unaufhörliche Abfolge von »Ladungen« und »Entladungen« ist sowohl ein Symptom als auch ein mächtiger Verstärker des grundlegenden Energiedefizits, an dem heute die absolute Mehrheit der Menschen im ehemals »abendländisch« genannten Kulturkreis leidet. Sich für den spirituellen Pfad zu entscheiden heißt vielmehr zu lernen, die benötigte Lebensenergie aus sich selbst heraus zu generieren und in unserem Innern zu speichern, anstatt sie unkontrolliert sogleich wieder an die Umgebung abzugeben.

Wer spirituell wächst, wird energetisch mehr und mehr autark. Denn alles, was wir an Lebensenergie benötigen, ist überall in der Schöpfung in reicher Fülle vorhanden. Wir müssen nur wieder lernen, uns für diese Energie zu öffnen, sie zu speichern und in unserem Innern zu generieren. Einmal wieder in Gang gesetzt, funktioniert unsere Energieversorgung so vollkommen und autonom wie ein Perpetuum mobile oder wie die alchimistische Umwandlung von Blei in Gold, von Sterblichkeit in ewige Jugend.

Es *wieder* zu lernen, habe ich geschrieben – denn als Kinder haben wir alle diese existenzielle Kunst mit schlafwandlerischer Sicherheit beherrscht. Sehr viele Kinder verfügen in den ersten Lebensjahren auch über intuitive Fähigkeiten wie Gedanken- und Gefühlsübertragung oder visionäre Prophetie, also die Vorausschau von Ereignissen in Form von traumartigen Bildsequenzen. Doch durch unsere Erziehung – besser gesagt, durch unsere Abrichtung für eine dem Materialismus und Rationalismus verfallene Welt – haben die meisten von uns diese »magischen« Talente spätestens mit Eintritt der Pubertät wieder vergessen und verlernt.

Der innere See

Nichts, was wir jemals erfahren und an spirituellen Fähigkeiten besessen haben, kann uns wirklich genommen werden. Dies alles liegt noch immer in unserem Unbewussten wie in der Schatzhöhle, die der Drache bewacht, oder wie die Wrackteile und die verplombten Container gesunkener Schiffe am Grund eines tiefen, unterirdischen Sees. Dort unten im Grundschlamm unseres inneren Pools liegen und lauern allerdings auch allerlei »Ungeheuer« – abgespaltene und abgesunkene Teile unseres Selbst, die wir durch Erziehung und verschiedene traumatische Erfahrungen auf unserem Lebensweg verloren oder abgestoßen haben – und deren dauerhafte Abspaltung und Verdrängung aus unserem Bewusstsein ebenso unaufhörlich von unserer Lebensenergie zehrt.

So werden wir also letztlich von zwei unterschiedlichen Arten von Energievampiren bedroht: den inneren Energiesaugern, die im See unseres Unterbewussten hausen, und äußeren Energieschmarotzern, denjenigen Zeitgenossen, die ihr eigenes Energiedefizit auf Kosten ihrer Mitmenschen beheben. Und nicht selten gehen beide Arten von Vampiren unheilvolle Bündnisse miteinander ein.

Wir alle gleichen, energetisch betrachtet, einem Gewässer, das von einem Boot befahren wird – das Boot ist unser Bewusstsein, unser willentliches Ich, das Gewässer ist unser individueller Energiepool. Wenn unser persönlicher Fluss mit der universellen Energie gut verbunden ist und wir von unserer Umwelt ebenso viel Energie zurückbekommen, wie wir an sie verteilen, dann wird unser energetischer Fluss im Allgemeinen im Gleichgewicht sein: weder reißend noch stockend, weder von Überflutung noch von Austrocknung bedroht. Und entsprechend kommen wir mit unserem Boot gut voran.

Wenn wir aber ein Energiedefizit haben, müssen wir mit unserem Boot ständig waghalsige Manöver ausführen, damit wir nicht in Sandbänken stecken bleiben oder unser Schifflein an Steinen und anderen Hindernissen im Flussbett leckschlägt. Diese Hindernisse sind abgespaltene Selbstanteile, Verdrängungen, Traumata, Energieblockaden verschiedenster Art, die sich im Lauf des Lebens abgelagert haben. Wir müssen also Sorge dafür tragen, dass der Energiestand immer hoch genug ist, damit wir nicht in Seenot geraten – was umgekehrt bedeutet, dass wir die »Wracks« am Grund unseres Gewässers möglichst heben, auflösen, unserem Selbst wieder integrieren sollten, denn in jedem dieser Trümmer sind verlorene Energien gespeichert.

Chronische Kontraktion, ein energetisches Grundübel

Energiedefizite entstehen fast immer durch ein Überwiegen der Kontraktion gegenüber der Extraktion: Wir verkrampfen, befinden uns in permanenter Abwehrhaltung, sind unter Stress, in einer immerwährenden Kampfsituation. Alles, was unsere Seele und unseren Körper auf natürliche Weise (also nicht durch Alkohol oder andere Drogen) entspannt, trägt hier folglich zur Wiederherstellung des energetischen Gleichgewichts bei – und dieses Gleichgewicht selbst ist das beste Energiekraftwerk, das man sich nur vorstellen kann, vergleichbar dem Pendel, das aus sich selbst heraus hin und her schwingt.

Hierzu ein einfaches Beispiel: Jeder kennt das Phänomen, dass die einen bei einer »Grippewelle« von heftigem Schnupfen, Husten und Fieber heimgesucht werden, während andere völlig unbehelligt bleiben. Der eine muss nur einen kalten Luftzug abbekommen und ist schon erkältet, der andere läuft im T-Shirt bei Frosttemperaturen herum und bleibt gesund. Woran liegt das?

Auch die Antwort kennt eigentlich jeder: Wenn wir uns down fühlen, besorgt oder traurig sind, erwischt uns das Virus todsicher. Sind wir dagegen optimistisch, verliebt, draufgängerisch etc., so kann uns kein grippaler Erreger und kein garstiger Vorgesetzter etwas anhaben. Man könnte geradezu sagen: Die tränenden Augen eines an der Grippe Erkrankten sind der körperliche Ausdruck seiner Besorgtheit oder Traurigkeit, die ihn für die Erkrankung anfällig gemacht hat. In vielen Fällen handelt es sich hier also um eine Verschiebung der energieblockierenden Verkrampfung von der seelischen in die körperliche Dimension. Woraus umgekehrt natürlich folgt: Von der Erkältung gesunden Sie am leichtesten, indem sie die Ursachen Ihres Kummers beheben.

Bedenklicher als eine solche vorübergehende Verkrampfung sind die leider keineswegs seltenen Fälle chronischer Kontraktion. Die Wurzel dieses energetischen Übels ist sehr häufig in der Kindheit der Betreffenden, also in unangemessener, gefühlsfeindlicher Erziehung zu finden. Gerade Jungen werden in den Vereinigten Staaten – und wohl auch in vielen europäischen Ländern – noch immer nach dem »soldatischen« Grundsatz erzogen, dass sich ein wahrer Mann weder Angst noch Zorn anmerken lassen darf. Diese Überbetonung einer möglichst vollkommenen äußeren Selbstkontrolle wird jedoch mit einer chronischen energetischen Fehlfunktion erkauft. Der zum »Soldaten« gedrillte Junge und später der erwachsene Mann hat zwar gelernt, sich »nichts anmerken zu lassen«, also weder durch Gesten noch durch Mienenspiel oder gar durch Tränenausbrüche seine jeweilige »verbotene« Gefühlslage zu verraten. Damit wird aber nur der Ausdruck dieser Emotionen blockiert, die zugrunde liegenden Energien können nicht abgeführt werden, sondern bleiben im Innern gestaut: Unser bedauernswerter »Soldat« befindet sich in einem Zustand permanenter Angst oder Wut.

Dieses durch Erziehungsdrill verhängte Ausdrucksverbot aber wirkt in zweifacher Hinsicht wie ein »innerer Energievampir«. Zum einen muss der Ausdruck der »verbotenen« Gefühle unaufhörlich unterdrückt werden – was ebenso Energie kostet, wie wenn man sich ständig mit einer Schulter gegen eine Tür stemmen muss, die ein permanenter Luftzug aufzudrücken droht.

Zum anderen aber – und das ist auf längere Sicht weit ärger – wird durch diese Dauerverkrampfung unser inneres Kraftwerk, das eben auf dem Prinzip der Schwingung beruht, mehr und mehr lahm gelegt: Das Energiedefizit wird schließlich chronisch, immer häufiger kippt das Gefühl gestauter innerer Erregung bei unserem »Soldaten« in Empfindungen wie Kraft- und Antriebslosigkeit um. Hinzu kommt, dass er es immer krampfhafter vermeidet, überhaupt irgendwelchen Gefühlen Ausdruck zu verleihen – gepeinigt von der Sorge, dass sich zusammen mit »erlaubten« Emotionen wie Lust oder Zuneigung auch die »verbotenen« Gefühle Bahn brechen könnten. So wird er sich zu allem Überfluss auch noch isoliert, von seinem inneren Selbst wie von seiner Umgebung abgeschnitten fühlen – was die energetische Abwärtsbewegung nur noch weiter verstärkt.

Die Annahme, dass sich gestaute Energien in jeder sich bietenden Bresche Bahn brechen können, ist im Übrigen nur allzu berechtigt. Wenn wir Wassermassen stauen, dann wird sich die Flut auch durch jede erdenkliche Öffnung ergießen – sei es nun ein sich öffnendes Schleusentor oder ein Leck im Damm. Dass dieses universelle Prinzip auch für unseren inneren Energiefluss gilt, zeigt ein so drastischer wie tragischer Fall, von dem ich vor einigen Jahren erfuhr.

Ben war ein junger Soldat, der bei einem Kampfeinsatz im Irak einen bewaffneten Gegner erschossen hatte. Obwohl er in Notwehr gehandelt und gegen keinerlei kriegsrechtliche Bestimmungen verstoßen hatte (im Gegenteil, er bekam sogar eine Tapferkeitsauszeichnung), konnte er sich diese Tötung eines Mitgeschöpfs niemals verzeihen. Er schied so bald wie möglich aus der Armee wieder aus, und während er in früheren Jahren offen und kontaktfreudig gewesen war, entwickelte er sich nun zu einem verschlossenen und wortkargen Einzelgänger. Jo-Ann, eine junge Frau, die beharrlich seine Nähe suchte, gewann schließlich sein Vertrauen, obwohl er sich geradezu verzweifelt dagegen wehrte. Eines Tages gestand er ihr, weshalb er sich von allem zurückgezogen hatte und wie ein Einsiedler lebte: Er traue sich selbst nicht mehr über den Weg. Der Zwischenfall im Irak habe ihm die Augen über seinen »wahren Charakter« geöffnet, wie er ihr erklärte. Seit damals verdächtigte sich Ben, insgeheim »mordlüstern« zu sein. Er war fest davon überzeugt, dass die »Bestie in seinem Innern« bei der nächsten sich bietenden Gelegenheit neuerlich »zuschlagen« würde.

Jo-Ann erzählte mir von diesem unglücklichen jungen Mann. Wir vereinbarten, dass ich versuchen würde, ihn von seiner traumatischen Verkrampfung zu befreien, wenn es ihr gelänge, ihn von der Notwendigkeit dieses Schrittes zu überzeugen. Denn die Initiative muss immer vom Klienten ausgehen – ohne den Willen zu Selbstheilung und Selbstbefreiung kann kein positiver Prozess in Gang kommen.

Doch dazu kam es leider nicht mehr. Ben und Jo-Ann hatten sich heftig ineinander verliebt. Sie verbrachten eine romantische Nacht miteinander, und am Morgen, als der junge Mann erwachte, lag neben ihm seine Geliebte – von seinen eigenen Händen erwürgt. So lange hatte er das traumatische Angstbild genährt, dass die »mörderische Bestie« in seinem Innern all seine Energien in sich hineingeschlungen hatte und schließlich übermächtig geworden war – einer der tragischsten Fälle von »inneren Energievampiren«, von denen ich jemals erfahren habe.

Das Grundmuster solcher unkontrollierten Entladung kennt jedoch jeder Therapeut, der mit Bioenergetik oder autogenem Training arbeitet: Personen, die unter Energieblockaden aufgrund chronischer Verkrampfung leiden, reagieren auf Entspannungsübungen zunächst mit krasser motorischer Unruhe oder Gefühlsausbrüchen. Diese Entladungen hören allerdings schlagartig auf, wenn die Kontraktion beseitigt ist und das energetische Pendel wieder frei hin und her schwingen kann.

Versorgungsmangel führt zu Energievampirismus

Noch immer gleicht die Kindererziehung in unserer Kultur, von einem energetischen Standpunkt aus betrachtet, nur allzu sehr der Abrichtung zu kleinen Soldaten und Soldatinnen. Das gilt nicht nur für die Unterdrückung geschlechtsspezifisch unerwünschter Gefühle – Jungen dürfen keine Angst zeigen, Mädchen kein allzu forsches Draufgängertum und so fort. Nein, das Dilemma reicht sehr viel tiefer: Die Erziehung unserer Kinder basiert geradezu auf dem Grundsatz, ihnen – uns allen – die Befriedigung elementarster Bedürfnisse zu versagen. Wir alle benötigen eine permanente Zufuhr an Nahrung, Schutz und Wärme im wörtlichen wie im übertragenen Sinn: physische Ernährung, ein Dach über dem Kopf und eine Umgebung, deren klimatische Bedingungen unseren körperlichen Bedürfnissen entsprechen; aber ebenso überlebenswichtig: Geborgenheit, emotionale Nähe, zärtliche und fürsorgliche Berührung durch unsere Nächsten, die uns stützen, halten und beschützen.

Als kleine Kinder erfahren wir, wie unsere Eltern mit diesen Bedürfnissen des abhängigen Kindes umgehen, und wir alle werden zutiefst durch diese Erfahrung geformt. Die Prägung betrifft unsere Psyche ebenso wie unseren Körper, also unser gesamtes energetisches System. Und in einer Kultur, in der nahezu alle Kinder mit der Erfahrung eines permanenten energetischen Versorgungsmangels aufwachsen, reproduzieren sie zwangsläufig auch als Erwachsene das gleiche Muster des Mangels und der Versagung. Auch diese Reproduktion wirkt sich wiederum auf zwei Ebenen aus: gegenüber eigenen und fremden Kindern, aber auch gegenüber dem »inneren Kind« in uns selbst oder in unserem Partner, jenem Selbstanteil also, in dem sich die kindliche Gefühls- und Bedürfnisebene des Erwachsenen manifestiert.

Auch hierzu ein einfaches Beispiel: Die meisten Menschen, die in ihrer Kindheit eine kaltherzige, berührungsarme Erziehung erfahren haben, wenden das gleiche Erziehungs- und Versagungsmuster (»Stell dich nicht so an – das hat mir auch nichts geschadet!«) auf ihre eigenen Kinder an. Aber selbst für jene jungen Eltern, die entschlossen sind, es »besser zu machen«, und sich aufrichtig bemühen, ihre eigenen Kinder in einer Atmosphäre zärtlicher Fürsorglichkeit aufwachsen zu lassen, gilt das eherne Gesetz, dass niemand »aus seiner Haut« kann – es sei denn, er hat das *energetische Muster* aufgelöst, das durch die kindheitliche Erfahrung in seine Psyche und seinen Körper eingeprägt worden ist wie eine alle Schichten durchdringende Tätowierung.

Das gilt vor allem anderen für die Erfahrung einer energetischen Mangelversorgung, also eines frühkindlich erlittenen Zuwenig an Berührung, Gehaltenwerden, emotionalem Geborgen- und Angenommensein. Diese Erfahrung bewirkt in unserem Innern einen *chronischen Schmerz*, der zu einem wesentlichen Baustein des Charakters wird – und den zu unterdrücken uns einen lebenslänglichen Energieaufwand abfordert.

Man könnte nun meinen, im Zeitalter der »sexuellen Befreiung« gehörten solche Mangelerfahrungen einer prüderen Vergangenheit an. Gegen diese euphemistische Annahme spricht jedoch zum einen, dass die »sexuelle Revolution« sehr viel mehr in den Medien als in der gesellschaftlichen Realität stattgefunden hat. Zumal in den Vereinigten Staaten hat sich die puritanische Tradition als sehr viel zählebiger erwiesen, als die fröhliche Avantgarde unverkrampfter Sinnenfreude dies jemals erwartet hat – eben weil es sich um energetische Grundmuster handelt, die durch Proklamationen, Medien-Events oder auch durch noch so kluge Analysen nicht zu beeinflussen sind.

Aber es gibt auch noch einen zweiten Grund dafür, dass die »sexuelle Befreiung« am grundlegenden energetischen Versorgungsmangel wenig zu ändern vermochte: Das innere Kind in uns sehnt sich noch immer nach der Liebe, Berührung und Geborgenheit, die ihm stets versagt geblieben sind. Doch zugleich hat uns die Erfahrung dieser permanenten Entbehrung, dieser nie gestillten Bedürfnisse zu energetischen Charakteren geformt, die tragischerweise zutiefst unfähig sind, die so sehr ersehnte Versorgung anzunehmen und zu erwidern. Schon die bloße Ahnung der Möglichkeit, die nährende, selbstlose Liebe zu erfahren, die ihnen als Kindern verwehrt worden ist, löst in vielen Erwachsenen jenen Schmerz aus, den die Mangelerfahrung ihnen in frühester Zeit eingeprägt hat. Hierauf reagieren sie mit verstärkter Unterdrückung des Schmerzbewusstseins – und im libertinären Zeitalter vielfach mit einer Flucht in sexuelle Ersatzbefriedigung. Energetisch gesehen ist Sex ohne emotionale Nähe also nichts als ein Surrogat für jene wirkliche Liebe, die vom mangelgeprägten Charakter nur noch als Wiedererwachen eines traumatischen Urschmerzes erfahren werden kann.

Der Mechanismus chronischer Unterdrückung eines grundlegenden Mangelgefühls bleibt uns in aller Regel unbewusst. Nur das kurzzeitige Aufflammen jenes Schmerzes lässt ihn hin und wieder ins Bewusstsein treten. Dieses energetische Muster hilft uns zu verstehen, warum die weit überwiegende Mehrheit der Menschen in unserer Umgebung gelegentlich, häufig oder gewohnheitsmäßig zum Energievampirismus neigt: Sie selbst beherbergen in ihrem Innern einen gefräßigen Energieräuber, der einen beträchtlichen Teil ihrer Lebensenergien aufzehrt. Um die Existenz des inneren Energiefressers (jenes Schmerzes) vor sich selbst zu verleugnen, flüchten viele Menschen in unechte Beziehungen, in denen wirkliche emotionale Nähe (die meistens keiner der beiden Partner ertragen könnte) durch scheinbar »unverkrampften« Sex ersetzt wird – sowie durch gegenseitige energievampiristische Erpressung, wann immer sich die Gelegenheit für einen kleinen Raubzug bietet.

An wen richtet sich dieses Buch?

Ebenso wie *Achtung, Energie-Vampire!* basiert auch dieses Buch auf meiner langjährigen Praxis als spirituelle Lebensberaterin. Allen Leserinnen und Lesern von *Energievampire mit Liebe besiegen* empfehle ich, sich zuvor mit dem Energiekonzept, den Übungen und Fallbeispielen in meinem ersten Buch zu befassen. Das ist jedoch nicht zwingend erforderlich – auch in meinem neuen Buch finden Sie eine Reihe praxisbewährter Übungen zum Schließen der Chakras sowie zur energetischen Reinigung.

Die Mehrzahl der Klientinnen und Klienten, mit denen ich in den zurückliegenden zwei Jahrzehnten gearbeitet habe, lässt sich in zwei Gruppen zusammenfassen: Opfer (potenzielle oder akute) von Energievampiren sowie spirituelle und körpertherapeutisch orientierte Helfer und Heiler. Vor allem an diese beiden Gruppen richtet sich auch mein neues Buch.

- Besonders gefährdet sind Menschen mit schwacher oder defekter Aura: Ein niedriger Energielevel und ein lückenhafter energetischer Schutzschild gehen zumeist auf »innere Energieräuber« wie tief sitzende Schuldgefühle, Versagensängste und ähnliche traumatische Verzerrungen zurück.
- Ebenso bedroht ist gerade die Gruppe der spirituellen Helfer und Heiler: Sie haben es zwar gelernt, Lebensenergie zu generieren und im Heilprozess an ihre Klienten weiterzugeben. Aber das setzt voraus, dass sie ihre Chakras weit geöffnet haben. In vielen Fällen versäumen sie es aber, diese zu ihrem eigenen Schutz auch wieder zu schließen.

Als dritte Gruppe, an die sich dieses Buch richtet, sollten wir auch die »Täter« hinzurechnen, denn wie gesagt: Zum einen neigt die überwiegende Mehrheit der Opfer von Energievampiren auch ihrerseits (gelegentlich oder gewohnheitsmäßig) zu »räuberischen Übergriffen«, wenngleich diese meist unbewusst erfolgen. Und zum anderen haust im Innern nahezu jedes »westlich« erzogenen Menschen ein mehr oder minder bedrohliches energiefressendes »Ungeheuer«, erschaffen aus zumeist frühkindlich erlittenen Traumata, Ängsten und Versagungen.

Mit anderen Worten: Mein Programm zur »Erlösung« von inneren wie äußeren Energievampiren, zur Befreiung aus negativer energetischer Verstrickung, ist im Grunde für alle Menschen geeignet, für professionelle Helfer und Laien, für die potenziellen Opfer von Energieangriffen ebenso wie für Menschen, die sich ihres aggressiven Grundmusters bewusst geworden sind und an einer Lösung ihres energetischen Problems arbeiten wollen.

Individuelle energetische Verstrickung

Auf die meisten Punkte, die ich in diesem einführenden Kapitel angetippt habe, werde ich im weiteren Verlauf des Buches noch ausführlicher eingehen. Aber diese Andeutungen erlauben es Ihnen bereits, sich an einer ersten modellhaften Skizze Ihrer individuellen energetischen Verstrickung zu versuchen. Wenn Sie einmal Ihren Blick schweifen lassen, von Ihrem Lebenspartner und Ihrer Familie über Ihre Kollegen und Vorgesetzten im Beruf bis hin zu den in Ihrem Innern abgelagerten »Wrackteilen« und »versunkenen Containern« uralter Ängste, Schuldgefühle oder zerschellter Hoffnungen – kommen Sie insgesamt zu einem positiven oder negativen Resultat? Anders gefragt: Geben Sie – nach innen und nach außen – insgesamt mehr Energie ab, oder bekommen Sie mehr zurück?

Um das herauszufinden, kann die folgende kleine Übung ganz hilfreich sein. Aber bleiben Sie bitte entspannt – hier geht es zunächst einmal nur um eine erste, spielerische Annäherung an Ihr persönliches »Energie-Bestiarum«.

Zeichnen Sie Ihr Selbst als einen großen, kreisförmigen See mit einem viel kleineren Kreis darin, dem »Boot« ihres willentlichen Ich. Malen Sie nun für jede Person, die Sie in Ihre Energiebilanz aufnehmen möchten, ein kleines Kästchen um Sie herum, also für Partner, Kinder, Eltern, Berufskollegen, aber auch für Personen aus Ihrer Vergangenheit, an die Sie noch immer zuweilen mit Schmerz oder Bitterkeit, mit Freude oder einem Glücksgefühl denken. Verbinden Sie diese Personen mit Ihrem »See«, und markieren Sie, in welche Richtung jeweils per Saldo Energien fließen. Bekommen Sie von einer Person mehr zurück, als Sie ihr geben, so deutet der Pfeil auf

Sie, anderenfalls weist er aus Ihrem Kreis heraus auf die betreffende Person.

Wenn Sie den Eindruck haben, dass Sie alle für Sie wichtigen Personen angemessen berücksichtigt haben, wenden Sie sich der Innenseite Ihres Kreises zu – dem See Ihres Selbst. Zeichnen Sie auch hier kleinere Kreise oder Rechtecke ein, eines für jede prägende Erfahrung, jedes traumatische Ereignis, jede nachhaltig beglückende Erinnerung, jede tief sitzende Angst, jedes beharrliche Schuldgefühl, auch für Ihre »inneren Elternteile«, falls Sie diesen Manifestationen aus Ihrer Kindheit eine energetisch bedeutsame Rolle zumessen.

Zeichnen Sie zwischen diesen versunkenen »Giftcontainern« oder auch »Schatztruhen« und dem Boot Ihres bewussten Ich wiederum entsprechend Pfeile ein, je nachdem ob Sie von den inneren Energiespeichern mehr Energie bekommen oder mehr an sie abgeben müssen.

Wenn Sie damit fertig sind, schauen Sie sich das Netzwerk aus energetischen Verstrickungen noch eine Weile an. Achten Sie darauf, entspannt zu bleiben und gleichmäßig zu atmen. Dieses komplizierte Energiegeflecht sind Sie. Es drückt einen wesentlichen Aspekt Ihres energetischen Lebensmusters und damit Ihres Charakters aus.

Sie können es hierbei fürs Erste bewenden lassen. Später werden wir mit weiteren Übungen Ihre energetischen Muster noch heller beleuchten – und vor allem positiv zu verändern versuchen. Wenn Sie aber schon jetzt etwas genauer gewichten möchten, können Sie den verschiedenen Plus- und Minuspfeilen Prozentzahlen zuordnen. Welchen Anteil Ihrer Energie schöpfen Sie aus sich selbst, aus Ihrem Glauben, Ihrer spirituellen Gewissheit? Und wie viel Prozent Ihrer Lebensenergie verdanken Sie der liebenden Zuwendung Ihres Partners? Wie viel Prozent Ihrer Lebensenergie müssen Sie kontinuierlich aufwenden, um beispielsweise die Angst zu unterdrücken, die Sie in bestimmten Situationen befällt? Wie viel Kraft kostet es Sie, die ungerechtfertigte Kritik und demütigende Behandlung durch Ihren Vorgesetzten wegzustecken?

Sofern Sie bei Ihrer »inneren« und Ihrer »äußeren« Energiebilanz nicht jeweils zu einem deutlich positiven Ergebnis kommen, sind Sie akut durch energievampiristische Angriffe gefährdet – umso mehr, je klarer Ihre Bilanz zum Negativen tendiert.

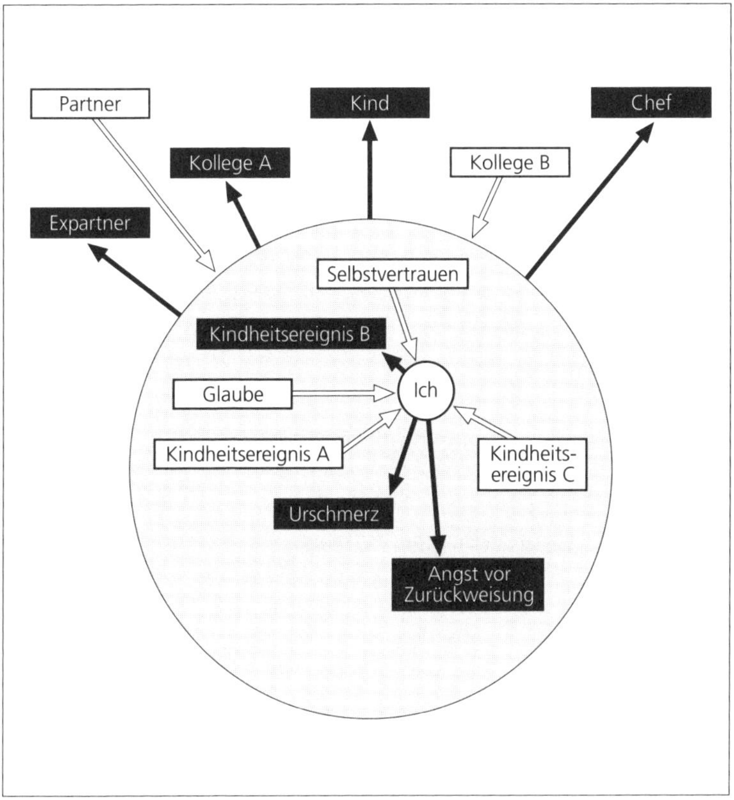

Individuelle energetische Verstrickung, vereinfachtes Schema

Persönliche Energiebilanz und individuelle Gefahrenzonen

Die Checklisten aus *Achtung, Energie-Vampire!* haben sich nach meiner Erfahrung im Großen und Ganzen sehr bewährt. Im Lauf der Jahre habe ich sie in einigen Punkten jedoch angepasst und vor allem im Hinblick auf die »inneren Energieräuber« um zahlreiche Fragen erweitert. Hier also meine überarbeitete Version der Fragebögen: Leiden Sie an Energiemangel, und wo liegen Ihre persönlichen Gefahrenzonen – im privaten Bereich von Partnerschaft und Familie, im beruflichen Umfeld und/oder in Ihrem eigenen Innern?

Beantworten Sie die Fragen bitte möglichst spontan. Wenn Sie aber bei einer Frage das Gefühl haben, dass Sie nicht sofort darauf eingehen können, dann lassen Sie sie vorerst aus und kommen am Ende, wenn Sie alle anderen Fragen bearbeitet haben, auf die übersprungenen Punkte zurück. Und vergessen Sie bei alledem nicht, möglichst entspannt zu bleiben und tief und gleichmäßig zu atmen.

Im Anschluss an den Fragenkatalog finden Sie Hinweise zur Auswertung – bitte erst lesen, wenn Sie alle Punkte vollständig beantwortet haben.

Checkliste I: Selbstbild, Befinden und innere Energiestruktur

		JA	NEIN
1.	Leiden Sie häufig an Gefühlen wie Erschöpfung, Abgeschlagenheit oder Antriebslosigkeit?	○	○
2.	Haben Sie den Eindruck, dass Sie noch vor Kurzem (einigen Monaten oder auch Jahren) vitaler und zuversichtlicher waren?	○	○
3.	Fühlen Sie sich öfter zu antriebs- oder mutlos, um morgens beizeiten aufzustehen?	○	○
4.	Leiden Sie häufig oder chronisch an Schlafstörungen?	○	○
5.	Leiden Sie häufig oder chronisch an Essstörungen?	○	○
6.	Leiden Sie häufig oder chronisch an Muskelverspannungen, z. B. im Bereich von Schultern, Nacken oder Brust?	○	○
7.	Trinken Sie häufig Alkohol, oder nehmen Sie andere Betäubungsmittel, um Ihre Angst oder Unsicherheit, Ihre Niedergeschlagenheit oder Frustration zu bekämpfen?	○	○
8.	Schrecken Sie nachts häufig aus Albträumen hoch, in denen Sie verfolgt werden, zu ersticken bzw. zu ertrinken drohen oder von ihrer Umwelt abgeschnitten (eingesperrt, verschüttet usw.) sind?	○	○
9.	Träumen Sie öfter, dass Sie wieder ein Kind und von zu wenig einfühlsamen Eltern oder Erziehern abhängig seien?	○	○

		JA	NEIN
10.	Leiden Sie manchmal unter Angstattacken, z. B. wenn Sie Ihre Wohnung verlassen wollen oder einen Raum mit unbekannten bzw. Ihnen bedrohlich scheinenden Personen betreten müssen?	○	○
11.	Fühlen Sie sich durch bestimmte Menschen in Ihrer (privaten oder beruflichen) Umgebung an Personen erinnert, vor denen Sie sich in Ihrer Kindheit oder Jugendzeit gefürchtet haben?	○	○
12.	Haben Sie öfter das Gefühl, sich gegenüber anderen Menschen eher wie ein Kind als wie ein Erwachsener zu verhalten?	○	○
13.	Haben Sie manchmal das Gefühl, in mehrere Personen gespalten zu sein?	○	○
14.	Leiden Sie öfter unter Konzentrationsmängeln, Vergesslichkeit und/oder innerer Unruhe?	○	○
15.	Neigen Sie zu Kopfschmerzen und/oder Schwindelgefühl?	○	○
16.	Wünschen Sie sich häufig, vitaler, energischer und zuversichtlicher zu sein?	○	○
17.	Sind Sie der Ansicht, dass Ihre Umgebung (privat und/oder beruflich) Ihre wahren Qualitäten und Talente verkennt?	○	○
18.	Glauben Sie, dass Sie in Ihrem Beruf zu wenig verdienen und/oder über zu wenig Geld verfügen?	○	○
19.	Haben Sie häufig das Gefühl, von anderen Menschen »an die Wand gedrückt« zu werden?	○	○
20.	Passiert es Ihnen häufig, dass Sie sich in Gegenwart anderer Menschen dumm oder schwach, unattraktiv oder unbeholfen fühlen?	○	○
21.	Geschieht es Ihnen häufig, dass Sie sich in Gegenwart anderer Menschen von Ihrer Umgebung abgeschnitten oder nur teilweise präsent fühlen?	○	○
22.	Passiert es Ihnen häufig, dass Sie von anderen Menschen »wie Luft« behandelt, also ignoriert oder übersehen werden?	○	○

	JA	NEIN
23. Würden Sie sich als Pechvogel bezeichnen, dem häufiger als anderen Leuten Missgeschicke passieren?	○	○
24. Haben Sie den Eindruck, dass Sie öfter als Ihre Nachbarn oder Bekannten Opfer von Diebstahl, Raub oder Körperverletzungen werden?	○	○

Checkliste II: Arbeitsplatz und Beruf

25. Empfinden Sie öfter Widerwillen, wenn Sie an Ihre Arbeit bzw. Ihre berufliche Situation denken?	○	○
26. Bereitet es Ihnen Angst oder Unbehagen, nach dem Wochenende oder einem Urlaub an Ihren Arbeitsplatz zurückzukehren?	○	○
27. Neigen Sie gegenüber Vorgesetzten oder Kollegen zu unterwürfigem Verhalten?	○	○
28. Herrscht an Ihrem Arbeitsplatz eine gespannte Atmosphäre, in der Mobbing möglich wäre oder sich bereits ereignet hat?	○	○
29. Hatten Sie selbst schon einmal den Eindruck, von Ihren Kollegen gemobbt zu werden?	○	○
30. Wird Ihre fachliche Qualifikation von Kollegen und/oder Vorgesetzten angezweifelt?	○	○
31. Haben Sie manchmal den Eindruck, dass Ihre Kollegen Sie ausgrenzen und hinter Ihrem Rücken in herabsetzender Weise über Sie sprechen?	○	○
32. Ist Ihr Unternehmen/Ihre Abteilung durch starre Strukturen bzw. eine steile Hierarchie geprägt?	○	○
33. Haben Sie den Eindruck, dass Ihre Arbeit Ihren konkreten Neigungen und Begabungen nicht oder zu wenig entspricht?	○	○
34. Fühlen Sie sich abends nach der Arbeit häufig ausgelaugt, also nicht einfach müde, sondern erschöpft und missgestimmt?	○	○

	JA	NEIN
35. Wenn Sie manchmal Albträume haben: Spielen Personen oder Ereignisse aus Ihrer Arbeit darin eine negative Rolle?	○	○
36. Wären Sie selbst gern ein Vorgesetzter, der seine Untergebenen »nach seiner Pfeife tanzen lässt«?	○	○
37. Falls Sie ein Unternehmen haben, ein Geschäft oder eine Abteilung verantwortlich leiten: Gibt es dort Probleme mit der Motivation der Mitarbeiter, mit Fehlzeiten, Diebstahl oder Streitigkeiten in der Belegschaft?	○	○
38. Falls Sie ein Unternehmen besitzen, ein Geschäft oder eine Abteilung verantwortlich leiten: Haben Sie öfter den Eindruck, dass Ihre Autorität oder Kompetenz von Ihren Mitarbeitern angezweifelt wird?	○	○
39. Falls Sie ein Unternehmen besitzen oder führen: Macht Ihnen die Konkurrenz öfter durch bessere Angebote, innovativere Ideen oder effizientere Strukturen zu schaffen?	○	○

Checkliste III: Freunde und Bekannte

40. Wenn Sie jemanden kennenlernen, der oder die Sie interessiert: Verhalten Sie sich normalerweise schüchtern und abwartend, weil Sie befürchten, nicht genügend attraktiv, gebildet oder anderweitig angemessen zu sein?	○	○
41. Kommt Ihnen manchmal der Gedanke, dass Ihren Freunden im Grunde wenig an Ihnen liegt?	○	○
42. Wenn Sie einen Abend oder ein Wochenende mit Freunden und Bekannten verbracht haben: Fühlen Sie sich hinterher öfter verunsichert, ausgelaugt oder deprimiert?	○	○
43. Haben Sie manchmal den Eindruck, von einem Ihrer Freunde oder insgesamt von Ihrem Freundeskreis »erdrückt« zu werden?	○	○

		JA	NEIN
44.	Zählen zu Ihren Freunden oder engeren Bekannten Menschen, die von Ihnen häufig Bewunderung oder andere Formen einseitiger Zuwendung verlangen?	○	○
45.	Hätten Sie selbst gerne Freunde, von denen Sie bewundert werden?	○	○
46.	Haben Sie den Eindruck, dass Sie von Ihren Freunden öfter ausgenutzt werden?	○	○
47.	Falls Sie manchmal Albträume haben: Kommen Ihre Freunde oder einer Ihrer Freunde darin häufiger in negativen Rollen vor?	○	○

Checkliste IV: Familie und Partnerschaft

48.	Denken oder fühlen Sie öfter, dass Sie mit Ihrem Lebenspartner bzw. Ihrer Lebenspartnerin nicht oder nicht mehr glücklich sind?	○	○
49.	Wenn Sie an Ihren Lebenspartner bzw. Ihre Lebenspartnerin denken: Empfinden Sie spontan Gefühle wie Verunsicherung, Überforderung oder Angst?	○	○
50.	Wenn Sie mit Ihrem Lebenspartner bzw. Ihrer Lebenspartnerin einige Zeit verbracht haben: Fühlen Sie sich dann erschöpft, ausgelaugt oder missgestimmt?	○	○
51.	Haben Sie öfter das Gefühl, dass Ihr Lebenspartner bzw. Ihre Lebenspartnerin von Ihnen mehr Zuwendung verlangt – z. B. wegen häufiger Erkrankungen oder Verstimmungen –, als Sie zurückbekommen?	○	○
52.	Haben Sie den Eindruck, in Ihre Lebenspartnerschaft mehr Geld, Ideen, Impulse zu investieren als er oder sie?	○	○
53.	Fühlen Sie sich durch Ihren Lebenspartner bzw. Ihre Lebenspartnerin öfter an Ihr Elternteil des entsprechenden Geschlechtes erinnert?	○	○

	JA	NEIN
54. Wenn Sie an Ihre Eltern oder eines Ihrer Elternteile denken: Empfinden Sie spontan Unbehagen, Unsicherheit oder Angst?	◯	◯
55. Erschreckt oder frustriert Sie öfter der Gedanke, dass Sie Ihrem eigenen Vater oder Ihrer eigenen Mutter immer ähnlicher werden?	◯	◯
56. Kommt es bei Ihnen häufiger als bei Nachbarn oder Freunden vor, dass Mitglieder Ihrer Familie Dinge verlieren oder bestohlen werden, dass Ihr Haus oder ein Auto der Familie aufgebrochen wird?	◯	◯
Falls Sie ein Kind oder Kinder haben:		
57. Empfinden Sie bei dem Gedanken an Ihr Kind oder Ihre Kinder spontan Verunsicherung, Erschöpfung oder Überforderung?	◯	◯
58. Leiden Sie manchmal unter dem Gedanken, dass Sie sich Ihrem Kind bzw. Ihren Kindern gegenüber so verhalten, wie es Ihnen in Ihrer eigenen Kindheit geschehen ist?	◯	◯
59. Haben Sie den Eindruck, Ihrem Kind oder Ihren Kindern gegenüber als Erzieher versagt zu haben?	◯	◯
60. Haben Sie öfter den Eindruck, dass Sie sich Ihrem Kind oder Ihren Kindern gegenüber nicht durchsetzen können?	◯	◯
61. Leidet Ihr Kind oder eines Ihrer Kinder an Schlaf- und/oder Essstörungen?	◯	◯
62. Widerfahren Ihrem Kind oder Ihren Kindern häufiger als anderen Unglücksfälle und Missgeschicke?	◯	◯
63. Werden Ihre Kinder oder eines Ihrer Kinder häufig von Altersgenossen verspottet, drangsaliert oder gemobbt?	◯	◯
64. Falls Sie manchmal Albträume haben: Spielen Menschen oder Ereignisse aus Ihrer Familie darin eine negative Rolle?	◯	◯

Checkliste V: Freizeit und Gesellschaft

		JA	NEIN
65.	Sind Sie der Ansicht, dass man sich heutzutage vor der eigenen Haustür nicht mehr sicher fühlen kann?	○	○
66.	Haben Sie manchmal den Eindruck, auf der Straße verfolgt zu werden?	○	○
67.	Sind Sie auf der Straße, im Parkhaus, in einem Park etc. schon einmal überfallen und beraubt bzw. körperlich verletzt worden?	○	○
68.	Passiert es Ihnen häufiger, dass Sie auf der Straße von Sektenwerbern, Meinungsforschern und anderen zudringlichen Zeitgenossen angesprochen werden?	○	○
69.	Geschieht es Ihnen öfter, dass ein Verkäufer Sie partout zum Kauf eines Gegenstandes überreden will, anstatt Sie in Ruhe wählen zu lassen?	○	○
70.	Gelingt es solchen herrischen Verkäufern häufig, ihren Willen bei Ihnen durchzusetzen?	○	○
71.	Haben Sie in der Öffentlichkeit – z. B. in Cafés oder in der U-Bahn – öfter das Gefühl, von Blicken durchbohrt zu werden?	○	○
72.	Fühlen Sie sich nach dem Besuch öffentlicher Plätze oder Einrichtungen, z. B. nach einer Einkaufstour oder einem Kinobesuch, häufig ausgelaugt, erschöpft oder verstimmt?	○	○

Auswertung der Checklisten

Zählen Sie nun bitte zusammen, wie oft Sie

a) in allen vier Checklisten zusammen
b) in jeder Checkliste für sich

mit »Ja« geantwortet haben.

a) Gesamtauswertung

Null mal »Ja«: Sie haben in keiner Checkliste auch nur eine einzige Frage bejaht? Herzlichen Glückwunsch! Sofern Sie die Fragen aufrichtig beantwortet haben und über ein realitätsnahes Einschätzungsvermögen verfügen, ist Ihre persönliche Energiebilanz makellos.

Offenbar verfügen Sie über mehr als genügend Energie, und weder in Ihrem Innern noch in Ihrer privaten oder beruflichen Umgebung versuchen Energieräuber, sich von Ihren Ressourcen zu nähren. Wenn Sie sichergehen wollen, dass Sie nicht doch noch eines Tages zum Opfer energievampiristischer Übergriffe werden, empfehle ich Ihnen gleichwohl, die in diesem Buch vorgestellten Programme zur Energieerzeugung und -kontrolle sowie zur Wappnung vor Energievampiren durchzuführen.

Ein- bis zehnmal »Ja«: Sie leiden unter einem geringen oder latenten Energiemangel, der Ihnen bisher vielleicht kaum bewusst geworden ist. Aber Vorsicht: Je nachdem, wo Ihre Schwachstellen liegen, kann sich eine kleine energetische Lücke rasch zu einer größeren Bedrohung auswachsen. Wo sich Ihre individuelle Gefahrenzone befindet, erfahren Sie im Schritt b) dieser Auswertung.

11- bis 25-mal »Ja«: Zweifellos haben Sie bereits öfter gespürt, dass Sie unter einem Energiedefizit leiden. Es ist noch nicht akut bedrohlich, aber bereits so erheblich, dass Sie dringend gegensteuern müssen. Warten Sie nicht, bis sich gravierende Erschöpfungssymptome einstellen, sondern arbeiten Sie gezielt an einer Verbesserung Ihrer energetischen Situation. Unter Punkt b) erfahren Sie in der Einzelauswertung, wo sich Ihre persönlichen Schwachstellen befinden.

26- bis 50-mal »Ja«: Sicher ist Ihnen bereits bewusst, dass Sie etwas unternehmen müssen, um Ihren Vitalitätsmangel zu beheben. Ihre Energiebilanz ist klar negativ. Zögern Sie nicht, diesen Trend umzukehren, Ihren Energielevel zu erhöhen und sich Kontrolle über Ihre Energien zu verschaffen. Bitte lesen Sie weiter unter Punkt b), um zu erfahren, wo Ihre individuellen Gefahrenzonen liegen.

51- bis 72-mal »Ja«: Ihre Energiebilanz ist dramatisch negativ. Sollte einer meiner Leser derart häufig mit »ja« geantwortet haben, empfehle ich ihm oder ihr dringend, sich der Hilfe eines erfahrenen spirituellen Heilers oder Beraters zu vergewissern.

b) Einzelauswertung

Wenn Sie die Anzahl der positiven Antworten in den einzelnen Checklisten miteinander vergleichen, erhalten Sie in der Regel deutliche erste Anhaltspunkte, wo sich Ihre persönlichen energetischen Schwachstellen befinden.

Hierzu zwei Beispiele:

Angenommen, Sie haben insgesamt 15-mal »Ja« angekreuzt, davon siebenmal in der Checkliste II »Arbeitsplatz und Beruf«. Dann leiden Sie unter einem bereits erheblichen Energiedefizit, das mehrheitlich durch Personen in ihrer beruflichen Umgebung verursacht wird. Sehen Sie sich nun die Checkliste II noch einmal an, so können Sie den oder die Energievampire an Ihrem Arbeitsplatz rasch dingfest machen – mögen die Energie zehrenden Umstände nun in einer gespannten Atmosphäre, starren Strukturen oder gezielten Attacken auf Ihre Person bestehen. Die Problematik des Energievampirismus in Beruf und Unternehmen wird im 6. Kapitel ausführlicher behandelt. Lesen Sie aber bitte zuvor alle davor stehenden Kapitel, und machen Sie die entsprechenden Übungen, da die einzelnen Teile meines Energieschutz-Programmes aufeinander aufbauen.

Oder Sie haben, ein weiteres Beispiel, 17-mal mit »Ja« geantwortet, davon etwa je zu einem Drittel in den Checklisten I »Selbstbild, Befinden und innere Energiestruktur« sowie IV »Familie und Partnerschaft«. Dann drängt sich die Schlussfolgerung auf, dass Ihr beträchtliches Energiedefizit hauptsächlich durch »innere Energiefresser« verursacht wird und dass sich gewisse traumatische Muster aus Ihrer Vergangenheit in Ihren privaten Beziehungen (Familie und Partnerschaft) zumindest teilweise reproduzieren. Um Ihre Gefahrenzonen geht es vor allem im 1. und im 7. Kapitel, aber versäumen Sie es bitte nicht, auch alle dazwischen liegenden Kapitel sorgfältig durchzuarbeiten.

1. Kapitel

Energiesenkende Muster überwinden

Alles, was die natürliche Zirkulation und Pulsation von Energien behindert, ist ein energiesenkendes Selbst- oder Charaktermuster, das wir optimieren sollten, um unseren Energielevel zu heben. Zu solchen Mustern kann eine *»Ich-Überfunktion«* mit Symptomen wie Machtgier, Kontrollsucht, krankhaftes Misstrauen und Rechthaberei zählen, aber ebenso eine *»Ich-Unterfunktion«*, die unsere Persönlichkeit und unseren inneren Energiepool allzu leicht der Kontrolle und Ausbeutung durch einen (inneren und/oder äußeren) »Machtvampir« oder einen »Angstvampir« ausliefert.

Im einen Fall bindet unser »Kontroll-Ich« zu viel Energie und blockiert überdies eines oder mehrere Zentren unserer autonomen Energieproduktion, da es diese als Bedrohung seiner Herrschaft ansieht. Im anderen Fall muss der Betreffende unverhältnismäßig viel Energie aufwenden, um einen permanent drohenden Ich-Kollaps abzuwenden, und leidet überdies an der grundlegenden Unfähigkeit, seine Energieströme angemessen zu kanalisieren. Das kontrollsüchtige Ich gleicht einem übermäßig aufgeblähten »Wasserkopf«, der alle verfügbaren Energien auf sich fixiert, um noch mächtiger und unangreifbarer zu werden. Das chronisch vom Kollaps bedrohte Ich dagegen ähnelt einem maroden Schlauch oder Rohr: Aus der Mündung tröpfelt nur ein dünnes Rinnsal, da der Druck ohnehin zu gering ist und der transportierte Strom überdies durch diverse Lecks unkontrolliert austritt.

Aber auch beispielsweise eine Neigung zu Selbstmitleid oder gar zu Selbsthass kann ein solches energiesenkendes Muster sein – ob wir dieser Neigung nachgeben oder sie zu unterdrücken versuchen, in beiden Fällen müssen wir eine gewisse Menge unserer Energie für eine im Grunde sinnlose und destruktive Aktion abzweigen. Ähnlich verhält es sich mit dem bekannten »Helfer-Syndrom« oder auch mit seinem Gegenstück: dem Gefühl chronischer »Hilflosigkeit«, das nicht selten mit dem unbezähmbaren, suchtähnlichen Drang einhergeht, sich »bemuttern«, umsorgen, entmündigen zu lassen.

Wenn man erst einmal gelernt hat, auch Persönlichkeitsstrukturen unter energetischen Gesichtspunkten zu betrachten, erkennt man sehr schnell, dass diesen und vielen anderen Verhaltensweisen eine Störung der inneren Energiebalance zugrunde liegt. Oder positiv ausgedrückt: All diese Menschen können aus einem unbefriedigenden Dasein als Energievampire und/oder als Opfer von Energieräubern »erlöst« werden, wenn wir sie nur in die Lage versetzen, aus sich selbst heraus genug Energie zu produzieren und ihre Energiezirkulation zu kontrollieren.

Ein energetischer Schutzschild: die menschliche Aura

Eine wesentliche Rolle sowohl bei der Produktion wie bei der Kontrolle von Energie spielt unsere Aura. Jeder von uns ist von einem solchen energetischen Schutzschild umgeben. Bei gesunden und in spiritueller Bewusstheit lebenden Menschen sieht die Aura aus wie eine funkelnde und glitzernde Robe, bei kranken und energetisch stark geschwächten Personen dagegen wie ein löchriges, matt- bis staubfarbenes Bettlergewand.

In meinem Buch *Achtung, Energie-Vampire!* habe ich beschrieben, wie man lernen kann, die eigene Aura und die anderer Menschen zu sehen. Viele Leserinnen und Leser haben mir berichtet, dass diese Übungen ihnen geholfen haben, das »Energiekleid«, das jeden von uns umgibt, mit ihren physischen Augen wahrzunehmen. Manchen aber scheint es trotz beharrlicher Bemühungen nicht zu gelingen, die Aura lebendiger Geschöpfe zu sehen – und das, obwohl viele von ihnen auf ihrem spirituellen Weg weit fortgeschritten sind.

Falls es Ihnen auch so geht, nehmen Sie die Sache nicht weiter tragisch. Es ist letzten Endes gleichgültig, ob Sie den energetischen Schutzschild, der uns alle – in mehr oder minder respektablem Zustand – umhüllt, mit Ihrem inneren oder Ihrem äußeren Auge wahrnehmen. Eine mit mir befreundete Heilerin beispielsweise fährt mit ihrer rechten Hand in einem Abstand von zwanzig Zentimetern die

Umrisse einer Person nach, wobei sie die Augen fast vollständig schließt. Auf diese Weise nimmt sie die Aura des Betreffenden so klar und deutlich wahr, als ob ihre Hand ein Scanner wäre, der die benötigten Daten direkt in ihr Inneres überträgt.

Mit ein wenig Übung sind wir jedenfalls allesamt imstande, die Aura von Menschen auf die eine oder andere Weise zu sehen oder zu erspüren. Das erklärt sich mit dem einfachen Umstand, dass unser physischer Körper nur eine Seite oder Dimension unseres Selbst darstellt. Von deutlich größerem Umfang ist unser immaterielles Selbst, das unseren physischen Körper in ähnlicher Weise durchpulst und umfließt, wie der Lichtschein einer Glühbirne aus dieser hervorströmt und ihren »Glaskörper« umgibt. Und wie bei den Glühbirnen begegnen uns natürlich auch bei den Menschen die allergrößten Unterschiede, was die Leuchtkraft oder auch die Form des Lichtmantels angeht. Bei den einen gleicht er dem sprichwörtlichen Lichtkegel, bei anderen einer scharf umrissenen Säule, bei wieder anderen einer matten, an den Rändern zerfasernden Lichtwolke, die kaum die allernächste Umgebung des ausstrahlenden Körpers mit ihrer Energie zu durchdringen vermag.

Wenn Sie lernen möchten, die Aura mit Ihrem physischen Auge wahrzunehmen, führen Sie bitte das Übungsprogramm im 1. Kapitel von *Achtung, Energie-Vampire!* durch. Um meinen Erklärungen in diesem Buch folgen und die hier vorgeschlagenen Übungen ausführen zu können, ist es jedoch nicht erforderlich, dass Sie über diese Fähigkeit verfügen.

Die vier Dimensionen unserer Aura

Viele Menschen scheinen zu glauben, dass die Seele sehr viel »kleiner« sei als unser Körper – etwa so wie ein Schmetterling oder ein winziger Vogel, der nach unserem physischen Ableben aus Mund oder Nase entweicht. Dabei trifft das Gegenteil zu: Die immateriellen Dimensionen unseres Selbst haben eine erheblich größere Ausdehnung als unser physischer Körper. Allerdings ist ihre »Dichte« sehr viel geringer.

Wir unterscheiden vier verschiedene Dimensionen der menschlichen Aura, die man sich wie Zwiebelschichten übereinander liegend vorstellen kann: Unser Körper, die *physische* Auradimension, wird umgeben von der *mentalen* Aurahülle, die ihrerseits von der *emotionalen* Auraschicht umhüllt ist, während die *spirituelle* Auradimension als äußerste Schicht alle anderen umschließt.

Der Vergleich mit den Zwiebelschichten hinkt allerdings ein wenig, denn die drei »äußeren« Auraschichten durchdringen gleichzeitig unser Inneres, wobei sie sich in unserem inneren Selbst nicht selten schier unentwirrbar vermischen. Diese Vermengung von Aspekten, die zugleich übereinander gelagert sind, kann man sich an einem anderen Modell aus der physischen Welt veranschaulichen: Ein und dieselbe Substanz kann bekanntlich in festem Zustand sein (die physische Auradimension), flüssig (mental), gasförmig (emotional) oder auch umgewandelt in reine Energie (spirituell). Diese verschiedenen Aggregats- oder Seinszustände können einander abwechseln oder auch durchdringen, so wie wir es etwa bei einem Gewässer – am besten bei einem Geysir – beobachten können: Eisbrocken (fest/physisch) schwimmen im Wasser (flüssig/mental), aus dem zugleich Dampffontänen (gasförmig/emotional) aufsteigen, da das Wasser durch Sonne oder Vulkanfeuer (Licht/spirituell) erhitzt und umgewandelt wird.

Die vier Auradimensionen unterscheiden sich auch hinsichtlich ihrer Frequenz. Auch die Materie, aus der unser grobstofflicher Körper besteht, schwingt unaufhörlich – jedenfalls in den Partien unseres Gewebes, die nicht durch chronische Verspannungen blockiert sind. Jedoch ist die Schwingungsfrequenz unseres materiellen Körpers erheblich geringer als die der immateriellen Dimensionen unserer Aura. Entsprechend liegt die Schwingung der mentalen Auraschicht niedriger als die Frequenz unserer emotionalen Auradimension oder unseres »Astralkörpers«, wie diese Schicht auch genannt wird. Noch einmal erheblich höher ist jedoch die Frequenz, in der unsere spirituelle Auradimension schwingt.

Auradimensionen und Selbst-Aspekte

Wie innig die vier Auradimensionen einander durchdringen, erkennt man noch klarer, wenn man sich vor Augen führt, mit welchen vier wesentlichen Aspekten unseres Selbst sie verbunden sind:

- In der physischen Aura, unserem materiellen Körper, manifestiert sich unser *»natürliches Selbst«* mit seinen Trieben und Bedürfnissen, zentriert im Unterleib.
- Der mentalen Auraschicht entspricht unser *»kleines Selbst«* oder willentliches Ich, das seine Herrschaft über den Solarplexus auszuüben versucht.
- Der emotionalen oder astralen Auradimension dagegen ist das *»innere Kind«* oder »Herz-Kind« zugeordnet, also unsere kindliche Bedürfnisebene, aber auch Gefühle wie Güte und Mitgefühl, zentriert in unserem Herzen.
- Die spirituelle Auradimension schließlich manifestiert sich in unserem »höheren Selbst«, unserem *»inneren Engel«*, der über Gaben wie Telepathie, geistiges Heilen, visionäre Prophetie verfügt und dem in der menschlichen Gestalt das dritte Auge entspricht.

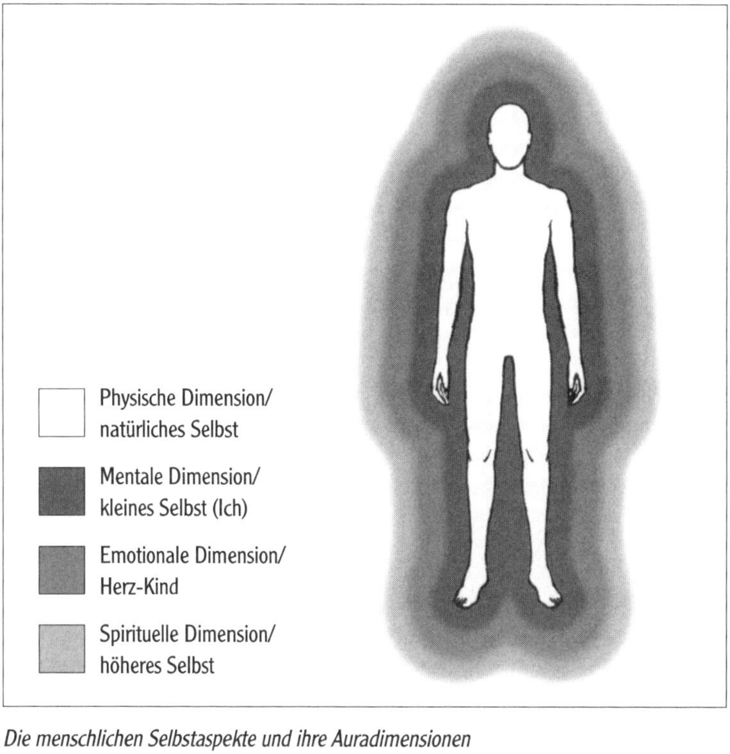

Die menschlichen Selbstaspekte und ihre Auradimensionen

Ein depressiver Diktator: das übermächtige Kontroll-Ich

Bei einer Mehrzahl der Menschen, die in der »westlichen« Zivilisation leben und aufgewachsen sind, funktioniert nur die Verbindung zwischen ihrem Kontroll-Ich und der mentalen Dimension einigermaßen ungestört. Das Kontroll-Ich oder »kleine Selbst« ist als »Kopf-Mensch« strukturiert, der die Regungen und Bedürfnisse seines Körpers zu unterdrücken oder zumindest strikt zu kontrollieren versucht (physische Dimension), seinen Gefühlen misstraut (emotionale Dimension) und von seinem höheren Selbst, seinem »inneren Engel« (spirituelle Dimension), vollkommen abgeschnitten ist. Sein gesamtes Denken kreist um Macht, Kontrolle und Geld. Gefühle wie Zuneigung oder auch Ablehnung erlaubt er sich nur dort, wo sie seine Macht vermehren und seine Herrschaft über andere und sich selbst festigen. Auch seinen Körper vermag er durchaus fürsorglich zu behandeln – wie ein Haustier oder ein Auto, das man notgedrungen pflegen muss, damit es funktionstüchtig bleibt.

Sein »inneres Kind« hat er tief in seinem Unterbewussten vermauert wie in einem mittelalterlichen Kerker. Er ist stolz darauf, dass er sich nicht von Gefühlen leiten lässt. Normalerweise funktioniert seine Selbstkontrolle so vortrefflich, dass er sich auch an nächtliche Träume nach dem Erwachen selten erinnern kann. Aus Konvention mag er einer Glaubensgemeinschaft angehören, aber religiöse Empfindungen sind ihm fremd. Die Frage, »was nach dem Tod kommen wird«, kann ihn zuweilen beunruhigen – desto energischer wendet er sich dann wieder den Gebieten zu, auf denen das Kontroll-Ich Macht und Herrschaft auszuüben vermag: Arbeit und Konsum.

Nicht zufällig sind es die Hauptschauplätze der »westlichen« Gesellschaft. Häufig sind Menschen vom Typus des übermächtigen Kontroll-Ich von unbändigem Leistungsdrang besessen: Nahezu alle ihre Energien werden für das eine Ziel mobilisiert, besser, reicher, mächtiger, angesehener als ihre Rivalen zu sein. Auch ihre »Freizeit« ist nach den Kriterien von Leistung und Wettbewerb organisiert, ob beim Sport oder bei der Anschaffung prestigeträchtiger Konsumobjekte – einschließlich der (oder des) jüngeren Geliebten, die sich der Erfolgsmensch dieses Typus bevorzugt in mittleren Jahren zulegt.

Ich bin sicher, dass auch Ihnen dieser Zeitgenosse bekannt vorkommt. Wir alle kennen unzählige Beispiele für solche arbeitswütigen, kontrollsüchtigen, ihren eigenen Gefühlen und Bedürfnissen entfremdeten »Führungskräfte«, denn sie sind der erfolgreichste Typus in unserer »westlichen« Leistungsgesellschaft. Anders gesagt: Sie alle sind Energievampire von der Gattung des Machtvampirs, denn sie rauben gewohnheitsmäßig die Lebensenergien ihrer »Untergebenen« (im Beruf wie in der Familie), an deren Abhängigkeit und Unterwürfigkeit sie sich berauschen wie der Junkie an seinem nur scheinbar belebenden »Schuss«.

Ohne diese regelmäßig wiederholte Energiespritze von außen würden sie wie lecke Ballons in sich zusammensinken, denn Menschen mit übermächtigem Kontroll-Ich vermögen aus sich selbst heraus nur sehr wenig Lebensenergie zu generieren. Mit anderen Worten: Sie sind depressiv. Denn genau das bedeutet der Ausdruck »Depression«: Ihr Energielevel ist chronisch »herabgedrückt«. Die Diktatur des Kontroll-Ich hat die wichtigsten Kraftwerke ihres eigenen Energiesystems lahm gelegt. Denn die unterdrückten oder abgespaltenen Selbstanteile sind zugleich die Hüter und Betreiber eigener Kraftwerke oder Energieschleusen, die in der fernöstlichen Philosophie und Medizin seit vielen Jahrtausenden als »Chakras« bekannt sind.

Auf die Wirkungsweise der Chakras komme ich im 3. Kapitel noch ausführlicher zu sprechen. Hier möchte ich vor allem darauf hinweisen, wie sich die Diktatur des Kontroll-Ich auf die autonome Energieproduktion und damit auch auf den energetischen Zustand der Aura auswirkt:

- Die Erzeugung von Energie durch das Wurzelchakra (Kundalini) wird unterbunden oder zumindest herabgemindert, wenn ein tyrannisches Kontroll-Ich das Strömen der sexuellen Energien so zu kanalisieren versucht, dass es seine Herrschaft nicht gefährdet – mit der Folge, dass die physische Auradimension (unser Körper) energetisch mangelversorgt wird.
- Indem das Kontroll-Ich das »innere Kind« oder »Herz-Kind« unterjocht und einkerkert, behindert es zugleich die lebenswichtige Energieproduktion durch das Herzchakra, das die emotionale Auradimension (den Astralkörper) mit Lebensenergie versorgt.
- Schließlich schneidet sich das Kontroll-Ich oder »kleine Selbst« auch von der mächtigsten Energiequelle ab, über die jeder von uns

aus sich selbst heraus verfügen kann: vom »höheren Selbst«, dem »inneren Engel«, der über das Kronenchakra unmittelbaren Zugang zum unerschöpflichen kosmischen Energiepool besitzt – mit der Folge, dass auch die spirituelle Auraschicht energetisch verkümmert und vom restlichen Selbst wie abgeschnitten wirkt.

Wer die Aura eines Menschen zu sehen oder zu erspüren vermag, kann also bereits aus der Farbe dieses »Lichtkleides« mit Leichtigkeit ablesen, ob der Betreffende zum Typus des übermächtigen Kontroll-Ichs zählt. Die mentale Auradimension erstrahlt in Gelbtönen – wenn in der Aura einer Person die Farbe Gelb dominiert, ist dies ein sicheres Indiz. Und während die gesunde, ideal entwickelte Aura die Form eines wohl gerundeten Eis hat, ist sie beim diktatorischen Kontroll-Ich im Kopfbereich überentwickelt, in den Gegenden von Wurzel- und Sakralchakra (Steißbein und Unterleib), Herz- und Kehlkopfchakra (Brust und Hals) sowie Kronenchakra (Schädeldecke) jedoch normalerweise verkümmert und grau.

Desto erschreckender ist es, einen solchen Energievampir zu beobachten, wenn er sich an der Angst oder Unterwürfigkeit seiner Mitmenschen berauscht: Dann schwillt seine Aura auch im Körperbereich an wie die Kammern eines Gummibootes, die mit Luft vollgepresst werden, und seine Aura kann kurzzeitig in Rot- und Orangetönen erglühen, den Farben der emotionalen Auradimension. Aber wie beim Drogenjunkie hält die Wirkung auch hier niemals lange vor: Bald schon sackt die Aura vom Hals abwärts wieder in sich zusammen, verliert ihre »emotionale« Färbung und schattiert erneut zwischen verschiedenen Gelbtönen und einem ungesunden Grau.

Auf innere Hilferufe achten

Auch Gedanken, Bilder und Gefühle in unserem Innern unterliegen dem kosmischen Gesetz der Schwingung. Das Bewusstsein und das Unbewusste eines gesunden Menschen werden unablässig von solchen geistigen und seelischen Impulsen durchströmt. Wir beobachten ihren Fluss, greifen hier eine Idee heraus, fühlen dort einer Emotion hinterher, aber solange die Zirkulation ungestört funktioniert, werden wir einzelne Erinnerungen, Bilder, Gedanken weder zwanghaft reproduzieren noch gewaltsam unterdrücken.

Beides deutet auf eine Stockung in unserem inneren Energiestrom, und beides wirkt überdies schädlich auf unsere Energiezirkulation zurück und fixiert uns auf einem niedrigen Level. Solche – meist negativen, mit Angst und Schrecken besetzten – Impulse sind wie »innere Maulwürfe«, die Löcher in unsere Aura »nagen« und mit den äußeren Energievampiren kollaborieren. Auch deshalb ist es so wichtig, sich von diesen Mustern und Fixierungen möglichst vollständig zu befreien.

Fast immer deuten derlei Störungen im inneren Energiefluss auf eine Übermacht des Kontroll-Ich, dessen Tyrannei unser »Herz-Kind« und/oder unser »natürliches Selbst« behindert und unterdrückt. Das »Herz-Kind« ist der Hüter und Mehrer unserer Gefühlsenergie. Wenn es dauerhaft von unserem Bewusstsein abgeschnitten und an seiner energetischen Entfaltung gehindert wird, führt dies zur Erstarrung der Person, die machtgierig, rechthaberisch und gefühlskalt wird und nicht selten auch Anzeichen von Paranoia entwickelt. Und ebenso unausweichlich zieht die Unterdrückung des inneren Herz-Kindes unsere persönliche Energiebilanz ins Soll.

Das »natürliche Selbst« hingegen ist der Hüter und Mehrer unserer sexuellen Vitalenergie. In Träumen und Trance manifestiert es sich häufig als »Drachin« (bzw. als »Drachen«, wenn es sich um einen männlichen Träumer handelt). Wird unser innerer Drache durch unser Kontroll-Ich unterdrückt und von unserem Bewusstsein abgeschnitten, so führt dies gleichfalls zu einer Verarmung der Persönlichkeit. Dann kreisen unsere Gedanken nur noch um unser eigenes kleines Ich, dann fühlen wir uns von unserer Umgebung isoliert, ohne wirklichen Kontakt zur Erde unter unseren Füßen und ebenso zu unseren Nächsten, und dann spüren wir immer deutlicher, wie wir an Antriebskraft, Entschluss- und Lebensfreude verlieren – so als ob unsere Energie durch ein Leck entweichen würde.

Gewiss trifft es zu, dass wir uns davor hüten müssen, negative Gedanken und Angstbilder in unserem Innern zu nähren, mit unserer Energie regelrecht aufzupumpen. Aber ebenso schädlich ist es in vielen Fällen, derlei Impulse einfach zu unterdrücken. Denn für dieses Abspalten und Wegdrücken müssen wir gleichfalls permanent eine bestimmte Energiemenge abzweigen, die uns dann wieder bei der Verwirklichung positiver Impulse und Potentiale fehlt.

Vor allem aber handelt es sich bei zwanghaft wiederkehrenden Gedanken oder Bildern in vielen Fällen um *Hilferufe* aus unserem Innern – Alarmsignale, die wir nicht ignorieren und ausblenden, sondern denen wir nachgehen sollten, um das energetische Übel möglichst zu beheben.

Wenn wir eine Feuersirene hören oder ein anderer Autofahrer uns im Straßenverkehr anhupt, glauben wir ja normalerweise auch nicht, dass es eine angemessene Reaktion sei, unsere Ohren mit den Händen zu verschließen. Weshalb also versuchen so viele heutige Menschen nicht, die Signale aus ihrem Innern ebenso als sinnvolle Informationen zu deuten?

Die Antwort liegt auf der Hand: weil das übermächtige Kontroll-Ich wie ein alttestamentarischer Gott keine »anderen Götter« neben sich dulden, also den »Drachen« ebenso wie das »Herz-Kind« mundtot machen will. Aber die Alarmanlage abzustellen ist ganz bestimmt keine wirksame Strategie, um (Energie-)Diebe fernzuhalten.

Dornröschen und der Drache

Worauf beruht nun die Macht des »tyrannischen Ich« über abgespaltene Selbstanteile wie das »innere Kind« oder das »natürliche Selbst?« Das übermächtige Kontroll-Ich übt seine diktatorische Herrschaft auf zwei Ebenen aus, die eng miteinander verbunden sind: durch Kontrolle des Körpers (der Atmung und der willkürlichen Muskeln) sowie durch Kontrolle des Geistes (des Bewusstseins und der Imagination). Auf diesen beiden Ebenen muss folglich auch jede wirksame Strategie zur Befreiung der »Gefangenen« ansetzen.

Den charakteristischen körperlichen Ausdruck eines übermächtigen Kontroll-Ich hat wohl jeder von uns vor Augen, denn es ist der Phänotyp unserer »westlichen« Welt: aufgeblähter Brustkorb, darüber der sprichwörtliche »dicke Hals«; ein reflexhaft eingezogener Bauch und vielfach eine ebenso chronisch verkrampfte Beckenmuskulatur.

Aus der Yoga-Tradition wie auch aus verschiedenen »westlichen« Therapien, die vor allem mit Atem- und Entspannungsübungen arbeiten, wissen wir über die Zusammenhänge zwischen Muskelkontraktion und Gefühlsunterdrückung recht gut Bescheid. Da das Kontroll-Ich seine Herrschaft vor allem durch autonome Regungen des »Herz-Kindes« (Sehnsucht nach Liebe, aktiviert traumatischen Schmerz) und des »natürlichen Selbst« (sexuelles Verlangen) bedroht sieht, umpanzert es diese beiden Bereiche buchstäblich mit Mauern aus chronisch verkrampfter Muskulatur.

Unsere Intuition und emotionale Spontaneität sitzt »im Bauch«, wie wir auch redensartlich von »Entscheidungen aus dem Bauch heraus« oder von einem intuitiven »Bauchgefühl« sprechen. Menschen mit einem übermächtigen Kontroll-Ich aber unterdrücken diese Region permanent, indem sie ihre Atmung flach halten und auf den Brustbereich beschränken: Statt in den Bauch hinein zu atmen, wie man es bei kleinen Kindern und in natürlicher Umgebung lebenden Menschen beobachten kann, hebt sich bei ihnen, wenn sie einatmen, stets nur der Brustkorb, während der Bauch eingezogen wird. Dadurch wird die Bauchregion energetisch mangelversorgt und ebenso wie das Herz mit einem permanenten Muskelpanzer umschlossen – wie Gefangene, die das Ich bei Tag und Nacht bewacht, um ihren »Ausbruch« zu verhindern.

Die Herrschaft des Ich über den Körper und seine inneren Organe ist jedoch trotz solcher Maßnahmen recht begrenzt: Was in unseren Eingeweiden vorgeht, entzieht sich ebenso wie das gesamte System der unwillkürlichen Muskulatur jeder bewussten und willentlichen Kontrolle. Wie wir dies aus zahlreichen Sagen unseres Kulturkreises kennen, würde das Kontroll-Ich den »Drachen« (das natürliche Selbst) am liebsten erschlagen und das »Herz-Kind« (die Quelle jenes inneren Schmerzes) in der Wildnis aussetzen, damit es von Hexen gefangen oder von Wölfen zerrissen wird. Aber aus Schläue und Erfahrung weiß das Kontroll-Ich, dass es diese mörderischen Impulse bezähmen muss: Die ganze Macht und Herrlichkeit des Tyrannen in seiner schwer bewachten Burg wäre sehr schnell dahin, wenn er die »Untertanen«, von deren Arbeit er sich nährt, einfach niedermetzeln würde.

Folglich begnügt er sich damit, sie einzusperren und zu bewachen. Die Muskelstruktur, die Menschen vom Typus des übermächtigen Kontroll-Ich ausbilden, gleicht daher einer Festung (der Brust- und Bauchpanzerung) mit zwei scharf bewachten Ein- und Ausgängen –

der Schulter-/Halspassage und dem Hüft-/Beckenbereich. Beide Zonen sind bei Menschen dieses Typus chronisch kontrahiert, ja viele modische Sportarten wie vor allem das Bodybuilding haben letztlich kein anderes Ziel, als diese Muskelpanzerstruktur zu optimieren.

Unser Kehlkopf mit dem Stimmapparat dient ursprünglich dazu, elementare Gefühle wie Lust und Angst, Sehnsucht und Schmerz zu artikulieren. Die grotesken Muskelwülste, die sich vor allem amerikanische Männer durch »iron pumping« in ihrer Halsregion zulegen, zeigen überdeutlich an, worum es bei diesem vermeintlichen Fitnesskult tatsächlich geht: um die möglichst totale Kontrolle über eine Körperregion, die von einem kreativen und emotionalen Kommunikationsmedium (durch das sich unser »Herz-Kind« oder »Drache« autonom artikulieren könnten) in das schnarrende Sprachausgabe-Modul eines allein ich-gesteuerten Bio-Roboters umgewandelt werden soll.

Das Gleiche gilt für den Hüft-/Beckenbereich. Die chronische Verkrampfung des Unterleibs, die für Menschen vom Typus des übermächtigen Kontroll-Ich ebenfalls charakteristisch ist, setzt die Zirkulation von Blut und damit von Lebensenergie in dieser Körperregion herab, um autonome Regungen sexueller Lust zu unterbinden. Denn die unkontrollierte Entladung libidinöser Energie bedroht die Herrschaft des Ich elementar, indem sie den zum »Bio-Roboter« erstarrten Körper in einen »energiespeienden Drachen« verwandelt.

Führen wir uns den typischen körperlichen Ausdruck noch einmal lebhaft vor Augen: Mit seinem eingezogenen Bauch, dem geblähten Brustkorb, dem geschwollenen Hals gleicht das Kontroll-Ich einem Orang-Utan, der in einer permanenten Drohgebärde erstarrt ist. Aber dahinter verbirgt sich eine mühsam kontrollierte Angst: Seine Lippen sind zusammengepresst, seine Kehle buchstäblich zugeschnürt. Und die verkrampfte Gesäßmuskulatur kennen wir gleichfalls aus der Fauna, aber von einem weitaus weniger imposanten Tier – dem Hund, der eben noch aggressiv gebellt und geknurrt hat, aber im nächsten Moment den Schwanz einzieht.

Tatsächlich gleicht das übermächtige Kontroll-Ich dem sprichwörtlichen Hund, der bellt, aber dann, statt zu beißen, die Flucht ergreift, oder dem tönernen Riesen, der bei einem etwas härteren Zusammenprall das Gleichgewicht verliert und in Stücke zerbricht. Denn seine Herrschaft beruht eben auf der willkürlichen und permanenten Drosselung der Kapazität körpereigener »Kraftwerke«, von deren Energielieferung er doch selbst abhängig ist. Er kann den »Drachen« der mächtigen sexuellen Lebensenergien nur bändigen, indem er ihn tief in die Wildnis des Unbewussten zurückdrängt. Dabei wäre das Ich tausendmal mächtiger und stärker, wenn es gelernt hätte, sich als »Drachenreiter« mit dem natürlichen Selbst zu verbünden. Ebenso kann er das »Herz-Kind« nur kontrollieren, indem er es im Zauberschlaf der Bewusst- und Sprachlosigkeit hinter einer Dornenhecke gefangen hält. Dabei wäre das Ich tausendmal reicher und lebendiger, wenn es sich nur trauen könnte, die Dornenhecke zu durchschlagen, als Prinz sein »inneres Dornröschen« zu erwecken und sich mit ihm zu vermählen.

Wenn wir uns einmal angewöhnt haben, die Welt unter energetischen Gesichtspunkten zu betrachten, offenbaren auch viele Märchen, Mythen und Sagen einen ganz neuen – oder wohl eher: uralten und zeitlos gültigen – Sinn. In den Begriffen und im System der Chakra-Lehre ausgedrückt, entspricht der in unwirtliche Wildnis abgedrängte Drache einer chronischen Beeinträchtigung von Wurzel- und Sakralchakra (Sexualität und Intuition). Das schlafende Herz-Kind hinter der Dornenhecke lässt sich entsprechend als Störung von Herz- und Kehlkopfchakra (Gefühl und Kommunikation) verstehen.

Mit anderen Worten: Die Herrschaft des übermächtigen Kontroll-Ich beruht auf der permanenten Drosselung von (wenigstens) vier der sieben autonomen »Kraftwerke«, aus denen ein gesunder Mensch seine Lebensenergie generiert. Kein Wunder also, dass so mancher »aufgeblasene Orang-Utan«, einmal so richtig auf die Probe gestellt, sich in einen »unterwürfigen Hund« verwandelt: Es fehlt ihm schlicht an der nötigen Energie, um eine wirkliche Auseinandersetzung durchzustehen.

Verschiebung nach innen

Eine Vielzahl psychischer und physischer Beeinträchtigungen, an denen gerade die Menschen in der »westlichen« Zivilisation leiden, beruht auf der Blockade oder Beeinträchtigung ihrer autonomen Energieproduktion. Da diese Wurzel des Übels jedoch von konventionellen Ärzten selten erkannt wird, besteht die »Therapie« leider meist nur in der massiven Bekämpfung von Symptomen. Es ist im Grunde das gleiche Muster, das uns bereits in einem anderen Zusammenhang begegnet ist: Ebenso wie das Kontroll-Ich, das bedrohliche Gefühle oder Erinnerungen gewaltsam unterdrückt, setzt auch die Schulmedizin häufig ihren ganzen Ehrgeiz darein, die »Alarmanlage« zum Schweigen zu bringen – anstatt die energetische Notlage zu beheben, die den Alarm ausgelöst hat.

Stellen Sie sich einmal folgende Situation vor: Durch ein Leck in einer Pipeline schießt Öl in baumdickem Strahl, entzündet sich nach kürzester Zeit und steigt als Feuersäule in den Himmel empor. Alarmsirenen beginnen zu heulen, die Feuerwehr rückt aus. Doch anstatt sich bis zur Unglücksstelle vorzuwagen, begnügen sich die Männer damit, die in einiger Entfernung angebrachten Sirenen und Warnlampen mit Löschschaum zu bombardieren, bis der Alarm endlich wieder verstummt.

Natürlich treten die Zusammenhänge bei menschlichen Erkrankungen selten so offen zutage wie in diesem Beispiel. Doch wenn man einen energetischen Standpunkt einnimmt, erkennt man sofort, dass sich viele Ärzte nicht anders als jene verwirrten und pflichtvergessenen Feuerwehrmänner verhalten.

Mary war eine Frau Mitte vierzig, die an chronischer Heiserkeit litt. Ihr Arzt verschrieb ihr ein entzündungshemmendes Rachenspray, durch das die Heiserkeit in der Tat ein wenig gelindert wurde. Doch wenige Monate später diagnostizierte derselbe Arzt bei Mary eine eitrige Kehlkopfentzündung. Was war geschehen? Die Entzündung war nicht etwa als »Nebenwirkung« des Rachensprays entstanden, durch die Unterdrückung der Heiserkeit war die chronische Kontraktion vielmehr weiter nach innen verschoben worden.

Als Mary mich zum ersten Mal in meiner spirituellen Beratungspraxis aufsuchte, wirkte sie auf mich wie eine mechanische Puppe, deren Sprechapparat kaputtgegangen war. Ihre Bewegungen waren krampfhaft und abgezirkelt, auch ihre Mimik war so kontrolliert und schematisch wie bei einem Cyborg. Wegen ihrer chronischen Kehlkopfentzündung konnte sie nur sehr leise und unter krampfhaftem Schlucken sprechen, aber mir wurde rasch klar, dass sie auch vorher kaum jemals »ihre Stimme erhoben« hatte und »aus sich herausgegangen« war.

Unser Kehlkopf, unser ganzer Stimmapparat dient vor allem der emotionalen (und, darauf aufbauend, der künstlerischen) Kommunikation, wie ich Mary während der folgenden Sitzungen erklärte. Leidet ein Mensch an chronischer Heiserkeit, so deutet dies in sehr vielen Fällen auf eine willkürliche, jedoch unbewusste, also chronisch gewordene Unterdrückung des inneren Kindes beziehungsweise der emotionalen Dimension hin. Das Kontroll-Ich macht das Herz-Kind buchstäblich »mundtot«, indem es die Muskeln im Hals- und Kehlkopfbereich permanent kontrahiert.

Ob diese Vermutung im Einzelfall zutrifft, kann man übrigens sehr leicht überprüfen, indem man eine einfache energetische Übung durchführt. Hierfür legt man eine Hand so um den Hals der Betreffenden, dass der Daumen etwa zwei bis drei Zentimeter unter dem Kinn ruht, der Zeigefinger in gleicher Höhe im Nacken. Dann drückt man sanft zu und bittet die an Heiserkeit leidende Person, gegen diesen Druck mit einem gleichmäßigen Ton »anzusingen«. Fast immer wird die Stimme sofort sehr viel kräftiger klingen als ohne diese kleine Nachhilfe – und zwar einfach deshalb, weil der therapeutische Kunstgriff eine spontane Entspannung der Muskeln im Kehlbereich bewirkt.

Im Fall der »puppenhaft« starren Mary hätte ein Blinder sehen müssen, dass diese bedauernswerte Frau nicht nur im Halsbereich, sondern auch an Schultern und Brust von einem Panzer chronisch verkrampfter Muskeln umschlossen war. Auch ihre Extremitäten bewegte Mary zu Beginn unserer gemeinsamen Arbeit so starr und mechanisch, als ob es Fremdkörper wären, die durch eiserne Scharniere mit ihrem Rumpf verbunden waren. Und natürlich lag damals noch ein langer, mühsamer und auch schmerzlicher Prozess vor ihr, ehe sie ihre Stimme wiederfand und sich Stück für Stück aus dem Kerker befreien konnte, in den ihr Kontroll-Ich ihren Körper verwandelt hatte.

In den verkrampften Muskeln, die wie würgende Hände um den Kehlkopf herum liegen, ist all die Gefühlsenergie gespeichert, deren Ausdruck das Kontroll-Ich – meist über Jahre und Jahrzehnte – verhindert hat. Als ich Mary bat, gegen den Druck meiner Finger anzusingen, ging es also nicht nur um mechanische Lockerung kontrahierter Muskeln. Vielmehr begann sich mit den ersten, noch brüchig klingenden Tönen ein Gefühlsstrom Bahn zu brechen, der rasch stärker und mächtiger wurde. Hier bedurfte es meiner behutsamen Regulierung der hervorschießenden Energien, da nicht nur Marys entzündeter Kehlkopf schonende Behandlung verlangte: Diese Entzündung war ja der Ausdruck einer schmerzhaften und gefährlichen Verletzung ihrer gesamten energetisch verzerrten und lädierten Person.

In einem Wochen dauernden Prozess und mit einer Vielzahl von Übungen gelang es uns, die chronischen Verkrampfungen und hierin manifestierten Energieblockaden schrittweise zu beheben. Von Anfang an gehörten hierzu auch Meditationen zur Befreiung des inneren Kindes. Ich bat Mary, sich vorzustellen, dass sie die Kellertreppe ihres Hauses hinabstiege und dort unten in den lichtlosen Gewölben ein kleines Kind jammern oder weinen hörte. »Gehen Sie diesem Weinen nach«, schlug ich ihr vor, »jedes Mal ein paar Schritte weiter – und immer nur so weit, wie Ihr Mut gerade reicht.«

Während sich Mary in dieser dunklen, unheimlichen Umgebung – dem Gespensterkabinett ihrer unbewussten und abgespaltenen Selbstanteile – vorantastete, ging ihre Kehlkopfentzündung ebenso Schritt für Schritt zurück. Auch die Erstarrung ihrer Mimik und Bewegungen wich langsam einem ausdrucksvollen Gesten- und Mienenspiel. Doch es sollten Wochen vergehen, bis es ihr bei einer Meditationsübung schließlich gelang, ihr inneres Kind aus dem Kerker zu befreien – einer engen, finsteren Zelle, wo es von einer grimmigen Wärterin bewacht wurde. Zu sehen, wie die früher so roboterhafte Mary ihr Herz-Kind in den Armen wiegte, und zu hören, wie sie dabei hemmungslos weinte – vor Schmerz, Trauer und Zorn, aber zuletzt vor allem vor Glück über die gelungene Befreiung –, das gehört zu den ergreifendsten Erfahrungen, die ich bei meiner Arbeit als spirituelle Lebensberaterin jemals machen durfte.

Vielleicht werden Sie sich fragen, warum Mary bei diesem Prozess auch mit mächtigen – und bedrohlichen – Zornausbrüchen konfrontiert wurde. Nun, die finstere Person, deren Gewalt sie ihr Herz-Kind entreißen konnte, trug die Züge ihrer eigenen Mutter – genauer gesagt, der herrischen und abweisenden jungen Frau, die die Mutter während Marys Kindheit gewesen war.

Hätte Mary nicht eben noch rechtzeitig das (ungerechtfertigte) Vertrauen zu jenem Arzt verloren, der ihre chronisch verschnürte Kehle mit entzündungshemmenden Pharmazeutika kurieren wollte, so wäre die Sache möglicherweise übel ausgegangen. Auf diesen Gedanken kam Mary schließlich selbst, als sie, längst im Besitz ihrer ureigenen, volltönenden Stimme, zu mir sagte: »Der Arzt hätte mich wahrscheinlich so lange behandelt, bis ich auch noch einen Kehlkopfkrebs entwickelt hätte.«

»Sie sind wieder gesund, Mary«, antwortete ich einfach und schloss sie in meine Arme.

Es war klar, dass Mary ihre Energielektion gelernt hatte: Wenn du eine Krankheit bekommst, stell dir vor, dass in deinem Körper jemand sitzt, der mit dieser Krankheit etwas ausdrücken möchte – eine Botschaft, an niemand anderen gerichtet als dein eigenes Ich.

Ein armseliger Tyrann: das ohnmächtige Kollaps-Ich

Auch Menschen vom Typus des Kollaps-Ich, des schwachen, instabilen, jederzeit vom Zusammenbruch bedrohten Ich, sind wir alle schon mehr als einmal begegnet. So bejammernswert sie auf uns wirken, so warmes Mitgefühl sie in uns auch erwecken – in der Regel sollten wir uns hüten, allzu lange in ihrer Nähe zu verweilen oder uns gar in ihre Netze verstricken zu lassen. Denn der Typus des Kollaps-Ich ist oftmals ein ebenso gieriger und gefährlicher Energievampir wie sein Zwillingsgeschwister, das übermächtige Kontroll-Ich.

Menschen vom Typus des übermächtigen Kontroll-Ich zapfen durch Machtgebärden, nicht selten durch ein ausgeklügeltes Schreckensregime ihre Umgebung energetisch an. Das Kollaps-Ich macht im Grunde nichts anderes, nur mit den entgegengesetzten Mitteln: Es versetzt seine Umgebung durch Zurschaustellung von Ohnmacht und Hilflosigkeit in Angst und Schrecken, in einen Zustand von Mitleid und schlechtem Gewissen – woraufhin sich die Energieschleusen der mitfühlenden Helfer ebenso ergiebig für das vermeintlich schutzbedürftige »Opfer« öffnen.

Verstehen Sie mich bitte nicht falsch: Menschen vom Typus des Kollaps-Ich leiden tatsächlich an permanentem und meist erheblichem Energiemangel. Nicht ihre Bedürftigkeit ist vorgetäuscht, doch die Strategien, die sie entwickeln, um die energetische »Spendierbereitschaft« ihrer Umgebung zu fördern und zu erhalten, sind durch Unehrlichkeit geprägt und für die bald schon ausgelaugten Energiespender im Familien- und Freundeskreis auf Dauer meist fatal.

Am Tropf der Opfermütigen

Betrachten wir zunächst die energetische Situation dieses Typus. Ähnlich wie das Kontroll-Ich hat es das Kollaps-Ich verstanden, seine vermeintlichen Kontrahenten um die Macht zu unterwerfen. Das Herz-Kind irrt halb verhungert und wehklagend im finsteren Wald umher. Der Drache des natürlichen Selbst liegt matt in seiner Felshöhle und leckt seine Wunden. Auch vom höheren Selbst, dem »inneren Engel«, ist das Kollaps-Ich gänzlich abgeschnitten.

So gleicht es einem Herrscher, der seine Untertanen so grausam niedergedrückt hält, dass es ihnen an allem außer dem Lebensnotwendigsten fehlt. Nur solange sie derart geschwächt und ausgezehrt sind, kann er seine Macht über sie behaupten. Doch eben deshalb vermögen sie auch ihn nur noch mit dem Allernötigsten zu versorgen, sodass beide Seiten annähernd in einem Patt erstarrt sind – mit einem winzigen Übergewicht des Kollaps-Ich.

Für seinen zweifelhaften Sieg zahlt es folglich einen ruinösen Preis. Seine ohnehin geringen Energien werden mit der Sicherung seiner Herrschaft auf dürftigstem Niveau gebunden. Es ähnelt jenen erbarmungslosen Diktatoren, die ihre Untertanen durch permanente Mangelversorgung schwächen und dezimieren, um dann jedoch, an Mitgefühl und Menschlichkeit anderer Völker und Staaten appellierend, mit Unschuldsmiene auf Betteltour zu gehen.

Denn nicht anders als der »arme Tyrann« in Königsschlössern und Präsidentenpalästen bettelt das Kollaps-Ich seine Umgebung um energetische Hilfslieferungen an. Seine Bedürftigkeit, sein Unvermögen, sich aus eigenen Kräften mit Energie zu versorgen, ist unbestreitbar, doch geflissentlich verschweigt das Kollaps-Ich seinen potenziellen Helfern, dass es selbst sich in diese Notlage gebracht hat. Und nach der Art jener raffinierten Straßenbettler, die ihre Kinder vorschicken, um die Herzen und Geldbeutel der Passanten zu öffnen, setzt auch der Energievampir vom Typus des Kollaps-Ich mit Vorliebe sein Herz-Kind ein, um seiner Umgebung wort- und tränenreich vorzujammern, wie übel Welt und Schicksal ihm mitgespielt hätten.

Das Kontroll-Ich *ignoriert* die inneren Hilferufe seines Herz-Kindes, das Kollaps-Ich *instrumentalisiert* sie. So erklärt sich übrigens auch, dass Menschen von diesem Typus nicht selten mit unpassend hoher

Stimme sprechen. Das gilt auch für erwachsene Männer mit dieser energetischen Struktur: Ihre Stimmlage ist hoch, als ob sie kindliches Sprechen nachahmen wollten. Ihrem ganzen Erscheinungsbild nach erinnern sie oftmals an zu groß geratene, ängstlich um Hilfe flehende Kinder. Mit ihren weichen, konturlosen Gesichtern und schlaffen, aufgeschwemmten Körpern sehen sie nicht selten wie Karikaturen des bekannten »Kindchen-Schemas« aus.

Charakteristisch für diesen Typus sind hochgezogene Schultern (eine permanente Angstgebärde) und ein unförmig vorquellender Bauch: Durch die chronische Kontraktion sind die Muskeln im Bauch- und Beckenbereich (»eingezogener Schwanz«) verkümmert und in Fettringe umgewandelt. Typisch sind auch Rückenbeschwerden in verschiedensten Schattierungen: Das Grundproblem des Kollaps-Ich besteht ja gerade darin, dass es ihm selbst für geringfügige Auseinandersetzungen am nötigen Rückgrat fehlt.

Giftcontainer voller Angst und Zorn

Kleine Kinder erspüren normalerweise die Erwartungen ihrer Eltern und versuchen diesen zu entsprechen. Das ist natürlich keine bewusste Entscheidung, sondern eine instinktive Reaktion. In der freien Natur ist dieses Nachahmungsprinzip in der Regel auch sehr erfolgreich: Ein Küken beobachtet, wie seine Eltern ihre Flügel bewegen, und lernt auf diese Weise zu fliegen. Bei Menschen aber liegen die Dinge nun einmal erheblich komplizierter.

Wenn ein Kind seine Mutter und seinen Vater nachahmt, so übt es neben mancherlei Fertigkeiten, die sein Potenzial entfalten, fast immer auch eine Vielzahl von Fehlfunktionen ein, die im Gegenteil seine Entwicklung behindern und seine energetische Autonomie hemmen. Das betrifft in unserer »westlichen« Gesellschaft vor allem anderen die elterliche Erwartung, dass ihre Kinder lernen sollten, »sich selbst zu beherrschen« – womit jedoch gemeint ist, dass das bewusste Ich die körperlich-seelischen Selbstaspekte seinem Willen unterwerfen, ihren autonomen Ausdruck hemmen und notfalls blockieren soll.

Die Lektion, die ein Kind auf diese Weise lernt, besteht also hauptsächlich darin, bestimmte Gefühle in seinem Innern zu unterbinden.

Tatsächlich jedoch reicht die Macht des Ich bei Weitem nicht – oder eben nur um den Preis eines energetischen Kollaps – aus, um bereits das Entstehen von Gefühlen wie Angst und Zorn, Lust oder Schmerz zu verhindern. Derlei Bemühungen haben also zumindest teilweise ohnehin einen illusionären, realitätsverleugnenden Charakter. Das kindliche Ich kann lediglich lernen, solche »verbotenen« Gefühle nicht bewusst wahrzunehmen. Zumindest anfangs wird seine Macht sogar bloß dafür ausreichen, ihren (körperlichen, gestischen, mimischen) Ausdruck zu verhindern oder auch nur zu verzerren.

Gefühle aber sind nichts anderes als reine, hochkonzentrierte Energie. Um diese missliebigen Energieflüsse zu blockieren, muss das Ich also einen ebenso hohen Energiebetrag aufwenden – so wie sich ein Hund von der Hand seines Herrn losreißen würde, wenn dieser ihn nicht genauso energisch festhielte, wie das Tier an der Leine zerrt. Soweit es sich um eine permanente oder häufig wiederkehrende Aufgabe handelt, delegiert das Ich sie an das Muskelsystem, um sein Bewusstsein für andere Aufgaben frei zu bekommen – mit den bereits beschriebenen Folgen der chronischen Muskelverkrampfung im Hals-, Brust-, Bauch- und Beckenbereich.

Falls Sie sich jemals gefragt haben, warum so viele Ihrer Mitmenschen gegen das puppenhafte Grimassieren und stereotype Geplapper in unseren Kino- und Fernsehfilmen nicht etwa Einspruch erheben, sondern diese Gefühlssprache aus der Retorte im Gegenteil eifrig nachahmen – von einem energetischen Standpunkt aus betrachtet liegt die Antwort auf der Hand. Denn zu der Strategie illusionär überzogener »Selbstbeherrschung« gehört noch ein weiterer Schritt, der die Abspaltung der »verbotenen« Gefühle vervollständigt: Das »Kopf-Ich« legt sich ein Repertoire vorgetäuschter Gefühlsäußerungen zu, von eingelernten Floskeln bis hin zu vorgefertigten Gebärden und Grimassen, die sich zwar allesamt steril und leblos anfühlen, dafür jedoch der Kontrolle des Ich vollständig unterworfen sind.

Der permanente Energiemangel beruht also auch beim »armseligen Tyrannen« vom Typus des Kollaps-Ich letztlich auf willkürlicher Verknappung. Der Herrscher hat alle Quellen zuschütten und durch künstliche, kümmerliche Rinnsale ersetzen lassen. Die verbotenen »wahren« Ressourcen aber, und damit auch die in ihnen gespeicherten Energien, liegen derweil abgespalten und versunken als »Giftcontainer« im Grundschlamm des »inneren Sees«.

In meiner Praxis als spirituelle Beraterin habe ich sehr häufig gerade mit Klienten dieses Typus zu tun. Viele von ihnen leiden seit Jahren und Jahrzehnten an massiven Depressionen. Gemeinsam ist ihnen allen eine gewisse »Kindlichkeit« im Äußeren wie auch in ihrem Verhalten. Die ängstliche Traurigkeit dieser »alten Kinder« rührt jeden Menschen, der nicht anstelle des Herzens einen Stein in der Brust trägt. Dass diese Menschen an ihrer energetischen Mangelsituation, ihrer Ich-Schwäche und Hilflosigkeit leiden, ist unbestreitbar und unübersehbar. Aber gleichwohl muss man sich davor hüten, den »Bettelsignalen« dieser »armseligen Tyrannen« eilfertig zu folgen und sie aus falsch verstandenem Mitgefühl mit Hilfe, Zuneigung und anderen »Energiespenden« zu überschütten.

Wenn wir auf einen Menschen treffen, der sich in einer Notsituation befindet, ist es nur natürlich und lobenswert, wenn wir ihm mit dem aushelfen, was ihm gerade am dringendsten fehlt. Der nächste Schritt aber muss darauf hinzielen, dass der Betreffende wieder die Fähigkeit erwirbt, seinen Bedarf aus eigener Kraft zu decken. Wenn Sie Zeuge eines Autounfalls werden und ein Opfer ohnmächtig am Straßenrand liegt, werden Sie gewiss nicht zögern, die bedauernswerte Person durch Reanimationsmaßnahmen wiederzubeleben. Was würden Sie aber sagen, wenn der oder die Betreffende verlangt, nun für alle Zeit von Ihnen per Mund-zu-Mund-Beatmung am Leben erhalten zu werden? Im Grunde erwartet das Kollaps-Ich von seiner Umgebung nichts Geringeres als das. Wie ein kleines Kind will er oder sie unaufhörlich mit Energie in allen erdenklichen Formen genährt werden – sei es nun Zuneigung, Liebe, Zeit oder Geld.

Die Heilung eines solchen »armen Tyrannen«, ob männlich oder weiblich, jung oder alt, ist im Grunde sehr einfach: Wir müssen lediglich die Verbindung zwischen dem Ich und den abgespaltenen Selbstaspekten herstellen, damit die betreffende Person von äußerer Energiezufuhr unabhängig wird.

Gleichwohl ist hierbei äußerste Geduld und Behutsamkeit geboten. Durch gewisse psychotechnische Kunstgriffe könnte man ohne besondere Mühe sozusagen einen Kurzschluss zwischen dem bewussten Ich des »armen Tyrannen« und den »Giftcontainern« seiner abgespaltenen Selbstaspekte in der Tiefe seines Unbewussten erwirken. Hierdurch würde sein Energiemangel zwar schlagartig behoben – doch diese Energie-Explosion würde den »armen Tyrannen« unweigerlich hinwegschwemmen, sein Bewusstsein würde in einem psychotischen Dammbruch ertrinken, wie eine Insel in der Springflut untergeht.

Übungen zur Integration abgespaltener Selbstaspekte

Das »übermächtige Kontroll-Ich« und das »ohnmächtige Kollaps-Ich« sind typisierte Extreme, die uns in der Realität wohl selten in vollkommen reiner Ausprägung begegnen. Nach meiner Erfahrung liegt die Selbststruktur der meisten Menschen, die ihren chronischen Energiemangel mit gewohnheitsmäßigem Energievampirismus zu beheben suchen, irgendwo zwischen diesen beiden Polen, jedoch in allen Fällen mit einer deutlichen Tendenz zu diesem oder jenem »Idealtypus«.

Über unsere persönliche Energie- und Persönlichkeitsstruktur können wir uns auf einfache Weise unterrichten, indem wir uns unsere nächtlichen Träume vergegenwärtigen. Tatsächlich stellen die meisten unserer Schlafträume symbolisch verschlüsselte Geschehnisse und Prozesse in unserer inneren Welt dar. In dieser Innenwelt sind das Herz-Kind und der Drache, der Engel und der innere See so lebendig und unzweifelhaft »real«, wie wir dies von unseren Mitmenschen und den physischen Objekten in der äußeren Alltagswelt voraussetzen.

Wenn sich ein Mensch nicht an seine Träume erinnert, wenn er gar überzeugt ist, dass er oder sie überhaupt keine nächtlichen Träume habe, so sind dies ernsthafte Anzeichen für eine gestörte oder weitgehend unterbrochene Verbindung zwischen dem bewussten Ich und den körperlich-seelischen Selbstaspekten. Die Meditationsübungen, die ich in diesem Kapitel vorschlage, eröffnen jedoch auch denjenigen, die ihre Fähigkeit zu träumen teilweise oder gänzlich verloren haben, einen neuen Zugang zu ihrer inneren Welt. In unzähligen Fällen habe ich miterlebt, wie Klienten, die sich ein halbes Leben lang beim morgendlichen Erwachen allenfalls an ein paar nebelhafte Bilderfetzen erinnerten, ein eindrucksvolles Traumleben entwickelten, sobald sie begannen, meine Meditationsübungen regelmäßig durchzuführen.

Die Szenerien, Geschehnisse und Begegnungen in diesen Übungen sind also lediglich Vorschläge, die Sie bei Bedarf mühelos an Ihre persönlichen Bedürfnisse und Vorlieben anpassen können. Wenn Sie mit meinem Übungsprogramm begonnen haben, wird Ihr schöpferisches Unbewusstes bald schon Elemente aus den Meditationsszenerien in Ihre Träume einbauen. Machen Sie sich darauf gefasst, dass Ihre Träume an Intensität, Lebendigkeit und Ausdruckskraft gewinnen werden, wenn Sie sich auf mein kleines Übungsprogramm einlassen. Und achten Sie bitte darauf, wie sich die Bildwelten aus meinen Meditationsvorschlägen in Ihren Träumen verändern, welche Gestalten oder Geschehnisse Ihr Unbewusstes hinzufügt oder abändert. Greifen Sie diese Hinweise auf, wenn Ihnen das ratsam erscheint, und ändern Sie die Übungen entsprechend ab.

Aber bleiben Sie bei alledem zuversichtlich und entspannt: Anders als etwa die klassische Psychoanalyse dies voraussetzt, sollten wir unsere innere Welt in erster Linie nicht als Sammelsurium »verdrängter« Triebe, Wünsche und Traumata ansehen. Vielmehr handelt es sich um einen gigantischen Pool ungehobener Schätze und unentdeckter Wachstumspotenziale, die wir allesamt für unsere Persönlichkeitsentfaltung und spirituelle Entwicklung nutzbar machen können – wenn es uns nur gelingt, sie auf harmonische und konstruktive Weise in unsere Selbststruktur einzufügen.

Gewiss enthält unser innerer See auch »Wrackteile« und »Giftcontainer«, die in den Grund unseres Unbewussten eingesunken sind. Aber giftig und gefährlich für uns sind sie nur so lange, wie sie von unserem Selbst abgespalten sind – so wie eine unkontrolliert sprudelnde Ölquelle den See verunreinigt, während die gleiche Ressource, durch eine Pipeline mit unserer Stadt verbunden, unseren Energielevel dauerhaft hebt.

Bei Tauchgängen hinab in den inneren See kommt es nicht selten auch zu beeindruckenden Begegnungen mit »inneren Elternteilen«. Unweit von »Giftcontainern«, die die Gefühlsenergien unverarbeiteter Kindheitserfahrungen enthalten, sind sehr häufig auch diejenigen Kindheitspersonen anzutreffen, die wir – zu Recht oder nicht – für die betreffenden Traumata verantwortlich machen. Meist nehmen diese Personen (Mutter, Vater oder andere Autoritäten aus der Kindheit) in unserem Unbewussten die Rolle von Wächtern ein, die die betreffenden »Wrackteile« bewachen beziehungsweise durch die in diesen Behältern blockierten Energien ihrerseits in der Wächterrolle fixiert worden sind.

Gegen Ende meines kleinen Übungsprogramms werde ich daher auch vorschlagen, dass wir solchen Personen aus der Vergangenheit, die uns einst ein Unrecht oder Leid zugefügt haben, aufrichtig und von ganzem Herzen verzeihen. Denn auf diese Weise verschaffen wir vor allem uns selbst buchstäblich Erleichterung: Wir lassen den »Übeltäter« frei, können also aufhören, ihn in unserer Erinnerung »einzufrieren« und festzuhalten. Jemandem zu grollen, mit ihm zu hadern, ihn lauthals oder in Gedanken anzuklagen – das alles sind seelisch-körperliche Verkrampfungen, die das harmonische Zirkulieren und Pulsieren unserer Energien behindern. Wir aber lassen los und bringen auf diese Weise die Schwingung wieder in Gang.

Ziel der Übungen

Bei einer harmonischen Selbststruktur wird die Autonomie der einzelnen Selbstanteile (Herz-Kind, natürliches Selbst, bewusstes Ich) nur so weit eingeschränkt beziehungsweise ausgeweitet, wie dies für ihre Integration in den Gesamtcharakter und dessen Stabilität erforderlich ist. Das Ziel der Übungen, die ich in diesem Abschnitt vorstellen werde, besteht also darin, »diktatorische« oder »tyrannische« Charakterstrukturen zu »demokratisieren« und gewaltgeprägte Formationen zu befrieden. In einem harmonisch strukturierten Selbst sollte das bewusste Ich gleichsam nur den Sprecher eines Gremiums von annähernd Gleichberechtigten darstellen, in dem das Herz-Kind sich ebenso Gehör verschaffen kann wie der »Drache« unseres natürlichen Selbst. Unser Ich sollte die Instrumente der Vernunft und Rationalität beherrschen, aber genauso ein geübter »Drachenreiter« und nicht zuletzt auch ein fürsorglicher Hüter seines inneren Kindes sein. Es sollte die Melodie des Herzens ebenso wie die Sprache der Libido verstehen und respektieren. Es sollte eine seiner vornehmsten Aufgaben darin sehen, die optimale Förderung, Kanalisierung und Kontrolle der Energien zu gewährleisten, die von unserem natürlichen Selbst (Wurzel- und Sakralchakra) und von unserem Herz-Kind

(Herz- und Halschakra) generiert werden. Erst wenn das bewusste Ich, das innere Kind und das natürliche Selbst in einem harmonischen Charakter integriert sind, kann es uns in einem nächsten Schritt gelingen, auch die Verbindung zu unserem höheren Selbst herzustellen, durch die wir Zugang zu den unerschöpflichen kosmischen Energieressourcen, zur Weisheit und zu den »übernatürlichen« Gaben unseres inneren Engels erhalten.

Empfehlungen und Warnhinweise

»Machtvampire« gehören praktisch ausnahmslos dem Typus des übermächtigen Kontroll-Ich an. Angst- und Liebesvampire dagegen weisen sehr häufig die Charakterstruktur des ohnmächtigen Kollaps-Ich auf. Ihnen beiden ist gemeinsam, dass das bewusste Ich die »Unterwerfung« der vitalsten Selbstaspekte (Herz-Kind, natürliches Selbst) und die Isolierung vom höheren Selbst mit einer permanenten energetischen Unterversorgung erkauft. Während aber das Kontroll-Ich aufgrund aggressiver energetischer Ausbeutung seiner Umgebung eine gewisse Stärke und Stabilität besitzt, hat das Kollaps-Ich nur eine fragile Persönlichkeitsstruktur entwickelt.

Wenn Sie als Heilerin oder Heiler einem Klienten helfen möchten, seine energetische Mangelstruktur zu überwinden, müssen Sie folglich bei Menschen, deren Persönlichkeitsstruktur dem »armseligen Tyrannen« ähnelt, sehr viel behutsamer vorgehen als bei Personen, die dem Muster des »depressiven Diktators« nahekommen. Das gilt natürlich erst recht für diejenigen meiner Leser, die das Übungsprogramm auf eigene Faust und ohne kundige Anleitung absolvieren möchten.

Das Kontroll-Ich hat es gelernt, sich ebenso große Energiemengen zu verschaffen wie eine energetisch gesunde und integrierte Persönlichkeit – nur mit dem Unterschied, dass Menschen dieses Typus ihren Energiebedarf überwiegend zulasten ihrer Umgebung decken. Wenn wir also das bewusste Ich eines Machtvampirs mit seinen eigenen, bislang abgespaltenen Energieressourcen verbinden, dann geht auch dies in aller Regel gewiss mit beträchtlichen psycho-physischen Erschütterungen einher, die bei der Wiederbegegnung mit dem eigenen Herz-Kind, dem natürlichen Selbst oder gar mit dem inneren Engel unvermeidlich sind. Doch aufgrund seiner stabilen Struktur ist das Kontroll-Ich bei einem solchen Wechsel seines »Energieversorgungssystems« nicht vom Zusammenbruch seiner Persönlichkeit bedroht. Unter der einfühlsamen Leitung seiner spirituellen Berater wird es imstande sein, sich den veränderten energetischen Gegebenheiten durch Umbau der »diktatorischen« in eine »partizipative« Persönlichkeitsstruktur schrittweise anzupassen.

Ganz anders verhält es sich beim ohnmächtigen Kollaps-Ich: Bei Menschen dieses Typus ist die Charakterstruktur so fragil und der »armselige Tyrann« ein Herrscher auf so wackligen Füßen, dass eine überstürzte Erhöhung des Energiepegels im Extremfall eine unkontrollierte »Explosion« auslösen kann, das Auseinanderbrechen der Persönlichkeit in unverbundene Einzelteile, die nicht einmal mehr durch ein schwaches Ich zusammengehalten werden. Hier ist ein geduldiges und behutsames Vorgehen zwingend geboten.

Jedoch lassen sich solche Gefahren nach meiner Erfahrung zuverlässig vermeiden, wenn man die Übungen, die ich in diesem Abschnitt vorstellen werde, in der vorgeschlagenen Reihenfolge ausführt und zusätzlich diese Faustregel beherzigt:

Schreiten Sie immer erst dann zur nächsten Stufe weiter, wenn Sie

- eine Übung mindestens fünfmal ausgeführt haben, wobei zwischen den einzelnen Meditationen ein Abstand von wenigstens vierundzwanzig Stunden liegen sollte,
- bei dem Gedanken, zur nächsten Stufe weiterzugehen, kein Unbehagen, sondern eine freudig vorwärtsdrängende Erwartung verspüren.

Vorbereitung

Zur Durchführung der Übungen, die ich in diesem Buch beschreibe, sollten Sie sich in einen ruhigen Raum zurückziehen. Sorgen Sie dafür, dass in Ihrem Meditationsraum ein gedämpftes, indirektes Licht herrscht. Geräusche aus der Außenwelt sollten möglichst nicht hereindringen, und natürlich sollte während Ihrer Übungen niemand Zutritt zu Ihrem Ruheraum haben.

Die Kleidung sollte bequem sein. Auf Schuhe, Gürtel und alles Beengende an ihrem Körper sollten Sie ebenso verzichten wie auf metallische Gegenstände (Uhr, Schmuck, Münzen), die zu energetischen Verzerrungen und Stauungen führen können. Natürlich schalten Sie auch alle Telefone ab, die sich möglicherweise in Ihrem Meditationsraum (oder in Hörweite außerhalb) befinden.

Wenn Sie die Übungen ohne Helfer durchführen, können Sie sich die Szenerie und die symbolischen Geschehnisse, um die es in den einzelnen Meditationen geht, vorher einprägen oder auch den Wortlaut aufnehmen und während der jeweiligen Übung abspielen. Einige der folgenden Übungen finden Sie auch auf der beiliegenden CD.

Ob Sie bei der Meditation auf einer Matte am Boden liegen oder auf einem Stuhl sitzen möchten, bleibt Ihnen gänzlich freigestellt. Nach meiner Erfahrung ist jede sitzende oder liegende Position und nahezu jede Unterlage (Schemel, Stuhl, Sessel sowohl wie Matte, Couch, Bett) geeignet, wenn man sich dabei nur wohlfühlt.

Wichtig ist jedoch, dass Sie vor der Übung keine schweren Speisen und natürlich keinerlei Stimulanzien (wie Alkohol oder Koffein) zu sich nehmen. Achten Sie darauf, während der Übungen entspannt zu bleiben und gleichmäßig in den Bauch hinein zu atmen.

Erste Übung: Die Stadtwächter-Meditation – so lernen Sie, Ihre innere Welt zu imaginieren

Track 1

Dies ist eine leichte Meditationsübung für Menschen, die mit ihrer inneren Welt wie auch mit Meditationstechniken noch wenig vertraut sind.

Schließen Sie die Augen, und stellen Sie sich vor, Sie seien der »Stadtwächter« oder die »Stadtwächterin« in einer kleinen mittelalterlichen Stadt. Sie stehen an einem Turmfenster und sehen auf den Marktplatz hinunter. Dort unten rufen und lachen, schnattern und bellen Mensch und Tier durcheinander. Dieser bunte Klangstrom sind Ihre Gedanken und Gefühle, die Vielfalt der Reize, die unablässig durch Ihr Bewusstsein ziehen. Nehmen Sie Rufe, Satzfetzen, Schwingungen und die vielen Facetten des Treibens dort unten wahr, aber wahren

Sie Ihre »Stadtwächter-Distanz«: Lassen Sie sich nicht verlocken, einem einzelnen Gedanken zu folgen.

Mit der Zeit wird sich das Getümmel auf dem Marktplatz lichten. Anfangs kann es Stunden dauern, bis Sie diese Phase erreichen, aber nach einigen Wiederholungen dieser Übung wird Ihr Bewusstsein bald schon leise und leer werden.

Heben Sie nun Ihren Blick, und nehmen Sie wahr, dass Ihre Stadt am Rand eines gewaltig großen, majestätischen Sees liegt. Dort draußen auf dem Gewässer treibt ein Boot, mit einem einsamen Ruderer darin.

Folgen Sie ihm mit den Augen, wie ein Vogel über den See fliegt. Stellen Sie sich vor, wie Sie mit dem Ruderer eins werden. Nun sind es schon Ihre Hände, die die Rudergriffe bewegen, und Sie spüren, wie Ihre Brust sich im Takt des Ruderns hebt und senkt.

Fahren Sie eine Weile auf dem See umher, aber versuchen Sie nicht, ein bestimmtes Ziel anzusteuern. Lösen Sie sich schließlich wieder von dem Ruderer, steigen Sie wie ein Vogel in die Lüfte auf und fliegen zu Ihrer Stadt zurück. Nehmen Sie den Berg wahr, der sich hinter Ihrer Stadt erhebt, mit dem Königspalast darauf, dessen vergoldete Dächer in der Sonne glitzern. Fliegen Sie zum Wachturm zurück, und werden Sie wieder eins mit dem Stadtwächter, der am Fenster steht und reglos auf Stadt und See hinabblickt.

Wenn Sie die Augen wieder geöffnet haben, bleiben Sie noch einige Momente ruhig sitzen oder liegen. Lassen Sie die Bilder und Gefühle in Ihrem Innern nachklingen. Der Stadtwächter verkörpert Ihre Wachsamkeit und Treue zu sich selbst. So wichtig es ist, die eigenen Grenzen gegen feindliche Übergriffe zu verteidigen, so nachteilig kann es sein, wenn man diese Grenzen zu eng zieht.

Erheben Sie sich schließlich wieder und bleiben Sie einige Minuten mit leicht vorgebeugten Knien und um ungefähr eine Fußlänge gespreizten Beinen stehen. Atmen Sie dabei in Ihren Bauch, in Ihr Becken, schließlich in Ihre Beine und Füße hinab. Diese Schlussübung dient dazu, Sie nach der Meditation wieder zu erden, also mit der körperlichen Wirklichkeit und alltäglichen Realität zu verbinden.

Zweite Übung: Suchen Sie Ihre innere Mondkönigin auf

Ziehen Sie sich in Ihren Ruheraum zurück, und treffen Sie die nötigen Vorbereitungen für eine Meditation, wie bei der Stadtwächter-Übung beschrieben.

Mit ihrem blendend klaren Licht, aber auch mit ihren sengenden Strahlen, die alles Lebendige verdorren lassen, gleicht die Sonne unserem rationalistischen Ich-Bewusstsein. Dagegen symbolisiert der Mond in den unterschiedlichsten Kulturen seit jeher die Weisheit der Seele, die die Nacht unseres Unbewussten mit dem geisterhaften Licht der Vorausahnungen und Intuitionen erhellt.

Stellen Sie sich vor, dass Sie ein mächtiger Sonnenkönig bzw. eine Sonnenkönigin sind. Ihr Thron steht in einem hellen, reich vergoldeten und mit Sonnenlicht durchfluteten Palast, auf dem Gipfel des gewaltigen Berges über der Stadt. Doch einmal im Monat, so will es uralter Brauch, begeben Sie sich durch einen engen, düsteren Schacht in den Bauch Ihres Berges hinab, um der Herrscherin der Nacht, der Mondkönigin, die Ehre zu erweisen.

Schließen Sie die Augen, und stellen Sie sich vor, wie Sie sich in Ihrer goldenen Königsrobe vom Thron erheben und in den Schacht hinabsteigen. In der Hand halten Sie das goldene Zepter, auf Ihrem Kopf sitzt die goldene Krone. Der Berg mit dem Palast darauf ähnelt einem riesigen, steinernen Menschen: So steigen Sie jetzt gleichsam aus dem Kopf in den Bauch hinab.

Im Bauch des Berges befindet sich ein gewaltiger, kreisrunder Saal. Hier ist es dämmrig und voller Schatten, die sich im Flackern einiger Fackeln an den Wänden bewegen. Auf einem Thron inmitten dieses Saals sitzt die Mondkönigin. Sie trägt ein silberfarbenes Gewand, ihr königlicher Kopfschmuck hat die Form und Farbe der Mondsichel.

Beugen Sie vor der Mondkönigin Ihr Knie. Begrüßen Sie sie respektvoll und schauen Sie sie aufmerksam an. Wenn sie Ihnen etwas sagen möchte, hören Sie ruhig zu und danken ihr für ihre Worte, wie auch immer ihre Botschaft lauten mag. Verweilen Sie in ihrem Thronsaal, solange Sie sich dort wohlfühlen. Dann erheben Sie sich, danken der Mondkönigin dafür, dass Sie sie aufsuchen durften, und sagen laut oder in Gedanken: »Ich werde wiederkommen.«

Schließlich kehren Sie durch den Schacht in den Saal des Sonnenkönigs zurück. Nehmen Sie auf dem Thron Platz, spüren Sie die Wärme der Sonne auf Ihrer Haut und die Helligkeit der Sonnenstrahlen.

Öffnen Sie nun wieder die Augen. Hat nicht auch das monderleuchtete Dunkel seine Schönheit und seine Berechtigung? Kommt Ihnen die Mondkönigin bekannt vor? An welche Person (aus Ihrer Vergangenheit oder vielleicht aus einem Buch, das Sie einmal gelesen haben) erinnert Sie die Herrscherin der Nacht? Denken Sie noch einige Augenblicke hierüber nach, während Sie in sich nachklingen lassen, was Sie im Thronsaal der Mondkönigin erlebt haben.

Wenn Sie sich schließlich wieder von Ihrem Meditationsstuhl oder -bett erheben, führen Sie auch die kleine Übung zur Erdung noch aus, die ich Ihnen am Ende der Stadtwächter-Meditation vorgeschlagen habe.

Dritte Übung: Forschen Sie nach Ihrem Herz-Kind

Track 2

Ziehen Sie sich in Ihren Ruheraum zurück, und treffen Sie die nötigen Vorbereitungen für eine Meditation, wie bei der Stadtwächter-Übung beschrieben.

Schließen Sie dann die Augen, und stellen Sie sich vor, dass Sie in der Halle Ihres Königsschlosses stehen. Alles in Ihrer Umgebung zeugt von ehemaliger Pracht, sieht aber heute ein wenig abgenutzt, ja heruntergekommen aus. Waren Sie in früheren Zeiten nicht viel reicher, stärker und glücklicher? Was ist mit Ihnen und Ihrem Königreich geschehen? Ein dunkler Zauber scheint über allem zu liegen und raubt den Dingen ihren Glanz, den Bewohnern ihre Zuversicht, ihre Kraft und ihr Lächeln.

Sie streifen in der Schlosshalle umher, und nun hören Sie leises Jammern und Wehklagen, wie von einem kleinen Kind. Folgen Sie diesen Lauten, lassen Sie sich von ihnen leiten und versuchen Sie herauszubekommen, wo sich das Kind befindet und warum es jammert oder ruft.

Wohin werden Sie durch die Rufe des Kindes gezogen? In die Kellergewölbe hinab oder hinaus in den Schlosspark, wo es einen großen, von Dornenhecken umrankten Irrgarten gibt? Oder an einen ganz anderen Ort innerhalb des weitläufigen Gebäudes und Geländes? Und wem begegnen Sie unterwegs – Dienern und Dienerinnen, Wächtern?

Sprechen Sie diese Leute an, versuchen Sie herauszubekommen, was mit dem Kind los ist. Schauen Sie sich alles ganz genau an, aber bleiben Sie entspannt, und atmen Sie ruhig.

Wenn Sie Ihr Herz-Kind gefunden haben, verweilen Sie bei ihm, solange es Ihnen richtig scheint. Wie sieht Ihr Herz-Kind aus? Kommt es Ihnen gesund und kräftig oder kränklich und ausgezehrt vor? Wirkt es fröhlich oder traurig auf Sie? Ist es der Prinz oder die Prinzessin dieses Schlosses – oder scheint es eher ein Gefangener zu sein?

Schauen und sprechen Sie das Kind freundlich an. Berühren und streicheln Sie es, und fühlen Sie, wie sich Ihr Herz bei dieser Berührung mit verschiedenen Gefühlen füllt. Empfinden Sie die Liebe, die von Ihrem Herz-Kind ausgeht, aber auch Trauer, Sehnsucht und Schmerz.

Nachdem Sie einige Zeit bei Ihrem Herz-Kind verweilt sind, verabschieden Sie sich von Ihm. Sagen Sie, laut oder in Gedanken: »Ich werde wiederkommen.«

Öffnen Sie nun wieder die Augen, aber bleiben Sie noch einige Augenblicke sitzen oder liegen und lassen Sie die Bilder und Gefühle, die diese Meditation in Ihnen ausgelöst hat, nachklingen. Kamen Ihnen die Diener oder Wächter im Königsschloss bekannt vor? Vielleicht erinnern sie Sie an Menschen aus Ihrer Vergangenheit – an Ihre Mutter oder Ihren Vater, als Sie ein Kind waren, an Großeltern oder Lehrer.

Haben Sie bei dieser Übung gleich beim ersten Mal Ihr Herz-Kind getroffen? Umso besser. Es ist Ihr eigenes kindliches Selbst, Ihre Fähigkeit zu lieben und Ihre Sehnsucht, von anderen geliebt zu werden. Achten Sie künftig immer darauf, dass sich Ihr Herz-Kind wohl befindet und dass Sie zumindest einmal am Tag Verbindung mit ihm aufnehmen.

Falls Sie diesmal Ihr Herz-Kind noch nicht gefunden haben, ist das auch nicht weiter schlimm. Sie können die gleiche Meditation ja jederzeit von Neuem beginnen oder sich mit einer der folgenden Übungen in anderen Gefilden auf die Suche nach Ihrem inneren Kind begeben. Früher oder später werden Sie unweigerlich den Ort finden, wo sich Ihr Herz-Kind aufhält.

Wenn Sie sich wieder erheben, vergessen Sie bitte nicht, die kleine Übung zur Erdung durchzuführen, die ich Ihnen am Schluss der Stadtwächter-Meditation vorgeschlagen habe.

Vierte Übung: Schwimmen im inneren See

Track 3

Ziehen Sie sich in Ihren Ruheraum zurück, und treffen Sie die nötigen Vorbereitungen für eine Meditation, wie bei der Stadtwächter-Übung beschrieben.

Stellen Sie sich vor, dass Sie wiederum der Sonnenkönig bzw. die Sonnenkönigin sind und in Ihrem lichten Palast auf dem Gipfel des Berges thronen. Abermals ist der Tag gekommen, an dem Sie nach altem Brauch die Mondkönigin aufsuchen. Wieder begeben Sie sich in den Bauch des Berges hinab, wo Sie im dämmrigen, runden Saal vor dem Thron der Mondkönigin Ihr Knie beugen.

Mit freundlichem Lächeln erwidert die Herrscherin der Nacht Ihre Begrüßung. »Folge mir, mein Freund«, sagt sie mit sanfter Stimme und erhebt sich von ihrem Silberthron.

Gemeinsam mit der Mondkönigin steigen Sie noch tiefer. Ganz unten, in den Grundfesten des Berges, öffnet sich der Fels über einem unterirdischen See. »Nun lege deine Robe ab, Herrscher des Tages«, sagt die Mondkönigin zu Ihnen, »und schwimme hinaus auf den inneren See.«

Folgen Sie dieser Aufforderung, und fühlen Sie, wie warm und weich das Wasser des inneren Sees sich an Ihre Haut schmiegt. Sie haben niemals etwas Köstlicheres verspürt. Mit kräftigen Zügen schwimmen Sie immer weiter hinaus. Schauen Sie nach oben: Über Ihnen erhebt sich eine ungeheure Felskuppel, erfüllt mit silbernem Mond- und Sternenlicht.

Während Sie schwimmen, fühlen Sie unablässig den aufmerksamen, liebevollen Blick der Mondkönigin auf sich, die am Ufer zurückgeblieben ist. Sie spüren ganz deutlich, dass Ihnen nichts Arges geschehen kann, solange dieser Blick Sie umfängt. Im Gegenteil: Unter dem Blick der Mondkönigin, in diesem gewaltigen inneren See, scheint alles erdenklich Gute, Stärkende, Positive greifbar nah zu sein.

Das Wasser prickelt auf Ihrer Haut wie reine Energie. Sie schwimmen weiter und weiter, ohne zu ermüden. Sie empfinden, wie unermesslich weit und tief das Gewässer ist. Wie klein ist dagegen Ihr Sonnenpalast auf dem Gipfel des Berges. Deutlich spüren Sie, dass sich hier unten, am Grund des Sees, unzählige Schätze befinden – jeder einzelne von ihnen wertvoller als alles, was sich in der hellen Tagwelt mit Geld kaufen ließe.

Diese Schätze gehören Ihnen – jedenfalls dann, wenn Sie es wagen, auf den Grund hinabzutauchen und sie zu bergen. Aber eine solche Tauchpartie ist auch gefährlich – zumindest für denjenigen, der noch nicht dafür bereit ist.

Diesmal werden Sie noch an der Oberfläche bleiben. Statt hinabzutauchen, schwimmen Sie weiter und weiter unter der von Mondlicht durchfluteten Kuppel auf den See hinaus.

Schließlich nähern Sie sich dem anderen Ende Ihres inneren Sees. Den Blick der Mondkönigin spüren Sie nur noch ganz schwach auf Ihrem Rücken. Dafür sehen Sie schon von Weitem das bogenförmige Felstor, das Ihren See mit einem viel größeren Gewässer verbindet. Helles Taglicht strömt durch den Bogen zu Ihnen herein.

Sie schwimmen durch das Tor hindurch, hinaus auf einen unermesslich großen See. Über Ihnen wölbt sich der Himmel, die Sonne scheint, und ihre Strahlen brechen sich mit goldenem Funkeln in den Wellen des Sees.

Als Sie um sich schauen, schaukelt in der Nähe ein Ruderboot. Klettern Sie hinein, ergreifen Sie die Ruder und fahren Sie los. Es ist dasselbe Boot, das Sie bereits als Stadtwächter gesehen haben.

Wenden Sie das Boot und erkennen Sie, wie gewaltig sich der Berg am Ufer des Sees erhebt. Sie müssen den Kopf weit zurücklegen, um die Golddächer des Königspalastes auf dem Gipfel in der Sonne funkeln zu sehen. Rudern Sie mit dem Boot an der Flanke des Berges entlang, bis Sie wieder zu Ihrer Stadt gelangen, die sich an die Vorderseite des Berges schmiegt.

Am Kai legen Sie an, klettern an Land und gehen vom Hafen durch das Stadttor bis zum Marktplatz hinauf.

Dort oben im Fenster des Wachturms steht der Stadtwächter – und das sind Sie. So wie Sie der Ruderer sind und der Sonnenkönig oben im Palast und die Mondkönigin im Bauch des Berges. Denn in dieser

Welt ist alles mit allem verbunden, so wie Ihr innerer See mit dem äußeren, viel größeren See verbunden ist.

Öffnen Sie nun wieder die Augen. Bleiben Sie noch einige Augenblicke in Ihrer Meditationsstellung und lassen Sie das Erlebte in sich nachklingen. Wenn Sie sich schließlich erheben, vergessen Sie bitte nicht die kleine Schlussübung, um sich wieder zu erden.

Fünfte Übung: Lernen Sie Ihren inneren Drachen kennen

Track 4

Ziehen Sie sich in Ihren Ruheraum zurück, und treffen Sie die nötigen Vorbereitungen für eine Meditation, wie bei der Stadtwächter-Übung beschrieben.

Schließen Sie die Augen, und stellen Sie sich vor, dass Sie ein kühner Ritter oder eine mutige Kriegerin sind und durch einen unwegsamen Wald streifen. In diesem Dickicht haust ein Drache (oder eine Drachin) von furchtbaren Kräften, der in unregelmäßigen Abständen aus dem Wald hervorbricht und die nahe gelegene Stadt, in der Sie wohnen, verwüstet. Deshalb sind Sie ausgezogen, um den Drachen zu besiegen. Sie wissen genau, dass Sie den Drachen nicht töten können. Er ist viel stärker als Sie, und überdies ist er der Hüter Ihres Landes, das ohne seine Präsenz zur unfruchtbaren Wüste würde. Also müssen Sie versuchen, den Drachen auf friedliche Weise zu bezähmen.

Je mehr Sie sich der Drachenhöhle nähern, desto heißer wird es um Sie herum. Sie hören den Drachen fauchen und schnauben, und mit jedem Schritt werden diese Geräusche lauter, die Hitze sengender. Der ganze Wald scheint zu zittern und zu glühen, als Sie schließlich vor der Drachenhöhle stehen.

Im Eingang liegt der Drache, und er sieht noch tausendmal größer, schrecklicher und gefährlicher aus, als Sie sich das vorgestellt hatten. Schon sein Blick aus funkelnd roten Augen lähmt Ihnen fast das Herz. Wenn er ausatmet, schießen kleine Feuersäulen und Dampfwolken aus seinen Nüstern, die so groß wie Vulkankrater sind.

Schauen Sie sich den Drachen trotzdem ganz genau an. Versuchen Sie entspannt zu bleiben und ruhig zu atmen. Wie sieht Ihr Drache aus? Hat er die Gestalt einer gewaltigen geflügelten Schlange, oder ähnelt er eher einem riesengroßen Vogel? In welchen Farben funkeln die Schuppen auf seinem Leib?

Gehen Sie behutsam einen Schritt näher heran. Sehen Sie Ihrem Drachen in die Augen. Schauen Sie ihn freundlich und respektvoll an. Lassen Sie den Blick aus den funkelnden Drachenaugen auf sich wirken. Spüren Sie, welche Kraft von diesem gewaltigen Wesen ausgeht? Fühlen Sie, wie ein Teil seiner gewaltigen Energie zu Ihnen übergeht?

Strecken Sie eine Hand in die Richtung Ihres Drachen aus, aber versuchen Sie noch nicht, ihn zu berühren. Sagen Sie, in Gedanken oder laut, zu Ihrem Drachen: »Ich werde wiederkommen.«

Öffnen Sie nun die Augen, aber bleiben Sie noch einige Augenblicke sitzen oder liegen und lassen Sie die Bilder und Gefühle, die diese Meditation in Ihnen ausgelöst hat, nachklingen. Der Ritter oder die Kriegerin verkörpern Ihren Mut, Ihre Durchsetzungskraft und Abenteuerlust. Doch auch der Drache ist ein Teil von Ihnen, Ihr natürliches Selbst. Wie stark und mächtig, leidenschaftlich und unermüdlich könnten Sie sein, wenn Sie über diese Drachenkräfte verfügten!

Wenn Sie sich wieder erheben, vergessen Sie bitte nicht, die kleine Übung zur Erdung durchzuführen, die ich Ihnen am Schluss der Stadtwächter-Meditation vorgeschlagen habe.

Sechste Übung: Bergen Sie Ihr Herz-Kind vom Grund des inneren Sees

Ziehen Sie sich in Ihren Ruheraum zurück, und bereiten Sie sich wie gewöhnlich auf Ihre Meditation vor. Bevor Sie diese beginnen, lesen Sie aber bitte auch meine Anmerkungen zur siebten Übung durch und entscheiden Sie sich für eine der vorgeschlagenen Alternativen.

Stellen Sie sich vor, dass Sie sich wieder auf der Suche nach Ihrem Herz-Kind befinden. Eventuell sind Sie ihm (bei der dritten Übung) schon einmal oder mehrmals begegnet, aber nun erst sind Sie so weit, mit Ihrem inneren Kind wieder eine dauerhafte Verbindung zu unterhalten. Sie möchten es zu sich holen. Aber Ihr Herz-Kind lebt am Grund Ihres inneren Sees.

Begeben Sie sich in den Thronsaal der Mondkönigin hinab. Bitten Sie die Herrscherin der Nacht und des Unbewussten, Sie zum inneren See zu begleiten und Ihnen dort einen Helfer oder eine Helferin für Ihre Suche zur Verfügung zu stellen. Sie fühlen ganz deutlich, dass Ihr Herz-Kind dort unten auf dem Grund des Sees lebt. Bitten Sie die Mondkönigin, Ihnen beizustehen, damit Sie Ihr inneres Kind zurückgewinnen.

Auch wenn die Mondkönigin Ihnen vielleicht nicht mit Worten antwortet, werden Sie an ihrem freundlichen Lächeln und ihren Gebärden erkennen, dass sie Ihnen beistehen wird.

Schwimmen Sie nun weit hinaus auf Ihrem inneren See, bis Sie aus der Tiefe des Wassers ein Zeichen wahrnehmen. Das kann ein Ruf sein, ein Lichtzeichen oder auch ein Wassergeist, der zu Ihnen heraufsteigt. Was immer es sein wird – Sie werden spüren, dass es das für Sie bestimmte Zeichen ist. Holen Sie tief Luft und tauchen Sie hinab.

Am Grund des Sees finden Sie eine ganze versunkene Stadt. Die Hausdächer sind mit Schlick überzogen. Unterwasserpflanzen wachsen in säuberlich angelegten Vorgärten. Es ist die Stadt der Unterwassergeister, und während Sie sich noch suchend umsehen, kommt Ihr Helfer oder Ihre Helferin auf Sie zu geschwommen. Meist handelt es sich um eine Nixe oder einen Nöck (Seefrau oder Wassermann), aber auch hier gilt: Wie immer Ihr Helfer aussehen mag, Sie werden ihn erkennen.

Begrüßen Sie ihn oder sie freundlich und respektvoll, und folgen Sie ihm dann durch die Straßen Ihrer Unterwasserstadt. Staunend nehmen Sie wahr, dass die Stadt am Grund Ihres Sees noch viel größer und prächtiger ist als die Stadt oben am Hang Ihres Palastberges. Hier wohnen all die Geister und Wesen, die das menschliche Unbewusste bevölkern. Manche von ihnen scheinen Ihrer eigenen Vergangenheit zu entstammen, andere dagegen sind so mächtig, weise und unermesslich alt wie das Universum selbst.

Schließlich gelangen Sie zu einem bestimmten Haus am Grund Ihres inneren Sees. Noch bevor Ihr Helfer Ihnen ein Zeichen gibt, spüren Sie, dass in diesem Haus Ihr inneres Kind lebt. Die Tür öffnet sich, und Ihr Herz-Kind kommt zu Ihnen heraus. Welchen Eindruck macht es auf Sie? Wirkt es glücklich? Lebt es allein oder zusammen mit Wassergeistern in diesem Haus? Ist es ein Gast oder ein Gefangener der Wasserleute? Was empfinden Sie selbst bei dieser Begegnung?

Begrüßen Sie Ihr Herz-Kind freundlich und respektvoll, sprechen Sie mit ihm und berühren Sie es, wenn es Ihnen das gestattet. Fragen Sie Ihr Herz-Kind, ob es mit Ihnen in die Welt über dem Wasser zurückkehren möchte.

Wenn es zustimmt, bitten Sie aber auch die Wasserleute, Ihr Herz-Kind freizugeben. Danken Sie Ihnen dafür, dass Sie das Kind wohlbehütet haben.

Nehmen Sie schließlich Ihr Herz-Kind in den Arm und schwimmen Sie mit ihm hinauf an die Oberfläche Ihres inneren Sees. Hier oben schaukelt in einiger Entfernung Ihr Ruderboot auf den Wellen. Klettern Sie hinein und steuern Sie Ihr Boot zum Ufer zurück.

Wohin zieht es Sie nun? Durch den Bogen hinaus auf den großen, von Sonnenlicht übergossenen See – oder an Ihr inneres Ufer mit dem Durchschlupf im Fels, der hinauf in den Palast Ihrer inneren Mondkönigin führt?

Folgen Sie Ihrer Intuition. Befragen Sie auch Ihr Herz-Kind nach seinen Wünschen. Lenken Sie Ihr Boot dann dorthin, wo Ihr nächstes Ziel für Sie liegt.

Wenn Sie die Augen wieder geöffnet haben, bleiben Sie noch einige Momente in Ihrer Ruhestellung. Lassen Sie das eben Erlebte in sich nachklingen. Was empfinden Sie, wenn Sie an die Wasserleute am Grund Ihres inneren Sees denken? Haben einige von ihnen Sie an Gestalten aus Ihrer persönlichen Vergangenheit erinnert? Haben Sie die Weisheit und unerschöpfliche Lebensenergie empfunden, die in vielen dieser Wesen des unbewussten Sees verkörpert ist?

Was fühlen Sie für Ihr Herz-Kind? Es verkörpert die kindlichen Seiten Ihres Selbst, Ihre Sehnsucht nach Nähe und Zärtlichkeit und Ihre Fähigkeit, sich selbst und andere Menschen zu lieben. Sind Sie glücklich, weil Sie wieder in Verbindung mit ihm sind? Fühlen Sie sich schuldig, weil Sie es so lange sich selbst überlassen haben? Denken Sie noch ein wenig darüber nach, wie Sie künftig die Verbindung mit Ihrem Herz-Kind gestalten möchten. Wo soll es wohnen – im Palast des Sonnenkönigs? Oder vielleicht im Garten hinter dem Palast?

Wenn Sie sich schließlich wieder erheben, vergessen sie nicht, die kleine Abschluss-Übung durchzuführen, die ich Ihnen am Ende der Stadtwächter-Meditation nahegelegt habe.

Siebte Übung: Holen Sie Ihr Herz-Kind aus dem Schlosskerker

Track 5

Von einem energetischen Standpunkt aus betrachtet, lassen sich – wie bereits erwähnt – zahlreiche Märchen und Mythen als dramatische Darstellungen von Charakterstrukturen und Energiekonflikten im Innern eines Menschen oder einer Gruppe von Menschen verstehen. Je nachdem, wie Ihre Selbststruktur beschaffen sein mag und worin Ihre inneren Energiekonflikte bestehen mögen, werden Sie sich von dem einen symbolischen Drama mehr angezogen fühlen als von anderen Szenerien. So kann es beispielsweise sein, dass Sie auf den Vorschlag, Ihr Herz-Kind auf dem Grund des inneren Sees zu suchen, mit spontaner Ablehnung oder der intuitiven Gewissheit reagieren, dass Ihre Suche dort vergeblich wäre.

Auf solche Signale aus Ihrem Innern sollten Sie unbedingt achten. Es sind nach meiner Erfahrung meist keine »Verdrängungssymptome«, sondern ernst zu nehmende Hinweise, die entweder unser Herz-Kind selbst oder andere hilfreiche Wesenheiten aus unserem inneren Universum uns senden.

Versuchen Sie herauszufinden, wo Ihr Herz-Kind sich stattdessen aufhalten mag. Nach meiner Erfahrung können hierbei die Grundszenerien einiger über den ganzen Erdball verbreiteter Märchen und Mythen überaus hilfreich sein. Schauen Sie sich meine beiden Alternativvorschläge (diese siebte und weiter unten die neunte Übung) an und versetzen Sie sich in dasjenige Geschehen, auf das Sie spontan ansprechen.

Auch für diese Übung ziehen Sie sich in Ihren Ruheraum zurück und treffen die üblichen Vorbereitungen.

Sie sind der Sonnenkönig und stehen in der Halle Ihres Schlosses. Sie hören leises Jammern von den Kellergewölben her. Folgen Sie diesen kindlichen Rufen. Gehen Sie die finstere Kellertreppe hinab. Versehen

Sie sich zuvor mit einer Fackel oder Laterne. Wenn Sie sich damit sicherer fühlen, bitten Sie die Mondkönigin um ihren Beistand. Dann steigen Sie die Treppe hinab in den Untergrund Ihres Schlosses.

Empfinden Sie Angst oder Unbehagen? Dringen Sie nur so weit vor, wie Ihre Intuition dies gutheißt. Sie können diese Übung ja jederzeit aufs Neue beginnen.

Schauen Sie sich in den Gewölben ganz genau um. Wie sieht es hier unten aus? Wirkt es wie ein mittelalterliches Gefängnis? Sind die Rufe Ihres Herz-Kindes lauter geworden? Wenn Sie einem Wächter oder einer Wächterin begegnen, weichen Sie nicht zurück, sondern gehen Sie entschlossen weiter. Sie sind der Herr oder die Herrin dieses Schlosses, und niemand kann Ihnen das Recht streitig machen, diese Räume zu untersuchen.

Durchforschen Sie das gesamte Gewölbe. Früher oder später werden Sie auf eine verschlossene und verriegelte Tür stoßen, möglicherweise mit einem Wächter oder einer Wächterin davor.

Fordern Sie den Wächter auf, die Tür zu öffnen. Wenn er sich weigert, wiederholen Sie ruhig und entschlossen Ihren Befehl. Hinter der Tür sitzt Ihr Herz-Kind. Sie hören oder spüren es genau.

Spätestens wenn Sie ihn zum dritten Mal auffordern, wird der Wächter die Tür öffnen. Begrüßen Sie freundlich und respektvoll Ihr Herz-Kind. Fragen Sie, wie es ihm geht. Erkundigen Sie sich, wie es in diesen Kerker geraten ist. Sagen Sie, laut oder in Gedanken: »Es tut mir leid. Fortan will ich mich immer um dich kümmern. Du sollst immer in meiner Nähe sein. Ich brauche dich.«

Schließen Sie das Herz-Kind in Ihre Arme, wenn es Ihnen das erlaubt. Nehmen Sie es mit sich in Ihr Schloss hinauf.

Wenn Sie die Augen wieder geöffnet haben, verharren Sie noch eine Weile in Ihrer Meditationshaltung. Lassen Sie das eben Erlebte in sich nachklingen. Hat einer der Wächter bzw. eine der Wächterinnen Sie an eine Person aus Ihrer Vergangenheit erinnert? Häufig sind es unsere inneren Elternteile, Mutter oder Vater, wie wir sie in der Kindheit erlebt haben, oder auch andere allzu strenge und gefühlsfeindliche Erzieher, die zur Einkerkerung unserer eigenen Kindlichkeit beigetragen haben. Das menschliche Unbewusste hält diese Struktur (im wörtlichen wie im übertragenen Sinn) fest, indem es den Wächtern des gefangenen Herz-Kindes das Aussehen und die Eigenschaften jener Autoritätspersonen aus unserer Vergangenheit verleiht.

Bekräftigen Sie für sich, laut oder in Gedanken, was Sie während der Meditation zu Ihrem Herz-Kind gesagt haben. Von heute an wollen Sie immer für Ihr inneres Kind da sein und dafür sorgen, dass es niemals mehr »weggesperrt« werden kann. Es gehört zu Ihnen. Es ist ein Teil Ihres Selbst. Fühlen Sie nicht schon, wie viel stärker und lebendiger Sie sind, wenn das Herz-Kind in Ihrer Nähe ist? Es verkörpert buchstäblich das »Herzblut«, das wir benötigen, um wirklich zu lieben, für uns selbst und alles, was uns wichtig ist, einzustehen.

Wenn Sie sich schließlich wieder erheben, vergessen Sie nicht, die kleine Abschlussübung zur Erdung durchzuführen, die ich Ihnen am Ende der Stadtwächter-Meditation an die Hand gegeben habe.

Achte Übung: Lernen Sie Ihren Drachen zu reiten

Track 6

Treffen Sie die üblichen Vorbereitungen für Ihre Meditationsübung.

Sie sind ein mutiger Ritter oder eine kühne Kriegerin und streifen durch den unwegsamen Wald, der sich hinter der Stadtmauer erstreckt. Mittlerweile wissen Sie, wo sich der mächtige Drache (bzw. die gewaltige Drachin) aufhält, der in diesem Wald in einer Berghöhle haust. Sie haben ihn schon mehrfach aufgesucht, aber diesmal wollen Sie ihn nicht nur anschauen und mit ihm sprechen. Heute wollen Sie auf Ihrem Drachen reiten.

Nähern Sie sich mit ruhigen und entschlossenen Schritten der Drachenhöhle. Auf der Lichtung vor dem Eingang liegt wieder Ihr Drache, und als er Sie bemerkt, hebt er sein gewaltiges Haupt und sieht Sie aus funkelnd roten Augen an. Aus seinen Nüstern steigen Feuer- und Dampfsäulen auf. Die Zähne in seinem Maul sind so groß und spitz wie Speere.

Erwidern Sie freundlich und respektvoll seinen Blick. Strecken Sie den Arm nach Ihrem Drachen aus, und fahren Sie mit der Hand über seine schuppige Wange. Sagen Sie, laut oder in Gedanken: »Es tut mir leid, dass ich dich vernachlässigt habe. Wir gehören zusammen wie Wolke und Wind, wie Welle und Schiff. Bitte gestatte mir, mich auf deinen Rücken zu schwingen.«

Auch wenn der Drache Ihnen vielleicht nicht mit Worten antwortet, werden Sie untrüglich spüren, ob er Ihre Bitte erfüllen will. Wenn er zustimmt, treten Sie neben seine Flanke und schwingen Sie sich oder klettern Sie auf seinen Rücken.

Nehmen Sie wahr, wie groß und stark Ihr Drache ist. Wie weit Sie sehen können, über alle Baumwipfel hinweg, wenn Sie auf seinem Rücken sitzen. Spüren Sie schon, wie etwas von der Kraft und unbändigen Energie dieses urtümlichen Wesens zu Ihnen herüberströmt?

Fordern Sie Ihren Drachen auf, sich zu erheben. Sagen Sie, laut oder in Gedanken: »Fliege mit mir über den Wald, die Stadt und den See.« Hören Sie, wie der Wind um Sie herum rauscht, spüren Sie, wie die Lüfte über Ihre Haut streichen, wenn der Drache sich mit gewaltigen Flügelschlag in den Himmel erhebt. Halten Sie sich mit Ihren Händen und Beinen gut an ihm fest, aber achten Sie darauf, sich nicht zu verkrampfen. Es ist Ihr Drache, ein Teil Ihres Selbst. Wenn Sie ihm freundlich begegnen, wird er sich niemals gegen Sie wenden, im Gegenteil – seine ungeheuren Energien und Kräfte werden auch Sie stark und unermüdlich machen.

Wenn Sie den Eindruck haben, dass Sie für diesmal genug auf Ihrem Drachen geritten sind, fordern Sie ihn auf, wieder auf der Lichtung vor seiner Höhle zu landen. Danken Sie ihm dafür, dass Sie auf ihm reiten durften. Sagen Sie, laut oder in Gedanken: »Wir gehören zusammen. Fortan will ich dich regelmäßig besuchen und mit dir durch die Lüfte reiten.«

Wenn Sie die Augen wieder geöffnet haben, bleiben Sie noch eine Weile in Ihrer Meditationshaltung und lassen das Erlebte in Ihrem Innern nachklingen. Der Drache verkörpert Ihr natürliches Selbst, Ihre körperlichen Kräfte und Triebe, Ihre Lust und Leidenschaft. Wie ist es überhaupt dazu gekommen, dass Sie Ihren Drachen aus den Augen verloren, dass Sie sich vor ihm gefürchtet und ihn vielleicht sogar verdammt haben? Bekräftigen Sie, laut oder in Gedanken, was Sie vorhin zu Ihrem Drachen gesagt haben: »Wir gehören zusammen wie Welle und Schiff.« Wenn es Ihnen gelingt, die Kraft und Leidenschaft des Drachen, die Liebe des Herz-Kindes und die bewusste Willenskraft Ihres eigenen Ich dauerhaft und harmonisch miteinander zu verbinden, werden Sie so gesund und stark, so klug und weise sein wie niemals vorher in Ihrem Leben.

Wenn Sie sich schließlich erheben, vergessen Sie nicht, die kleine Abschluss-Übung durchzuführen, die Sie am Ende der Stadtwächter-Meditation finden.

Neunte Übung: Befreien Sie Ihr Herz-Kind aus dem verwunschenen Wald

Diese Übung ist für diejenigen meiner Leser bestimmt, die sich noch auf der Suche nach ihrem inneren Kind befinden. Haben Sie Ihr Herz-Kind mit der dritten, sechsten und siebten Fantasiereise vergeblich gesucht? Dann werden Sie höchstwahrscheinlich diesmal fündig werden. (Haben Sie es bereits gefunden, so lassen Sie diese Übung aus.)

Ziehen Sie sich bitte in Ihren Ruheraum zurück und treffen Sie die üblichen Vorbereitungen für Ihre Meditation.

Sie sind wieder der Ritter oder die Kriegerin und durchstreifen das Walddickicht hinter der Stadt. Sie haben gelernt, den Drachen zu bezähmen und zu reiten – nichts und niemand in diesem Wald kann Sie mehr ängstigen.

Begeben Sie sich zu Ihrem Drachen, begrüßen Sie ihn freundlich und bitten ihn, Sie zu dem Ort im Wald zu führen, wo Ihr Herz-Kind verirrt oder gefangen ist. Wenn der Drache zustimmt, schwingen Sie sich auf seinen Rücken und lassen sich zu der gesuchten Stätte tragen.

Vielleicht ist es ein Hexenhaus (wie in »Hänsel und Gretel«), vielleicht ein Schloss hinter einer Dornenhecke (wie in »Dornröschen«) oder auch ein Turm (wie in »Rapunzel«). Überlassen Sie sich dem Fluss Ihrer inneren Bilder. Mithilfe Ihres Drachens werden Sie jedes Hindernis überwinden, jeden Wächter in die Flucht schlagen, der Ihr Herz-Kind möglicherweise gefangen hält.

Wenn Sie Ihr Herz-Kind befreit haben, begrüßen Sie es freundlich. Sagen Sie, laut oder in Gedanken: »Es tut mir leid, dass ich dich so lange vernachlässigt habe. Wir gehören zusammen. Fortan will ich mich immer um dich kümmern. Ich brauche dich.«

Nehmen Sie Ihr Herz-Kind in den Arm, wenn es Ihnen dies gestattet, und klettern Sie mit ihm auf den Rücken des Drachens. Steigen Sie zusammen mit Ihrem Herz-Kind in die Lüfte hinauf, lassen Sie sich von Ihrem Drachen dorthin bringen, wohin es Sie und Ihr inneres Kind nun zieht – sei es das Schloss des Sonnenkönigs, der Thronsaal der Mondkönigin oder das Turmzimmer über dem Marktplatz Ihrer Stadt.

Wenn Sie die Augen wieder geöffnet haben, verharren Sie noch eine Weile in Ihrer Meditationshaltung. Lassen Sie das eben Erlebte in sich nachklingen. Hat einer der Wächter bzw. eine der Wächterinnen Sie an eine Person aus Ihrer Vergangenheit erinnert? Häufig sind es unsere inneren Elternteile, Mutter oder Vater, wie wir sie in der Kindheit erlebt haben, oder auch andere allzu strenge und gefühlsfeindliche Erzieher, die zur Einkerkerung unserer eigenen Kindlichkeit beigetragen haben. Das menschliche Unbewusste hält diese Struktur (im wörtlichen wie im übertragenen Sinn) fest, indem es den Wächtern des gefangenen Herz-Kindes das Aussehen und die Eigenschaften jener Autoritätspersonen aus unserer Vergangenheit verleiht.

Bekräftigen Sie für sich, laut oder in Gedanken, was Sie während der Meditation zu Ihrem Herz-Kind gesagt haben. Von heute an wollen Sie immer für Ihr inneres Kind da sein und dafür sorgen, dass es niemals mehr »weggesperrt« werden kann. Es gehört zu Ihnen. Es ist ein Teil Ihres Selbst. Fühlen Sie schon, wie viel stärker und lebendiger Sie sind, wenn das Herz-Kind in Ihrer Nähe ist? Es verkörpert buchstäblich das »Herzblut«, das wir benötigen, um wirklich zu lieben, für uns selbst und alles, was uns wichtig ist, einzustehen.

Wenn Sie sich schließlich wieder erheben, vergessen Sie nicht, die kleine Abschlussübung zur Erdung durchzuführen, die ich Ihnen am Ende der Stadtwächter-Meditation an die Hand gegeben habe.

Zehnte Übung: Öffnen Sie die verlorenen »Schatzkästen« und »Giftcontainer« am Grund des inneren Sees

Track 7

Sie sind nun beinahe am Ziel dieses ersten Übungsprogramms angelangt – der Vereinigung verlorener Aspekte Ihres Selbst mit Ihrem bewussten und willentlichen Ich. Doch eine wichtige Expedition bleibt noch zu unternehmen, und auch diese Einheit sollten Sie so lange wiederholen, bis Sie das sichere Gefühl haben, dass auch diese Aufgabe nun erledigt ist. Hierfür müssen Sie nochmals auf den Grund Ihres inneren Sees hinabtauchen. Entscheiden Sie vor Beginn der Meditation, in welcher Selbst-Rolle Sie diesmal zu den Wassergeistern und ihrer versunkenen Stadt hinuntersteigen möchten – als Stadtwächter, der mit dem Boot hinausrudert, oder als Sonnenkönig, der sich von der Mondkönigin zum inneren See geleiten lässt. Entscheiden Sie spontan und intuitiv.

Sodann ziehen Sie sich bitte in Ihren Ruheraum zurück, und treffen Sie die üblichen Vorbereitungen für Ihre Meditation.

Sie rudern oder schwimmen durch den inneren See. Achten Sie auf das Zeichen, das Ihr Helfer vom Grund des Sees Ihnen auch diesmal wieder senden wird. Wenn Sie ein Glitzern in den Wellen oder einen bestimmten Ton wahrnehmen und Ihr Gefühl Ihnen signalisiert, dass dies das Zeichen Ihres Helfers ist, tauchen Sie hinab.

Wieder gelangen Sie in die Stadt der Wassergeister. Nixen, Nöcks und andere Wasserwesen leben hier, die Stadt ist weitläufig, die Häuser sehen größtenteils stattlich und prächtig aus. Doch da gibt es auch einige Bezirke, die heruntergekommen, ja verödet wirken.

Fragen Sie Ihren Helfer, laut oder in Gedanken: »Was ist an diesen Stellen geschehen?«

Der Helfer wird Sie daraufhin zu einem Ort in der versunkenen Stadt führen, wo ein klobiges Behältnis, ähnlich einem Schiffscontainer, schief und rostig aus dem Grundschlamm ragt. Schwimmen Sie nahe heran, betasten Sie den Behälter mit Ihren Händen. Aber bleiben Sie entspannt, Sie brauchen keine Angst mehr zu haben: Sie sind nun fest und unerschütterlich mit Ihrem natürlichen Selbst verbunden und haben an seiner Drachenkraft teil. Und Sie sind auch nicht mehr allein auf Ihren Verstand angewiesen: Da Sie nun ebenso mit Ihrem inneren Kind in lebendigem Kontakt sind, befragen Sie auch Ihr Herz und achten Sie darauf, was Ihr Gefühl Ihnen über den Inhalt des Containers sagt.

Enthält das Gefäß ein vor langer Zeit abgespaltenes, unangenehmes Gefühl? Kindliche Angst, die Erwartungen eines Elternteils zu enttäuschen? Die Furcht, verachtet und verstoßen zu werden, weil Sie als kleines Mädchen oder kleiner Junge nicht dem Bild entsprachen, nach dem Ihre Mutter oder Ihr Vater Sie formen wollten? Vielleicht enthält der Container auch Scham- oder Schuldgefühle, die Sie vor langer Zeit dorthin weggesperrt haben, um in Ihrem Selbstbild nicht beeinträchtigt zu werden? Oder haben Sie dort vielleicht vor Jahren den Trennungsschmerz eingesperrt, den Ihr Partner Ihnen zugefügt hat, als Sie von ihm verlassen wurden?

Betasten Sie nun den Container mit Ihren Händen, mit Gefühlen und Gedanken, bis Sie sich sicher sind, was er enthält. Sagen Sie dann, laut oder in Gedanken: »Angst (Schmerz, Scham etc.) in diesem Behälter, du gehörst zu mir. Ich lasse dich frei.« Benennen Sie hierbei das im Container gestaute Gefühl so genau, wie es Ihnen möglich ist. Sagen Sie etwa: »Angst, die ich erlitten habe, weil meine Eltern von mir mehr verlangt haben, als ich leisten konnte.« Oder: »Schmerz, den ich erlitten habe, als mein Partner mich verlassen hat.«

Sehen Sie sich um, und finden Sie heraus, ob sich ein »Wächter« in der Nähe befindet, der dieses »Wrackteil« bewacht. Wenn Sie eine solche Person entdecken, nähern Sie sich ihr und sehen Sie sie aufmerksam an. Erkennen Sie die Person? Ist es das Elternteil von Ihnen, das Ihnen jenen Schmerz oder jene Beängstigung in Ihrer Kindheit zugefügt hat? Oder Ihr früherer Partner, dem Sie niemals verziehen haben, dass er sie verlassen oder betrogen hat? Horchen Sie in sich hinein. Sind Sie bereit, ihm oder Ihr nun endlich zu verzeihen? Vergegenwärtigen Sie sich, dass Sie sich selbst ebenso wie ihn befreien, wenn es Ihnen gelingt, das alte Unrecht aus tiefstem Herzen aufrichtig zu vergeben. Wenn Sie spüren, dass Sie hierzu bereit sind, so sagen Sie, laut oder in Gedanken: »Du hast mich damals sehr geängstigt (mir großen Schmerz zugefügt etc.), aber ich verzeihe dir. Ich verzeihe dir von ganzem Herzen und gebe dich frei.« Reichen Sie dem Wächter Ihre Hand und umarmen Sie ihn. Versichern Sie ihm, dass er diesen Ort nicht länger zu bewachen braucht. »Du bist frei und kannst gehen, wohin du willst.«

Wenn Sie ihm oder ihr aufrichtig verziehen haben, wird der Wächter ihre Umarmung erwidern und Ihnen (stumm oder mit Worten) danken. Sie werden sich zuinnerst erschüttert und beglückt fühlen, und ihm wird es ebenso ergehen. Dann wird er sich von dem Ort entfernen, an den er durch Ihren Groll so lange Zeit fixiert war, und damit seinerseits den »Giftcontainer« freigeben.

Zusammen mit dem Helfer heben Sie nun den Deckel des Containers an. Der Deckel ist schwer und lässt sich nicht ohne Weiteres lösen, aber mit vereinten Kräften schaffen Sie es schließlich. Das Behältnis öffnet sich, und es ist mit trübem, abgestandenem Wasser gefüllt. Bitten Sie Ihren Helfer, mit Ihnen zusammen den Container umzukippen, damit sein Inhalt herauslaufen kann.

Sagen Sie, laut oder in Gedanken: »Angst (Scham, Furcht etc.), vereinige dich mit meinem inneren See und verwandle dich zurück in reine Energie.« Sehen Sie aufmerksam zu, wie das trübe Wasser aus dem Gefäß hinausfließt und sich mit dem Seewasser vermischt. Verglichen mit der unermesslichen Größe Ihres inneren Sees ist es nur ein Tropfen, der Ihr Gewässer nicht zu trüben vermag. Im Gegenteil: Nun, da er aus seinem Gefängnis befreit ist, mehrt und verstärkt er Ihren inneren Energiepool.

Öffnen Sie die Augen und bleiben Sie noch eine Weile in Ihrer Meditationshaltung. Lassen Sie das Erlebte nachklingen. Spüren Sie, dass in Ihrem Innern buchstäblich Energie frei geworden ist, und zwar gleich in zweifachem Sinn: Energie, die so lange in jenem Container gestaut war, und Energie, die Sie benötigten, um das unerwünschte Gefühl im Container wegzusperren, also aus Ihrem Bewusstsein fernzuhalten.

Wenn Sie sich schließlich wieder erheben, versäumen Sie bitte nicht, die kleine Abschluss-Übung auszuführen, die ich Ihnen am Ende der Stadtwächter-Meditation vorgeschlagen habe.

Wiederholung und Variation:

- Wiederholen Sie diese Übung so oft, wie es Ihnen und Ihrem Helfer erforderlich scheint. Kehren Sie aber zu jedem einzelnen »Container« wenigstens dreimal (mit einem Abstand von mindestens vierundzwanzig Stunden) zurück. Falls Sie den Wächter aufs Neue vorfinden, versöhnen Sie sich wiederum mit ihm. Öffnen Sie abermals den Container, sprechen Sie die Befreiungsformel und kippen Sie den geöffneten Behälter um, damit die dort gestaute Gefühlsenergie wirklich restlos freigesetzt und mit dem See Ihres Unbewussten wieder vereinigt wird. Achten Sie darauf, das freigesetzte Gefühl möglichst genau zu benennen.

- Bitten Sie Ihren Helfer sodann, Sie zum nächsten Container auf dem Grund Ihres Sees zu führen, und verfahren Sie dort ebenso wie beim ersten Behältnis.
- Fordern Sie Ihren Helfer auf, Sie auch zu versunkenen »Schatzkisten« zu führen, die keine weggeschlossenen unangenehmen Gefühle, sondern ungenutzte Potenziale Ihres Selbst enthalten. Lassen Sie sich zum Schatzkasten Ihrer Kreativität, Ihres Lebensmutes oder Ihrer Abenteuerlust führen. Öffnen Sie auch diese Truhen und sorgen Sie dafür, dass ihr Inhalt sich mit Ihrem inneren See vermischt, also sich mit Ihrem Energiepool vereinigt und für Sie selbst nutzbar wird.
- Kehren Sie auch zu jeder einzelnen »Schatzkiste« wenigstens drei mal (mit einem Abstand von mindestens vierundzwanzig Stunden) zurück, öffnen Sie sie, sprechen Sie die Befreiungsformel und kippen Sie den geöffneten Behälter um, damit die dort blockierten Potenziale wirklich freigesetzt werden.

Elfte Übung: Schließen Sie den Kreis

Track 8

Führen Sie die üblichen Vorbereitungen für Ihre Meditation durch.

Sie sind der Sonnenkönig (oder die Sonnenkönigin), und Sie sitzen im Hof Ihres Schlosses auf einem goldenen Sessel. Aus dem Brunnen in der Mitte des Hofs steigt eine machtvolle Wasserfontäne auf, die Sonne scheint, es ist ein wunderbar heller und milder Tag.

Ein Klopfen am Schlosstor verrät, dass jemand den König zu sprechen begehrt. Sie befehlen Ihren Wächtern, den Besucher vorzulassen. Es ist der mutige Ritter (oder die kühne Kriegerin), der den Drachen im Wald bezähmt hat.

Bleiben Sie ruhig und entspannt, während der Ritter mit dem gewaltig großen Drachen durch das Tor in Ihren Hof reitet. Die Drachenaugen funkeln, Feuer und Rauch steigen aus den Nüstern auf. Aber von dem Drachen geht für Sie keine Gefahr aus.

Vor Ihrem Sessel bleibt der Drache stehen, der Ritter springt herab. Während Sie sich von Ihrem goldenen Sessel erheben, legt sich der Drache so auf die Erde, dass sein Leib einen großen Ring bildet. In der

Mitte des Ringes befindet sich der Brunnen, aus dem Wasser aus dem inneren See aufsteigt. Der Ritter bittet Sie, sich mit ihm in den Drachenkreis zu begeben. Noch ist der Kreis nicht gänzlich geschlossen – zwischen der Schwanzspitze und dem Maul des Drachen können Sie eintreten.

Nehmen Sie am Rand des Brunnens Platz. Nahebei stellt sich der Ritter (oder die Kriegerin) in den Kreis.

Langsam sinkt die Sonne herab. In der Abenddämmerung kommt auch die Mondkönigin herbei, das Herz-Kind in ihren Armen. Sie setzt sich zu Ihrer Rechten auf den Brunnenrand. Bitten Sie das Herz-Kind, sich linker Hand neben Sie zu setzen. Auch der Stadtwächter und alle anderen Verkörperungen von Selbstanteilen, denen Sie während Ihrer Meditationsreisen begegnet und die Ihnen wichtig sind, gesellen sich zu Ihnen.

Wenn alle versammelt sind, bitten Sie Ihren Drachen, den Kreis zu schließen. Der Drache nimmt sein Schweifende in sein Maul – ein uraltes Symbol für die bezähmten Kräfte der (inneren oder äußeren) Natur. Nehmen Sie Ihr Herz-Kind an die linke und die Mondkönigin an die rechte Hand und bitten Sie auch den Ritter oder die Kriegerin und die anderen, einander bei den Händen zu fassen und zusammen mit Ihnen einen Kreis zu bilden. Dabei achten Sie darauf, dass die Kriegerin oder der Ritter mit einem Fuß oder Knie den Drachen berührt, damit auch seine mächtigen Energien in den Kreis einbezogen werden.

Sagen Sie, laut oder in Gedanken: »Wir gehören zusammen. Sonnenkönig und Mondkönigin, Drache und Herz-Kind, Kriegerin und Wächter (...) – wir alle sind Teile eines unzertrennlichen Selbst. Für immer gehören wir zusammen. Stets wollen wir miteinander verbunden bleiben, einander hüten und beschützen und mit unseren Energien einander nähren.«

Schauen Sie im Kreis herum, und sehen Sie, wie durch Ihrer aller Arme und Hände Energieströme von einem zum anderen fließen. Ein goldener Strom geht von Ihrem Herz-Kind aus und ein silberner von der Mondkönigin, und der Drache bildet einen feuerroten Ring aus reiner Energie. Und diese Farben und Ströme vermischen sich und fließen ungehemmt bald in diese, bald in jene Richtung, es ist ein fortwährendes Strömen und Pulsieren, harmonisch und ohne Stockungen oder Blockaden.

Wenn Sie die Augen wieder geöffnet haben, bleiben Sie noch in Ihrer Meditationshaltung und spüren dem eben Erlebten nach. Haben Sie sich jemals stärker und klarer, vielgestaltiger und geeinter, der Vollständigkeit näher gefühlt als eben im symbolischen Kreis? Der Drache und das Herz-Kind, die Mondkönigin und die Kriegerin, der Sonnenkönig und der Stadtwächter – dies alles sind Sie. So wie Sie auch die Stadt und der Palast, der Berg und der Wald und der See sind – dies alles zusammen sind Sie. Und je größer Ihr Kreis wird, je mehr Sie zu integrieren lernen, desto mehr werden Sie bei sich selbst und mit sich eins sein. Jetzt, da Sie über die Drachenkräfte Ihres natürlichen Selbst und über die Herzkraft Ihres inneren Kindes verfügen, über den Mut des Ritters, die Treue und Aufmerksamkeit des Stadtwächters, die Weisheit der Mondkönigin und die Klarheit und Willenskraft des Sonnenkönigs – welcher Gegner wollte Ihnen da noch widerstehen, welches Ziel könnte nun für Sie noch unerreichbar sein?

Noch fehlt indessen der mächtigste und weiseste Teil Ihres Selbstkreises – der innere Engel, das höhere Selbst. Aber wenn Sie mein Integrationsprogramm bis zu dieser Übung in der vorgeschlagenen Frequenz und Intensität durchgeführt haben, werden Sie der inneren Harmonie und energetischen Autonomie näher sein als jemals vorher in Ihrem Leben.

Wenn Sie sich schließlich erheben, vergessen Sie bitte nicht, die kleine Übung durchzuführen, um sich vor der Rückkehr in die Alltagswelt wieder zu erden.

Ziehen Sie Energiebilanz (II)

Zum Abschluss dieses Kapitels möchte ich noch einmal auf das vereinfachte Modell individueller energetischer Verstrickung zurückkommen, das ich Ihnen in der Einleitung dieses Buches vorgestellt habe. Dort habe ich Sie gebeten, Ihren Blick sowohl über Ihre private und berufliche Umgebung (Lebenspartner und Familie, Freunde und Bekannte, Kollegen und Vorgesetzte) als auch über Ihre innere Welt schweifen zu lassen (»Wrackteile«, »Giftcontainer«, »Schatztruhen«) und eine erste, provisorische Energiebilanz zu ziehen.

Nachdem Sie das Übungsprogramm zur Überwindung energiesenkender Muster durchgeführt haben, sollten Sie sich nun neuerlich fragen: Kommen Sie insgesamt zu einem positiven oder negativen Resultat? Geben Sie – nach innen und nach außen – insgesamt mehr Energie ab, oder bekommen Sie mehr zurück? Was die Verhältnisse im Innern, also in Ihrer Selbst- oder Energiestruktur angeht, müssten deutliche Veränderungen feststellbar sein, sofern Sie das Übungsprogramm vollständig durchgeführt haben.

Aber auch Ihre energetischen Beziehungen nach außen müssten hierdurch bereits spürbar zum Positiven verändert worden sein: »Innere Energievampire«, die wir unschädlich gemacht haben, können nicht länger mit Energiesaugern in unserer (privaten oder beruflichen) Umgebung kollaborieren. Und wenn wir in der Lage sind, aus eigener Kraft genügend Energie (oder zumindest erheblich mehr als in früheren Zeiten) zu generieren, so sind wir selbst nicht mehr auf Raubzüge zu den Energiepools unserer Mitmenschen angewiesen. Allerdings werden wir hierdurch auch anfälliger für Übergriffe von außen – unsere auf einmal so sichtbar gestiegene Vitalität reizt jeden in unserer Umgebung, der akut oder chronisch an Energiemangel leidet, unwiderstehlich zum Raubversuch.

Um herauszufinden, wie Ihre persönliche Energiebilanz sich durch mein Programm zur Selbstintegration verändert hat, führen Sie bitte die Anfangsübung in veränderter Form noch einmal durch: Zeichnen Sie Ihr Selbst als einen großen, kreisförmigen See mit einem viel kleineren Kreis darin, dem »Boot« ihres willentlichen Ich. Malen Sie nun für jede Person, die Sie in Ihre Energiebilanz aufnehmen möchten, ein kleines Kästchen um den See herum, also für Partner, Kinder, Eltern, Berufskollegen, aber auch für Personen aus Ihrer Vergangenheit, an die Sie noch immer zuweilen mit Schmerz oder Bitterkeit, mit Freude oder einem Glücksgefühl denken.

Verbinden Sie nun diese Personen mit Ihrem »See« und markieren Sie, in welche Richtung jeweils per Saldo Energien fließen. Bekommen Sie von einer Person mehr zurück, als Sie ihr geben, so deutet der Pfeil auf Sie, anderenfalls weist er aus Ihrem Kreis heraus auf die betreffende Person.

Wenn Sie den Eindruck haben, dass Sie alle für Sie wichtigen Personen angemessen berücksichtigt haben, wenden Sie sich der Innenseite Ihres Kreises zu – dem See Ihres Selbst. Aber zeichnen Sie diesmal auch den Berg ein, der sich über Ihrem See erhebt, mit dem Königsschloss darauf, der Stadt und dem Wald am Hang des Berges.

Oben im Königsschloss thront der Sonnenkönig, Ihr rationales Bewusstsein, im Innern des Berges die Mondkönigin, die Macht und Weisheit des Unbewussten verkörpert. In Ihrem Schloss lebt nun auch Ihr Herz-Kind, im Turm über dem Marktplatz wacht der Stadtwächter und durch den Wald streift der Ritter (oder die Kriegerin) auf dem Drachen Ihres natürlichen Selbst – und dies alles sind Sie. Mit all diesen Aspekten Ihres Selbst haben Sie sich vereinigt, also auf harmonische und stabile Weise energetisch verbunden. Von jedem dieser Aspekte Ihres Selbst führt eine Energie-Pipeline zum Boot Ihres willentlichen Ich. Zeichnen Sie diese Energielinien ein, wobei der Pfeil auch hier anzeigt, in welche Richtung per saldo mehr Energie fließt.

Wenden Sie sich nun dem See zu. Ergründen Sie intuitiv, ob sich in der Tiefe Ihres Unbewussten noch übersehene »Giftcontainer« (abgespaltene Selbstaspekte, verdrängte Erlebnisse oder Gefühle) oder auch ungeöffnete »Schatztruhen« (ungenutzte Potenziale oder Energieressourcen) befinden. Zeichnen Sie wiederum kleinere Kreise oder Rechtecke ein, eines für jedes unverarbeitete traumatische Ereignis, jedes beharrliche Schuldgefühl, auch für »innere Elternteile« oder andere Personen aus Ihrer Vergangenheit, denen Sie trotz aufrichtigen Bemühens noch nicht verzeihen konnten.

Zeichnen Sie zwischen diesen »Giftcontainern« und ihren »Wächtern« sowie auch zwischen den »Schatztruhen« und dem Boot Ihres bewussten Ich wiederum entsprechend Pfeile ein, je nachdem ob Sie von den inneren Energiespeichern mehr Energie bekommen oder mehr an sie abgeben müssen.

Wenn Sie damit fertig sind, schauen Sie sich das Netzwerk aus energetischen Verstrickungen noch eine Weile an. Achten Sie darauf, entspannt zu bleiben und gleichmäßig zu atmen. Dieses komplizierte Energiegeflecht sind Sie. Es drückt einen wesentlichen Aspekt Ihres energetischen Lebensmusters und damit Ihres Charakters aus.

Vergleichen Sie diese Skizze nun mit der Zeichnung, die Sie vor dem Übungsprogramm angefertigt haben. Was hat sich verändert? Insgesamt sollte Ihre Energiebilanz nun deutlich positiver ausfallen. Wo befinden sich noch immer Schwachstellen, ungezähmte und nicht integrierte »Energiefresser«? Wiederholen Sie gegebenenfalls gezielt einzelne Übungen aus dem Programm des 1. Kapitels, um sich mit Ihrem Herz-Kind oder Ihrem natürlichen Selbst besser zu verbinden oder um übersehene »Giftcontainer« doch noch zu bergen.

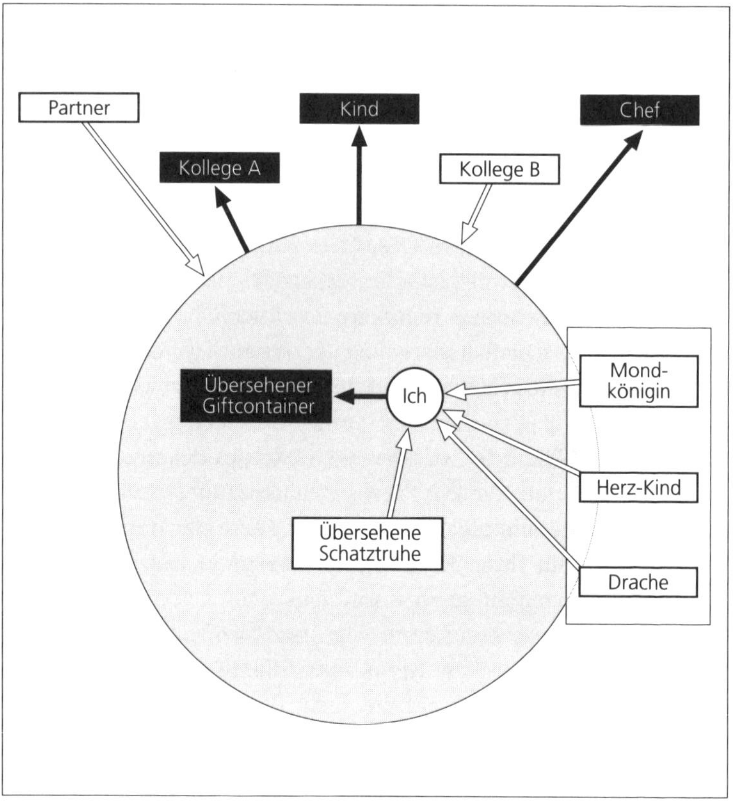

Energiebilanz nach Überwindung energiesenkender Muster, vereinfachtes Schema

2. Kapitel Schwingungen erhöhen

Jeder Mensch verfügt über ein individuelles Schwingungsmuster. Es wird durch unsere Charakter- und Energiestruktur definiert, jedoch auch von unseren alltäglichen Gedanken und Gefühlen erheblich beeinflusst. Wenn wir Kontakt mit unserem höheren Selbst aufnehmen wollen, müssen wir jede Erfolg verheißende Möglichkeit ergreifen, um unsere Energiefrequenz zu steigern. Denn unser »innerer Engel« ist die Verkörperung der spirituellen Auradimension, also der höchsten Frequenz innerhalb unseres Schwingungsspektrums.

Durch eine höhere Schwingung erhalten wir Zugang zu den intuitiven und »übernatürlichen« Fähigkeiten unseres höheren Selbst, bis hin zu Telepathie und prophetischer Vorausahnung. Manche meiner Leser werden sich vielleicht wundern, dass ich in so selbstverständlichem Tonfall über Fähigkeiten schreibe, von denen man in unserer Zivilisation gemeinhin annimmt, dass sie »Normalsterblichen« verschlossen seien. Doch diese Annahme ist falsch und durch zahllose Erfahrungsberichte leicht zu entkräften.

Durch fernöstliche Meditationstechniken oder auch durch westliche Körperarbeit in der Tradition von Wilhelm Reich und seinen Schülern kann prinzipiell jeder Mensch die Fähigkeit des bewussten Hellsehens entwickeln. Sie ist in uns allen als Möglichkeit angelegt und wartet nur darauf, dass wir sie entdecken und nutzen, so wie dies in anderen Epochen und Kulturen mit größter Selbstverständlichkeit geschah und teilweise (etwa im sibirischen Schamanismus oder im tibetischen Lamaismus) bis heute geschieht. Auf diesem Weg können wir des Weiteren die Fähigkeit entfalten, uns selbst und andere durch gerichtete geistige Energien zu heilen, Gedanken zu lesen und zu senden oder ekstatische Seelenreisen an weit entfernte Orte oder in andere Zeiten zu unternehmen. Auch unser Vermögen, künstlerische Schöpfungen und mystische Geheimnisse bis zu ihrem tiefsten Grund zu erkennen und zu verstehen, lässt sich auf diese Weise erwecken und schulen.

Die höchste energetische Schwingung ist die reine, uneigennützige Liebe. Auf diesem kosmischen Level zergehen jegliche irdischen Probleme und Leiden, Ängste und Aggressionen wie unter dem Blick eines Engels, der mit einem Lächeln alles erkennt und versteht, verzeiht und heilt. Wenn es uns also gelingt, uns mit unserem höheren Selbst zu verbinden, so haben wir dauerhaft an dem unerschöpflichen universellen Energiepool teil, der in religiösen Konzepten als »göttlich« oder auch als »Engelkraft« bezeichnet wird. Um auf diese Ebene zu gelangen, ist es jedoch nicht erforderlich, dass wir einer bestimmten Religion anhängen oder gar an verwickelte Systeme wie die katholische Engelhierarchie glauben.

Steigern Sie Ihr Schwingungsniveau durch Spiritualität und Liebe

Wie können wir unsere Schwingungen erhöhen? Im Grunde ist die Sache ganz einfach: Wenn wir uns spirituellen Fragen zuwenden, steigt unsere individuelle Schwingungsfrequenz. Hierdurch fühlen wir uns wiederum zu Situationen und Personen hingezogen, die dieser Frequenz entsprechen oder nahekommen – ein sich selbst verstärkender Prozess.

Am sichersten können Sie Ihre Schwingungen also durch Meditation, innere Zwiesprache mit höheren Wesen, durch Heilarbeit und allgemein durch liebevolles und altruistisches Verhalten anheben. Dagegen fixiert man sich auf niedrigen Frequenzen, wenn man ein egoistisches Verhalten an den Tag legt, sich in Gedanken hauptsächlich mit dem eigenen Ich beschäftigt, in einer Räuber- oder Opfermentalität befangen ist oder sich Gefühlen und Verhaltensweisen wie Unehrlichkeit, Besitzgier und Eifersucht hingibt.

Wer sich mit seinem inneren Engel harmonisch und dauerhaft zu verbinden vermag, hat an der Weisheit und den unermesslichen Energien des Universums teil. Wenn wir mit unserem höheren

Selbst in Kontakt sind, werden wir von einem tiefen Gefühl universeller Liebe durchdrungen. Unsere innere Kraft und Willensstärke sind dann unerschöpflich und unbezwingbar – jedoch nur wenn und solange wir sie nicht in egoistischer Weise einsetzen, um unser eigenes Ich zu bereichern und anderen Geschöpfen zu schaden.

Das bedeutet allerdings nicht, dass wir uns von der irdischen Realität und ihren oftmals bedrückenden Problemen abwenden sollten. Da ich diesem Missverständnis zuweilen begegne, möchte ich ihm hier ausdrücklich entgegentreten. Unsere Haltung uneigennütziger Liebe darf keine bloße Attitüde sein, kein bequemer Vorwand, um Leid und Unrecht auszublenden und sich selbst für ein »besseres« Wesen zu halten, das über die Kämpfe und Konflikte seiner Mitmenschen erhaben ist.

Für die erdrückende Mehrheit der Menschen auf dieser Erde ist das Leben durch immerwährendes Rivalisieren um stets zu knappe Ressourcen bestimmt, hinter dem sich letzten Endes in allen Fällen Energiekonflikte verbergen. Wenn wir selbst einen Weg gefunden haben, unseren Energiebedarf aus eigenen Kräften zu decken, sollten wir also alles in unseren Kräften Stehende unternehmen, um anderen Menschen zu helfen, die weiterhin in die Krisen und Dramen der täglichen Energiekämpfe verstrickt sind.

Uneigennützige Liebe muss sich in unserem Alltag immer wieder aufs Neue bewähren – durch Hilfsbereitschaft, tätige Zuwendung, ein mitfühlendes Verständnis, das vor keinen »allzumenschlichen« Abgründen zurückschreckt. Achten Sie darauf, dass Sie als Helfer nicht Ihrerseits zum Opfer von Energieräubern werden. Aber wenden Sie sich bitte nicht ab – auch zu Ihrem eigenen Besten, denn nur durch selbstlos tätige Hilfe für Ihre Not leidenden Nächsten können Sie die Verbindung zu Ihrem höheren Selbst kraftvoll und lebendig erhalten.

Uneigennützige Liebe ist kein bequemer Sessel für »bessere« Menschen, sondern eine ständig lodernde Flamme in unserem Innern, ein vorwärtstreibender, niemals versiegender Schmerz angesichts des Leids und der Not unserer Mitgeschöpfe. Die Verbindung zu unserem inneren Engel treibt uns daher ständig an, als spirituelle Helfer und Heiler tätig zu sein. Auch hier lauert eine Gefahr, der wir uns jederzeit bewusst sein sollten – die Drohung, dem »Helfersyndrom« zu erliegen, uns also am Energiemangel unserer leidenden Nächsten und an unserem eigenen Opfermut gleichsam zu berauschen. Dieser umgekehrte Vampirismus, die Sucht, uns von anderen »anzapfen« zu lassen, führt zu einer unehrlichen, verzerrten Selbst- und Weltsicht – und über kurz oder lang unweigerlich zum Burn-out.

Noch eine weitere, ebenso verbreitete Fehlhaltung möchte ich an dieser Stelle ansprechen. Nicht selten begegne ich Menschen, denen es für sich selbst zwar geglückt ist, ihre Energiestruktur zu verbessern und ihre Schwingungen zu erhöhen, indem sie sich überwiegend mit spirituellen Fragen beschäftigen. Doch oftmals neigen sie dazu, diese irdische Welt ihrem eigenen Bild anzuähneln, also zu verharmlosen und zu beschönigen. Für diese Menschen sind Leid, Aggressionen und Konflikte aller Art nur bedauerliche Ausnahmefälle, mit denen man sich weder Herz noch Hände beflecken sollte. Denn im süßlich verzerrten Weltbild dieser Zeitgenossen sind die Menschen »eigentlich gut«, weshalb für sie auch Krieg und Gewalt »eigentlich überwunden« sind und man sich durch hier und dort auftretende bedauerliche »Rückfälle« tunlichst nicht herunterziehen lassen sollte.

Auch das ist eine bequeme und unehrliche Haltung, die unsere Verbindung zu unserem höheren Selbst auf Dauer nicht etwa festigt, sondern zu etwas Leblosem erstarren lässt. »Öffnen Sie Ihre Augen«, versuche ich solche selbstgewissen Mitmenschen immer wieder aufzurütteln, »ob Sie es wahrhaben wollen oder nicht – wir leben in einer Welt, die den Egoismus belohnt und unsere Gesellschaft zumindest teilweise nach den Gesetzen der Raubtierwelt organisiert.« Auf fast allen Ebenen der irdischen Realität spielt angedrohte oder manifeste Gewalt eine wichtige, wenn nicht sogar die Hauptrolle in den immergleichen Kämpfen und Konflikten um Lebensenergie. Dabei mögen die Kämpfenden mal als Staaten, mal als Individuen auftreten, und die Energieressourcen, um die rivalisiert wird, manifestieren sich hier als Geld, Macht oder Land, dort als Zuneigung oder Hass. Doch wie man es auch dreht und wendet: Diese Welt ist nur an allzu wenigen Orten, in allzu seltenen Fällen und Situationen durch Harmonie oder gar durch uneigennützige Liebe geprägt.

Darum hier nochmals meine Bitte und mein Rat: Lassen Sie sich nicht verstricken – aber wenden Sie sich auch nicht ab. Altruistische Liebe kann sich nur in der tätigen Hilfe für die Not leidenden Mitgeschöpfe bewähren. Wird sie zur selbstgewissen Attitüde, so erstarrt sie und stirbt ab – und mit ihr auch Ihre Verbindung zu Ihrem »inneren Engel« und dessen »übernatürlichen« Fähigkeiten.

Entschlacken Sie Ihren Bekanntenkreis

Gleichwohl bleibt es allerdings wahr und richtig, dass wir uns nicht »herunterziehen« lassen dürfen. Das ist es, was ich mit der Gefahr der »Verstrickung« meine: Immer dann, wenn wir uns aus einer passiven, bloß neugierigen oder gar aus einer schadenfrohen Haltung heraus in Energiekonflikte anderer Menschen oder in mangelgeprägte energetische Gruppenstrukturen hineinziehen lassen, senken wir mutwillig unser eigenes Schwingungsniveau.

Wenn Sie das Übungsprogramm zur Überwindung energiesenkender Muster im 1. Kapitel dieses Buches durchgeführt haben, werden Sie höchstwahrscheinlich bereits an sich selbst beobachtet haben, wie Ihr Interesse an Klatsch und Tratsch oder auch am katastrophensüchtigen Sensationsjournalismus stetig geschwunden ist. Sie haben es ganz einfach nicht (mehr) nötig, sich beispielsweise durch üble Nachrede an tatsächlichen oder vermeintlichen Schwächen Ihrer Mitmenschen zu berauschen. Und je vollständiger und dauerhafter Sie auf solcherlei destruktiven Austausch und auf den passiven Konsum niederdrückender Schreckensnachrichten verzichten, desto mehr lösen Sie sich von einer Ebene, die Sie auf einer niedrigen Schwingungsfrequenz festgehalten hat.

Beziehungen zu Bekannten, Kollegen und falschen »Freunden«, mit denen man hauptsächlich auf dieser Ebene von Tratsch und übler Nachrede kommuniziert hat, sterben oftmals von selbst ab, wenn man eine höhere Ebene erreicht hat. Aber Vorsicht: Unterschätzen Sie nicht die Beharrungskräfte, die in unseren Gewohnheiten und Konventionen gestauten Energien.

Wie viele Menschen verfallen aufs Neue einem bereits überwunden geglaubten Laster wie etwa dem Nikotinkonsum, nur weil eine Fülle alltäglicher Situationen in ihrem Leben mit dem Griff zur Zigarette noch immer verknüpft ist. Ebenso geschieht es häufig, dass wir uns – aus Gewohnheit oder falsch verstandener Höflichkeit – weiterhin mit Menschen treffen, von denen wir doch seit Längerem fühlen, dass der Umgang mit ihnen uns nicht guttut.

In solchen Fällen hilft oftmals nur ein radikaler Schnitt. Versuchen Sie Ihren »falschen Freunden« zu erklären, warum Sie die Beziehungen zu ihnen abbrechen möchten. Aber dann bleiben Sie auch bei Ihrer Entscheidung, lassen Sie sich um keinen Preis umstimmen und auf die überwundene Ebene neuerlich hinabziehen. Die Menschen in unserer Umgebung verkörpern unsere eigenen Gewohnheiten und Vorlieben, Schwächen und Stärken. Wenn wir unsere Selbst- und Energiestruktur umgestaltet haben, sollten wir auch in unserer Außenwelt aktiv für die nötigen Veränderungen sorgen, damit Außen und Innen einander harmonisch entsprechen.

Übung: Heben Sie mit Ihrer Montgolfiere ab

Ziehen Sie sich in Ihren Ruheraum zurück, und treffen Sie die üblichen Vorbereitungen, wie im Übungsprogramm des 1. Kapitels beschrieben.

Legen Sie sich ein Blatt Papier und einen Stift bereit. Bevor Sie mit der Meditation beginnen, fertigen Sie eine Tabelle mit drei Spalten an. In die linke Spalte tragen Sie die Namen sämtlicher Personen aus Ihrer privaten und beruflichen Umgebung ein. In der mittleren Spalte notieren Sie jeweils mit einem oder einigen kennzeichnenden Stichwörtern, welches Thema, welche Aufgabe oder welches Gefühl Sie mit der betreffenden Person *hauptsächlich* verbinden. Fügen Sie in der rechten Spalte schließlich ein Plus- oder ein Minuszeichen hinzu – je nachdem ob die Beziehung zu der jeweiligen Person und das Sie hauptsächlich miteinander verbindende Thema oder Gefühl Sie hebt, beschwingt und beflügelt – oder hinabdrückt, lähmt und hinunterzieht.

Person	*Themen*	*Energie*
Lebenspartner	Liebe, Sicherheit	+
Kind	Liebe, Fürsorge	+
Freund/-in A	Vertrauen	+
Freund/-in B	Tratsch, Konsum	–
Vorgesetzter	Rachefantasien	–
Kollege X	Intrigen, Wut	–
Bekannte/r Y	Konsum	–
Bekannte/r Z	Angst	–
Elternteil	Liebe, Sorge	+
…		

Gehen Sie hierbei bitte spontan und intuitiv vor. Bei vielen Personen auf Ihrer Liste werden Sie höchstwahrscheinlich ohnehin fühlen, dass diese Beziehungen für Sie positiv und in einem energetischen Sinn hebend und beflügelnd sind. In diesen Fällen ist es natürlich nicht erforderlich, dass Sie sich den Kopf darüber zerbrechen, welches Stichwort die betreffende Beziehung besonders genau kennzeichnet.

Wichtig sind im Zusammenhang dieser kleinen Übung eigentlich nur diejenigen Personen, bei denen Ihr Gefühl Ihnen signalisiert, dass es besser wäre, diese Beziehungen zu beenden oder jedenfalls deutlich abkühlen zu lassen. Hier horchen Sie bitte in sich hinein und versuchen herauszufinden, was genau bei Ihnen das mulmige Gefühl verursacht.

Handelt es sich um einen Bekannten, mit dem zusammen Sie öfters in Vorstellungen schwelgen, wie Sie sich an einem ungerechten und unfähigen Chef rächen könnten? Oder denken Sie gerade an eine Person, deren Verhalten Sie einschüchtert und Ihr Selbstvertrauen untergräbt? Auch wenn Ihnen ein Kollege in den Sinn kommt, der für seine Intrigen- und Verleumdungsküste bekannt ist, sollten Sie nicht zögern, ihn in Ihre Liste aufzunehmen und in der rechten Spalte ein Minuszeichen einzutragen.

Denken Sie in Ruhe nach und ergänzen Sie Ihre Liste, bis Sie das Gefühl haben, dass alle Personen, die in Ihrem Leben eine Rolle spielen, aufgeführt, durch ein Stichwort gekennzeichnet und dem Plus- oder Minusbereich zugeordnet sind.

Begeben Sie sich nun in Ihre Meditationshaltung – ob Sie dabei sitzen oder liegen möchten, ist Ihnen wiederum gänzlich freigestellt.

Stellen Sie sich vor, dass Sie in der Gondel einer Montgolfiere – eines Heißluftballons – sitzen und bereit sind, in die Lüfte emporzuschweben. Es ist ein herrlicher, sonnenheller Tag, und Sie freuen sich schon sehr auf die Erfahrung, wie schwerelos durch den Himmel zu fliegen.

Ihre Montgolfiere wird angetrieben durch einen Feuerstrahl, der hauptsächlich von Ihnen selbst, Ihrem Herz-Kind und Ihrem Drachen-Selbst energetisch genährt wird. Aber auch alle Personen Ihrer Umgebung, die Ihnen wichtig sind und in deren Spalte Sie ein Pluszeichen vermerkt haben, tragen durch ihre positiven Energien mit einem mehr oder minder großen Flämmchen zu dem machtvollen Feuerstrahl bei, der Ihre Montgolfiere in die Lüfte erheben soll.

Stellen Sie sich die einzelnen Flammenzungen, aus denen Ihr Feuerstrahl sich zusammensetzt, lebhaft vor – die Energie, die Sie aus Ihrer Beziehung zu Ihrem Partner oder Ihrer Partnerin, aus der Verbindung mit Kindern, echten Freunden und guten Bekannten ziehen. Der Feuerstrahl unter Ihrem Ballon ist stark und kraftvoll, die Montgolfiere schwebt auch bereits einige Handbreit über der Erde – und trotzdem kann sie sich nicht höher in die Lüfte erheben.

Warum nicht? Suchend sehen Sie sich von der Gondel Ihres Heißluftballons aus um. Und da erkennen Sie, wodurch Sie am Boden gehalten werden: Von der Montgolfiere führen zahlreiche straff gespannte Seile zum Boden hinab. Und dort unten stehen zahlreiche Personen und halten die Enden dieser Seile mit verbissener Anstrengung fest.

An Ihrem Gürtel tragen Sie ein scharfes Messer in einer Lederscheide. Ziehen Sie es heraus, erheben Sie sich und beugen Sie sich über das Geländer Ihrer Gondel. Sehen Sie einer der Personen, die dort unten stehen und Ihre Montgolfiere am Boden halten, ruhig und fest in die Augen. Sagen Sie, laut oder in Gedanken: »[Name der Person], ich durchtrenne das Band der Angst (oder der Wut, Konsumsucht, Intrigen, Rachefantasien etc.), das mich an dich gefesselt hat. Ich sage mich los von dir und bin frei.« Durchschneiden Sie das

Seil mit Ihrem Messer, und spüren Sie, wie Ihre Montgolfiere sich ein wenig aus der Verstrickung zu lösen beginnt, wie Ihre Auftriebskräfte stärker werden.

Wenden Sie sich nun der nächsten Person dort unten zu, und verfahren Sie in der gleichen Weise, bis Sie alle Seile durchtrennt haben. Nach jedem Befreiungsschnitt spüren Sie, wie Ihre Montgolfiere kräftiger himmelwärts strebt, wie die verbliebenen Seilhalter unten am Boden größere Mühe haben, Sie auf ihrem Level zurückzuhalten.

Wenn Sie schließlich das letzte Seil durchtrennt haben, schieben Sie Ihr Messer in die Scheide zurück. Spüren Sie, wie Ihr Ballon kraftvoll und unbehindert in den Himmel aufsteigt. Wie der Wind über Ihre Haut streicht, wie es um Sie herum und in Ihrem Innern immer heller wird.

Öffnen Sie schließlich wieder die Augen, aber verbleiben Sie noch eine Weile in Ihrer Meditationshaltung. Überlassen Sie sich noch ein wenig dieser wunderbaren Leichtigkeit, die entsteht, wenn wir uns aus der Verstrickung in falsche Freundschaften und niederdrückende Gewohnheiten befreien.

Wenn Sie sich wieder erheben, versäumen Sie bitte nicht, die kleine Abschluss-Übung durchzuführen, die ich Ihnen im 1. Kapitel vorgeschlagen habe: So befreiend es ist, in den Himmel zu entschweben, so wichtig ist es auch, dass wir uns anschließend wieder erden.

Wiederholen Sie die Montgolfiere-Meditation, sooft Sie das Bedürfnis danach verspüren.

Übung: Entschweben Sie im kristallenen Liftschacht

Nicht von allen Mitmenschen, die uns auf einer niedrigen Schwingungsfrequenz festhalten wollen, können wir uns ohne Weiteres lossagen und fernhalten. Wenn Sie einmal den spirituellen Weg eingeschlagen haben, werden Sie gewiss den Drang verspüren, sich auch aus der Beengung durch eine sinnlose und entfremdete Tätigkeit zu befreien, um künftig als Helfer oder Heiler spirituell wertvolle Arbeit zu leisten. Aber ein solcher Wechsel gelingt selten über Nacht, und so kann es gut sein, dass Sie noch einige Zeit etwa im Kreis von Kollegen und Vorgesetzten ausharren müssen, die in energetisch niederdrückenden Beschäftigungen und Interessen befangen sind.

Neben der Montgolfiere-Meditation, die ich Ihnen im voranstehenden Abschnitt vorgestellt habe, hat sich in solchen Fällen auch der »kristallene Liftschacht« sehr bewährt – eine Notfallübung, die Sie erforderlichenfalls selbst am Meeting-Tisch oder in der Betriebskantine durchführen können, im Kreis Ihrer Intrigen schmiedenden oder einmal mehr in gehässigem Tratsch oder Konsumfantasien sich verlierenden Kollegen. Mit ein wenig Erfahrung können Sie diese Übung mit offenen Augen absolvieren, sodass Ihre Umgebung nicht einmal mitbekommt, wie Sie ihr buchstäblich entschweben.

Stellen Sie sich vor, dass die Stelle, an der Sie (bei einem Meeting, Stehempfang, in der Mittagspause etc.) gerade stehen oder auf Ihrem Stuhl sitzen, die Bodenplatte eines unsichtbaren Aufzugs ist. Sie befinden sich im Innern eines kristallenen Liftschachtes, der Sie wie eine unsichtbare Röhre umgibt.

Ihre Kollegen ziehen einmal mehr über den Chef her, beklagen, dass ihre Leistung nicht gewürdigt werde, oder lästern über einen abwesenden Kollegen, der angeblich an diesem oder jenem Missstand schuld ist. Die einen bejammern ihre finanzielle Misere, andere protzen mit Konsumgegenständen, die sie sich gerade zugelegt haben, oder fantasieren von den angeblich bevorstehenden großartigen Abenteuern während ihres nächsten Urlaubs, der sie wieder einmal für alles entschädigen soll, was sie im zurückliegenden Jahr in ihrem Angestelltenjob einstecken mussten: Demütigung, Entfremdung, Frustration.

Früher hätten Sie sich wohl auch an diesen depressiven Dialogen beteiligt. Doch Ihnen ist ja längst klar geworden, dass ein solcher, durch Energiemangel geprägter Gruppengeist alle Beteiligten nur noch tiefer hinabdrückt. Nur einige kurze Augenblicke lassen Sie die Atmosphäre ausweglosen Energiemangels auf sich einwirken, dann beschließen Sie, sich auf das Ihnen nun entsprechende und erreichbare Energieniveau zu begeben.

Ihren Lift vermögen Sie allein durch Ihre Gedankenkraft in Bewegung zu setzen. Befehlen Sie ihm: »Fahr aufwärts!«, und nehmen Sie wahr, wie sich Ihr Lift in der kristallenen Röhre langsam emporbewegt. Sie schweben in die Höhe, schon befinden Sie sich über den Köpfen Ihrer Kollegen. Mit Ihrem Kristalllift könnten Sie mühelos in den Himmel hinaufschweben, aber Sie begnügen sich damit, bis unter die Decke des Raumes aufzusteigen, in dem Ihre Kollegen weiterhin unten am Konferenz- oder Frühstückstisch sitzen.

Von hier oben aus hören sich ihre Dialoge nur noch wie das belanglose Gerede an, das sie ja auch tatsächlich sind. Nehmen Sie wahr, wie sich ihre Satzfetzen mit den Rufen der Vögel draußen vor dem Fenster, mit dem Rauschen des Windes, dem Getöse des Autoverkehrs unten auf der Straße und hunderterlei weiteren Geräuschen vermischen – ein bedeutungsloses Sausen und Brausen, das sich in einem energetischen Sinn tatsächlich »unter Ihrem Niveau« abspielt.

Wenn Sie sich Ihrer neu gewonnenen Schwingungshöhe bereits hinlänglich sicher sind, können Sie auch versuchen, Ihren Mitmenschen dort unten ein gut gewähltes Stichwort zuzuwerfen, so wie ein Fischer seine Angel mit dem passenden Köder auswirft. Sagen Sie beispielsweise: »Ich fühle mich viel besser, seit ich mittags nicht mehr das Fastfood aus der Betriebskantine esse.« Oder: »Seit einiger Zeit sehe ich mir im Fernsehen keine Nachrichten mit Kriegs- und sonstigen Gewaltbildern mehr an.«

Natürlich sollten Sie darauf gefasst sein, dass der eine oder andere zynische Kollege Sie daraufhin als »genussfeindlichen Körneresser« oder »nervenschwaches Weichei« verspotten wird. Aber so wie die Kreise um einen Stein, den man in einen See wirft, langsam immer größer werden, so entfalten auch solche kleinen Anstöße zuweilen eine erstaunliche Wirkung. Nicht wenige Kollegen in Ihrem Betrieb oder Ihrer Abteilung haben vielleicht nur darauf gewartet, dass endlich einmal jemand ein weniger niederdrückendes oder illusionär berauschendes Thema anschneidet, und sich nur selbst nicht getraut, von anderem als Tratsch und Intrigen zu reden – aus Angst vor dem Spott der notorischen Lästermäuler, hinter deren Zynismus sich aber in aller Regel nichts anderes als eine chronische Depression verbirgt.

Auch wenn es nicht gleich beim ersten Mal gelingt: Versuchen Sie ruhig immer wieder, eine solche Diskussion in Ihrem Kollegenkreis anzustoßen. Sagen Sie etwa: »Statt mir die Sensationssendungen im Fernsehen anzusehen, lese ich einmal pro Woche eine seriöse Zeitung, die die wirklich wichtigen Nachrichten ohne Katastrophengeschrei aufbereitet. Dafür bringen sie fundierte Hintergrundinformationen, aus denen auch hervorgeht, was man gegen diese Missstände und Ungerechtigkeiten unternehmen kann.«

Über kurz oder lang wird der eine oder die andere in Ihrem Büro auf Ihr Angebot eingehen. Indem Sie ihm oder ihr helfen, sich aus der vampiristischen Verstrickung zu befreien, gewinnen Sie selbst einen Verbündeten, der es wiederum auch Ihnen leichter macht, Ihr Schwingungsniveau zu erhalten und auf ihrem spirituellen Weg voranzukommen.

Entrümpeln Sie Wohnung und Gewohnheiten

Wenn unsere Intuition und unser Gespür für energetische Zusammenhänge nicht gänzlich verkümmert und abgestorben sind, dann benötigen wir auch keine »Experten« mit naturwissenschaftlichem Background, um herauszufinden, was uns guttut und was wir besser meiden sollten. Unglücklicherweise sind aber diese natürlichen Begabungen bei der Mehrzahl der Menschen in den »westlichen« Ländern weitgehend verschüttet unter Bergen von Konsumgütern und entfremdeten Gewohnheiten, die den meisten Amerikanern und Europäern zur »zweiten Natur« geworden sind.

Daher möchte ich Ihnen hier eine Reihe von Ratschlägen geben, wie Sie Ihre alltägliche Umgebung und Ihre Gewohnheiten auf mehr oder weniger einfache Weise von verborgenen Energieräubern reinigen können. Denn neben den menschlichen Energievampiren gibt es auch in der Dingwelt zahlreiche Energiesauger, an die viele von uns tagtäglich einen nicht unbeträchtlichen Teil ihrer Lebenskräfte verlieren.

Energetisch wertvolle Ernährung

Energieräuber unter den Nahrungsmitteln sind vor allem die mit Zucker und/oder Fett angereicherten Fastfood- und Fertiggerichte, von denen sich heutzutage eine Mehrheit der US-Amerikaner und ein rapide wachsender Prozentsatz der Menschen in Europa, aber auch in Lateinamerika, in Japan und in anderen asiatischen Ländern ernährt. Angehörige von Naturvölkern, die ausschließlich frisch zubereitete Lebensmittel essen, würden unweigerlich einen Zusammenbruch ihrer Vitalfunktionen erleiden, wenn sie genötigt würden, auch nur einen einzigen Tag lang die Fett- und Zucker-»Bomben« zu sich zu nehmen, die ein durchschnittlicher US-Amerikaner tagtäglich konsumiert.

Vor allem in unseren großen Städten sind viele Menschen aber gar nicht mehr in der Lage, ihre Nahrung selbst zuzubereiten: Sie haben schlichtweg nicht gelernt, mit frischen Zutaten zu kochen, anstatt bloß ihr Fertiggericht in die Mikrowelle zu schieben. Zumindest in den US-Großstädten werden frische, unverarbeitete Lebensmittel in den Supermärkten auch kaum angeboten – falls doch, dann zu weit höheren Preisen als die industriell produzierten Fertiggerichte.

Wenn Sie sich aus der Falle eines chronischen Energiemangels befreien wollen, bleibt Ihnen gleichwohl nichts anderes übrig, als sich der Mühsal einer völligen Nahrungsumstellung zu unterziehen. Verzichten Sie möglichst vollständig auf Fastfood-Nahrung wie Hamburger und zuckerhaltige Limonadengetränke, desgleichen auf jegliche Fertiggerichte aus der Konservendose oder aus der Tiefkühltruhe. Auf Ihrem Speisezettel sollten ausschließlich solche Gerichte stehen, die aus frischen Nahrungsmitteln wie Salaten und Gemüse, Fisch, Vollwertbrot und Obst zubereitet worden sind. Auch gegen eine gelegentliche Fleischportion ist nichts einzuwenden, wenn Sie »weißes« Fleisch (Geflügel und Kalb) bevorzugen und stets darauf achten, dass Ihre Zutaten nach ökologischen Kriterien hergestellt worden sind.

Auch wenn Sie anfangs unter dem Mehraufwand beim Einkauf und Zubereiten Ihrer Frischgerichte stöhnen – Sie werden schon nach kürzester Zeit bemerken, wie gut Ihnen die Nahrungsumstellung tut. Haben Sie sich früher nicht jedes Mal träge und schwer gefühlt, wenn Sie eine Portion Industrienahrung zu sich genommen haben? Haben Sie sich nicht ab und an schon damals gefragt, ob es wirklich mit rechten Dingen zugeht, dass man sich nach dem Essen erschöpft und vergiftet fühlt?

Nun, ein großer Teil der industriell produzierten, mit Zucker und Fetten angereicherten Nahrungsmittel ist in einem energetischen Sinn tatsächlich wertlos und sogar giftig. Die chemisch behandelten

Rohstoffe, die überdies während der Herstellung und dann nochmals beim Aufwärmen in der heimischen Mikrowelle bestrahlt werden, sind energetisch gesehen tot. Ihr Schwingungsniveau ist gleich null, und das hat zur unvermeidlichen Folge, dass jeder Bissen dieser toten »Nahrung«, den wir zu uns nehmen, unsere eigene Schwingung hinabsetzt und uns auf einem lähmend niedrigen Energielevel fixiert.

Der Organismus von Menschen, die sich überwiegend oder ausschließlich von Industrieprodukten ernähren, befindet sich in einer Art Duldungsstarre: Er hat es sozusagen aufgegeben, durch Rückmeldungen mitzuteilen, wie schädlich die Retortenprodukte für jedes einzelne Organ sind. Wenn Sie aber Ihre Ernährungsgewohnheiten auf chemisch unbehandelte Frischkost umgestellt haben, werden Sie schon nach kurzer Zeit merken, wie Ihr Körper und alle Ihre Sinnesorgane aus dem Zustand der Abstumpfung erwachen. Sie werden sich unendlich leichter und kräftiger fühlen, Sie werden Geschmacksnuancen wahrnehmen, die sich Fastfood-Konsumenten nicht einmal im Traum vorstellen können, und Ihr Körper wird Ihnen immer sofort signalisieren, wenn Sie genug gegessen haben.

Der »Fastfood-Junkie«, gewöhnt an den regelmäßig wiederholten Kick durch hoch dosierte Fett- und Zuckerschübe, schlingt seine energetisch wertlose, ja giftige Nahrung gierig in sich hinein – mit den bekannten Folgen von massenhaftem Übergewicht, von Diabetes schon bei kleinen Kindern, von Fettsucht und grotesk aufgeblähten Leibern, die durch »Fitness«-Exerzitien einigermaßen in Form gehalten werden. Wenn Sie dagegen an natürliche Frischkost gewöhnt sind, nehmen Sie fünf- bis siebenmal am Tag jeweils eine kleine Portion zu sich und spüren unmittelbar, bei jedem einzelnen Bissen oder Schluck, wie Ihr Energielevel und Ihr Schwingungsniveau steigen.

Gehen Sie aber bei dieser grundlegenden Umstellung Ihrer Ernährungsgewohnheiten nicht fanatisch vor, gönnen Sie sich ruhig auch einmal eine kleine »Sünde«. Gegen ein Glas Rotwein ist so wenig einzuwenden wie gegen ein kleines Geflügelsteak, um das Sie ab und an Ihren Speiseplan bereichern. Horchen Sie in sich hinein, lauschen Sie Ihrer inneren Stimme, folgen Sie Ihrem Bauchgefühl. Einmal aus den Fesseln der Abhängigkeit von Industriegerichten befreit, werden Sie bald schon mit traumwandlerischer Sicherheit erspüren, welches

Nahrungsmittel Sie energetisch hebt und beflügelt – und welches Sie herabdrückt und lähmt.

Auf Katastrophenkonsum verzichten

Viele Fernsehsender und Boulevardzeitungen wählen und gewichten Nachrichten einzig nach ihrem Katastrophenfaktor, ihrer Skandal- und Sensationsqualität. Wenn Sie mein Programm zur Überwindung energiesenkender Muster erfolgreich durchgeführt haben, werden Sie ohnehin spüren, dass Ihr Interesse an derlei Katastrophenkonsum geschwunden ist. Doch auch hier gilt: Langjährige Gewohnheiten weisen oft erhebliche Beharrungskräfte auf. Daher sind wir gut beraten, uns auch von den äußeren Manifestationen zu befreien, wenn die inneren Voraussetzungen nicht mehr bestehen.

Wie lässt sich erklären, dass gerade Menschen, die an chronischem Energiemangel leiden, den medialen Katastrophenbildern oft regelrecht verfallen sind? Der Zusammenhang liegt auch hier auf der Hand, wenn man die Dinge von einem energetischen Standpunkt aus betrachtet.

Erfahrungen unerträglicher Angst oder inakzeptablen Schmerzes, die wir in früherer Zeit, vor allem in der Kindheit, erlitten haben, werden von unserem Selbst abgespalten und im Unbewussten abgelagert – als jene »Giftcontainer« und »gesunkene Wrackteile« am Grund unseres inneren Sees. Die biografisch reale Ursache dieser unerträglichen Erfahrungen ersetzt bereits das kindliche Ich durch Phantasmagorien, durch halluzinierte Pseudoursachen. Denn der wirkliche Verursacher jener Angst oder jenes Schmerzes ist meist eine Person, von der das Kind existenziell abhängig ist, ein Elternteil oder eine andere Autoritäts- oder Versorgerfigur.

Von der Mühe, solche falschen, verharmlosenden Ursachen anstelle der wahren Zusammenhänge zu setzen, wird unser Ich nun durch die Flut der Katastrophenbilder in den heutigen Medien entlastet. Der fatale Reiz, den Unglücksmeldungen oder Kriegsbilder auf viele Menschen ausüben, entspringt also eben diesem Bedürfnis des Subjektes, sich die biografisch wahre Ursache traumatischer Angst- oder Schmerzerfahrungen zu verschleiern.

Je krasser und unerträglicher die zugrunde liegende Erfahrung und das hierdurch ausgelöste Gefühl waren, desto extremer muss folglich auch die Phantasmagorie, das halluzinierte Szenarium sein, das es dem Ich erlaubt, jene Erfahrung auf gefahrlose Weise immer wieder aufs Neue zu erleben. So wird das Symptom eines abgespaltenen, unbewältigten Traumas zum Auslöser und Motor der Sucht nach immer schärferen visuellen Reizen, immer krasseren »Nervenschockern« im Katastrophenjournalismus ebenso wie im Bereich der fiktionalen Thriller- und Horrorfilme. Und die Tatsache, dass ganze Industrien von dieser Katastrophensucht leben, weist darauf hin, dass anscheinend eine Mehrzahl der Kinder in unserer Zivilisation in ihren frühen Jahren traumatische Erfahrungen wie unerträgliche Angst oder inakzeptablen Schmerz erleidet.

Wenn Sie den Eindruck haben, dass Ihnen die Integration abgespaltener »Wrackteile« Ihres Selbst noch nicht gänzlich geglückt ist, so kehren Sie zum 1. Kapitel zurück und wiederholen Sie diejenigen Übungen, zu denen Ihre Intuition Sie lenkt. Wenn Sie aber meinen, dass Sie Ihre energiesenkenden Charaktermuster überwunden haben, so zögern Sie bitte nicht, auch bei Ihren alltäglichen Gewohnheiten die Konsequenzen zu ziehen: So wie Sie auf Ihrem Speiseplan wertlose und giftige Nahrungsmittel durch energetisch wertvolle Frischkost ersetzt haben, so tauschen Sie nun auch die vergiftenden und hinabdrückenden Angst- und Schreckensbilder des Katastrophenjournalismus gegen Informationsformen aus, deren Art und Dosierung energetisch bekömmlich ist.

Hierzu einige Beispiele, die sich in der Praxis vielfach bewährt haben und durch jeden von uns leicht zu beherzigen sind:

1. Anstatt sich im »Katastrophen-TV« die Bilder der jüngsten Hungerkatastrophen anzusehen, schließen Sie sich lieber einer lokalen Organisation an, die sich für die Linderung von Armut, für die Beseitigung sozialer Ungerechtigkeiten in Ihrem Wohnort engagiert.
2. Anstatt sich durch Szenarien aktueller oder drohender Umweltkatastrophen in einen Zustand zielloser Aufregung versetzen zu lassen, überlegen Sie lieber, wie Sie selbst in Ihrem persönlichen Umkreis zum Umweltschutz beitragen können: Verzichten Sie auf übermäßigen Gebrauch von Heizung und Aircondition, lassen Sie das Auto auch einmal in der Garage und bewegen sich zu Fuß oder

mit dem Fahrrad, und schalten Sie Lichtquellen und Elektrogeräte aus, die Sie nicht gerade benutzen. Das alles sind sinnvolle Aktivitäten, die tatsächlich zur Schonung unserer natürlichen Umwelt beitragen, während der Konsum von Reportagen, in denen einmal mehr in alarmistischem Tonfall das Wüten von Unwettern oder das Voranschreiten der Erdverwüstung beklagt wird, bloß in Ihrem Innern ähnliche »Klimakatastrophen« hervorruft.
3. Alter, Sterben und Tod sind Erfahrungen, die wir alle früher oder später durchlaufen müssen. Aber der tagtägliche Konsum von Gewalt-, Kriegs- und Unfallbildern in Sensationsnachrichten und Schockerfilmen ist ein untaugliches Mittel, um sich auf diese unausweichliche Lebensphase vorzubereiten. Erkundigen Sie sich lieber in Ihrem Wohnort nach lokalen Hospiz-Einrichtungen: Dort werden immer ehrenamtliche Mitarbeiter gesucht, die alte und sterbende Menschen in ihren letzten Lebensmonaten oder -stunden begleiten.

Diese Liste ließe sich mühelos weiter fortsetzen, aber der Grundsatz müsste hinlänglich klar geworden sein: Lassen Sie sich durch aufgebauschte Sensationsmeldungen von Missständen in globalem Maßstab weder lähmen noch in ziellosen Alarmismus versetzen. Schauen Sie lieber, wie Sie den entsprechenden Problemen in Ihrem lokalen oder privaten Umwelt zu Leibe rücken können. Auf diese Weise arbeiten Sie zugleich an der Erhöhung Ihres eigenen Schwingungslevels und kommen auf Ihrem spirituellen Weg voran.

Frühjahrsputz für die Seele

Was ich im 1. Kapitel über die imaginären Dinge, über »Schatzkisten« und »Giftcontainer« in unserem inneren See angemerkt habe, gilt ebenso für reale Objekte in unserer häuslichen Umgebung: Auch in all den Sachen, die sich im Lauf der Zeit in unserer Umgebung ansammeln, sind Energien gespeichert – positive oder auch negative.

Eine einfache Methode, gestaute Energien freizusetzen, besteht also darin, dass wir uns von überflüssigen Dingen trennen. Wenn Sie mein Programm zur Überwindung energiesenkender Muster erfolgreich durchgeführt haben, werden Sie höchstwahrscheinlich ohnehin den Wunsch verspüren, auch in Ihrer Umgebung einen so gründlichen »Hausputz« zu unternehmen, wie Sie das gerade in Ihrem Innern erreicht haben. Auch hier gilt: Setzen Sie den Beharrungskräften, die auch die häuslichen Objekte an ihren angestammten Fleck zu bannen trachten, Ihre neu gewonnenen Aufbruchsenergien entgegen. Kehren Sie mit kräftigem Besenstrich vor Ihre Tür, was immer Ihnen in Ihren Wohnräumen überflüssig, verstaubt, beengend und beschwerend erscheint.

Beginnen sollten Sie bei Konsumobjekten der »Lifestyle«-Kategorie: Nahezu alle Objekte dieser Art sind lediglich »Ego-Krücken«, die Sie definitiv nicht mehr brauchen, wenn Ihnen die Integration Ihrer Selbstaspekte gelungen ist. Also weg mit den Accessoires für die »erfolgreiche Powerfrau« oder den »dynamischen Businessmann«, hinfort vor allem mit dem ganzen mehr oder minder teuren Plunder, dessen »Wert« hauptsächlich in dem übergroß aufgedruckten Markennamen besteht.

Haben Sie wirklich jemals geglaubt, dass Sie erfolgreicher oder schöner werden, attraktiver und jugendlicher wirken, wenn Sie Hosen dieses Labels tragen oder Parfüms jener Marke hinter Ihre Ohrläppchen tupfen? Nein, im Grunde Ihres Herzens haben Sie immer schon gewusst, dass es ein schlauer Schwindel ist, der uns allen von der Mode- und Werbeindustrie von früh bis spät eingetrichtert wird und auf den doch niemand hereinfallen würde, wenn die Designstrategen nicht zumindest in einem Punkt Recht besäßen: Das Ego der meisten Menschen ist in der Tat so fragil, ihr Energiehaushalt so defizitär, dass sie alle nach »Ego-Krücken« und käuflichen Energiespritzen lechzen. Nur verhält es sich mit diesen scheinbaren Wohltaten nicht anders als mit der industriell erzeugten Nahrung oder dem Angebot des ebenso stereotypen Katastrophenjournalismus: All diese Produkte sind, von einem energetischen Standpunkt aus betrachtet, wertlos oder sogar schädlich.

Wer seinen Energiebedarf aus eigenen Kräften zu decken und selbst zu kontrollieren vermag, ist auf solche giftigen Gaben nicht mehr angewiesen. Also ziehen Sie bitte die Konsequenzen aus Ihrer frisch gewonnenen Autonomie, und befreien Sie sich von all dem faulen Zauber, der einzig dazu da ist, Menschen vom Typus des entfremdeten

Konsumenten über seine chronische Depression und energetische Mangellage hinwegzutäuschen. Welche Objekte das in Ihrem Fall sein mögen, wissen Sie selbst am besten. Hinweg damit! Sie werden sich sogleich freier, leichter, näher bei sich selbst fühlen.

Manche dieser Dinge können Sie vielleicht an ein örtliches Magazin oder einen Secondhand-Shop für weniger kaufkräftige Zeitgenossen weitergeben. Anderes aber taugt für nichts Besseres als eine stille Entsorgung im Kehricht: Die hervorstechendste Eigenschaft vieler »Lifestyle«-Objekte besteht ja gerade darin, dass sie keinerlei Nutzwert aufweisen und genauso wenig ästhetische Schönheit oder gar innere Wahrheit ausstrahlen. Nüchtern betrachtet, sind es eben nur »Ego-Krücken«, schäbige Fetische für beschädigte Seelen.

Eine andere Kategorie von Objekten, die sich in unserer privaten Umgebung anzusammeln lieben, sind jene Dinge, mit denen wir eine Erinnerung verbinden. Oftmals stehen oder liegen sie seit Jahren oder Jahrzehnten an ein und derselben Stelle oder werden bei Umzügen getreulich immer wieder eingepackt und aufs Neue an ihrem angestammten Ort im Regal oder Schrank verwahrt. Mustern Sie den Inhalt Ihrer Zimmer und Möbel einmal auf solche Erinnerungsstücke durch: Sie werden staunen, wie viele solcher Objekte Sie aus »sentimentalen Gründen« aufbewahrt haben – und mit wie wenigen von ihnen Sie heute tatsächlich noch lebendige Erinnerungen verbinden.

Soweit diese Dinge bloß noch tote Relikte sind – Reminiszenzen an Personen und Situationen, mit denen Sie nur noch vage Schemen verbinden –, rate ich Ihnen, sie wegzuwerfen, zu verkaufen oder zu verschenken. Andere Erinnerungsstücke aber mögen sozusagen dingliche Merkposten für unerledigte Lebensfragen sein, und bei diesen Stücken empfiehlt es sich, die in ihnen gespeicherte Energie zu aktivieren. Das können Briefe sein, die Ihnen einst ein Familienangehöriger, Freund oder Geliebter geschickt hat, oder auch Bücher oder Schmuckstücke, die Sie als Geschenk erhalten haben.

Warum haben Sie diese Sachen aufgehoben? Wenn Ihr Gefühl Ihnen sagt, dass Sie sich deshalb nicht davon getrennt haben, weil das Erinnerungsstück für Sie eine Art magische Brücke zu der betreffenden Person darstellt, dann sollten Sie diese Brücke nun auch endlich betreten und mit dem oder der anderen dasjenige klären, was in Ihrer Vergangenheit offengeblieben ist. Das mag ein unausgesprochener

Vorwurf sein, ein gebrochenes Versprechen oder eine Hoffnung, die Sie niemals ganz aufgegeben haben.

Solange Sie die magische Brücke nicht betreten, bleibt jedoch die in Ihrem Erinnerungsstück gespeicherte Energie blockiert. Wenn die betreffende Person noch am Leben ist, und Sie wissen, wo Sie sie erreichen können, dann machen Sie nun die Probe: Nehmen Sie Verbindung zu ihr auf, und stellen Sie die Frage, sprechen Sie den Vorwurf aus oder gestehen Sie das Gefühl, um dessentwillen Sie Ihr Erinnerungsstück so lange aufgehoben haben. Wenn die betreffende Person nicht mehr unter den Lebenden weilt, oder Sie aus anderen Gründen nicht ohne Weiteres Kontakt aufnehmen können, empfehle ich Ihnen die weiter unten beschriebene Übung »magische Brücke« durchzuführen, die sich in meiner Praxis als spirituelle Heilerin schon häufig bewährt hat.

Neben solchen Dingen, mit denen wir – tote oder lebendige – Erinnerungen verbinden, gibt es in nahezu jedem Haushalt auch zahlreiche Objekte, die einfach deshalb vorhanden sind, weil wir sie irgendwann einmal gekauft oder geschenkt bekommen haben. Eigentlich können wir nichts damit anfangen, aber aus falschen Rücksichten belassen wir es dennoch an seinem Platz. Schließlich hat das Ding Geld gekostet, oder derjenige, der es uns geschenkt hat, könnte beleidigt sein, wenn er es bei seinem nächsten Besuch nicht mehr in unseren vier Wänden vorfindet. Hinter solchen und ähnlichen Scheinargumenten verbergen sich aber fast immer nur die schon mehrfach erwähnten Beharrungskräfte, die in jeglichem Objekt oder Verhaltensmuster gespeicherten Energien.

Wie viele Bücher stehen in Ihren Regalen, von denen Sie ganz genau wissen, dass Sie sie niemals mehr lesen werden? Wie viele Vasen drängen sich in Ihren Schränken, die Sie niemals benutzen, weil sie Ihrem Geschmack nicht mehr entsprechen oder niemals entsprochen haben? Wo kommt nur dieser ganze Plunder her, der Ihre Zimmer und Truhen verstopft? Und warum werfen Sie den ganzen Krimskrams nicht einfach weg, verschenken oder verkaufen ihn und aktivieren so oder so die darin nutzlos aufgestauten Energien?

Auch hier gilt: Trennen Sie sich von allem, was nicht in einer positiven Beziehung zu Ihnen steht, was nicht durch einen lebendigen Energiefluss mit Ihnen verbunden ist. Sie werden sich danach so leicht und unbeschwert fühlen, wie es allerdings nötig ist, damit Sie Ihr Schwingungslevel weiter erhöhen und schließlich mit Ihrem inneren Engel in Verbindung treten können.

Übung: Die magische Brücke

Begeben Sie sich in Ihren Meditationsraum und bereiten Sie sich wie üblich vor. Sie werden nun gleich der Person wiederbegegnen, wegen oder von der Sie ein Erinnerungsstück aufbewahrt haben. Wie lautet die Frage oder der Satz, um derentwillen Sie das Objekt aufgehoben haben? Formulieren Sie in Gedanken den Satz, den Sie gleich zu dem oder der Betreffenden sagen möchten, beispielsweise: »Warum hast du damals nicht auf mich gewartet, [Name]?« Oder: »Ich kann bis heute nicht vergessen, [Name], was du damals zu mir gesagt hast.«

Schließen Sie nun die Augen, und stellen Sie sich vor, dass Sie am Ufer eines Flusses stehen. Jenes Erinnerungsstück tragen Sie bei sich, in der Hand oder in Ihrer Tasche. Vor Ihnen spannt sich eine Brücke über das Gewässer, das jenseitige Ufer ist von Nebeln verhangen.

Betreten Sie die Brücke und gehen Sie langsam auf die Mitte des Flusses zu. Auf der anderen Flussseite löst sich eine Gestalt aus dem Nebel und betritt gleichfalls die Brücke. Langsam gehen Sie aufeinander zu. Je näher Sie einander kommen, desto deutlicher sehen Sie, dass es die Person ist, wegen der Sie Ihr Erinnerungsstück aufbewahrt haben.

Genau in der Mitte des Flusses treffen Sie aufeinander. Sehen Sie den oder die Betreffende freundlich und aufmerksam an. Sagen Sie Ihren Satz, den Sie sich vorher überlegt haben, laut oder in Gedanken. Hören Sie sich ruhig an, was Ihr Gegenüber Ihnen antwortet. Auch wenn er oder sie nicht mit Worten zu Ihnen spricht, können Sie aus seinem Gesicht und seinen Gebärden eine Antwort herauslesen.

Nehmen Sie nun das Erinnerungsstück, und bitten Sie die Person, mit Ihnen an das Brückengeländer zu treten. Lassen Sie Ihr Erinnerungsstück über das Geländer in den Fluss unter Ihnen gleiten, und sehen Sie gemeinsam zu, wie es von der Strömung ergriffen und davongetragen wird. Sagen Sie, laut oder leise: »Was zwischen uns offen war, [Name], ist nun geklärt. Ich bin frei, so wie auch du frei bist.«

Umarmen Sie die Person neben Ihnen zum Abschied, wenn Sie das wünschen und sie es Ihnen erlaubt. Wenden Sie sich schließlich um und kehren Sie auf Ihre Seite des Flusses zurück.

Wenn Sie die Augen wieder geöffnet haben, bleiben Sie noch einen Moment sitzen oder liegen und lassen Sie das eben Erlebte in Ihrem Innern nachwirken.

Wiederholen Sie die Übung, mit diesem und anderen Erinnerungsstücken, bis Sie das sichere Gefühl haben, dass keine offenen Fragen oder unausgesprochenen Vorwürfe Sie mehr an Personen aus Ihrer Vergangenheit fesseln. Dass es Ihnen wirklich gelungen ist, ein solches Energieband zu lösen, erkennen Sie untrüglich daran, dass Sie sich nunmehr von dem betreffenden Erinnerungsstück trennen können. Solange Sie bei dieser Vorstellung noch Unbehagen oder innere Widerstände verspüren, wiederholen Sie die Übung »magische Brücke«.

Ritual zur energetischen Reinigung entrümpelter Räume

Nachdem Sie sich von allen energieblockierenden Objekten in Ihrer privaten Umgebung getrennt haben, können Sie zusätzlich das folgende Ritual ausführen, um sicherzugehen, dass auch keine Überreste gestauter oder negativer Energien in Ihren Wohnräumen zurückbleiben. Es handelt sich um ein einfaches, aber bewährtes Ritual, bei dem Sie vor allem Ihre eigenen, nunmehr vereinigten und gebündelten Energien einsetzen, um tote oder destruktive energetische Rückstände aus Ihren Zimmern auszutreiben.

Sie benötigen eine Kerze und Streichhölzer oder ein Feuerzeug, ein Klümpchen Blei und eine feuerfeste Schale sowie eine Steck- oder Nähnadel.

Rücken Sie einen kleinen Tisch in die Mitte des Raumes, den Sie durch Ihr Ritual reinigen möchten. Ordnen Sie die genannten Gegenstände so an, dass die Kerze in der Mitte steht, links daneben die Nadel liegt und rechts neben der Kerze die Schale mit dem Bleiklümpchen darin.

Entzünden Sie nun die Kerze und sagen Sie, laut oder in Gedanken: »Urkraft des Drachen, lodere auf und stehe mir bei.«

Heben Sie sodann die Schale mit dem Blei über die Kerze, und halten Sie sie fest, bis das Blei in der Schale geschmolzen ist. Sagen Sie dazu, laut oder in Gedanken: »Weisheit der Mondgöttin, lasse alles Starre zerfließen und steh mir bei.«

Wenn das Blei geschmolzen ist, setzen Sie die Schale wieder ab, nehmen die Nadel auf und pieken sich damit in die Kuppe Ihres linken Daumens, bis ein wenig Blut austritt. Lassen Sie einen Tropfen Ihres Bluts in die Schale zum geschmolzenen Blei tropfen, und sagen Sie, laut oder in Gedanken: »Liebe und Mitgefühl meines Herz-Kindes, steigt empor und steht mir bei.«

Nehmen Sie sodann die Schale in Ihre linke und die brennende Kerze in die rechte Hand. Heben Sie beide empor, und gehen Sie mit feierlichen Schritten einmal im Uhrzeigersinn um dem Tisch herum im Kreis. Sagen Sie dabei, laut oder in Gedanken: »Mit der Kraft des Drachens, der Weisheit der Mondgöttin und der Liebe des Herz-Kindes reinige ich diesen Raum von alten und negativen Energien und erfülle ihn mit den Schwingungen meines lebendigen und geeinigten Selbst.«

Wiederholen Sie dieses Ritual in jedem Raum, den Sie reinigen möchten, und führen Sie es auch in Räumen, die Sie bereits gereinigt haben, so oft aus, bis Sie das sichere Gefühl haben, dass keine alten oder negativen Energien zurückgeblieben sind.

Der Atem

Zum Abschluss dieses Kapitels möchte ich auf eine weitere, tief verwurzelte Gewohnheit mit zuweilen unheilvollen Beharrungskräften zu sprechen kommen. Wie bereits in der Einleitung zu diesem Buch angedeutet, besteht ein elementarer Zusammenhang zwischen unserem Atemmuster und unserer Energie- oder Charakterstruktur.

Ein Mensch, der nicht tief und vollständig durchzuatmen vermag, befindet sich zwangsläufig auf einem niedrigen Energieniveau. Zum einen, weil das Atmen unsere wichtigste natürliche Technik darstellt, um Energie zu generieren. Zum anderen aber auch, weil eine flache, verzerrte oder zerstückelte Atmung immer auch Ausdruck einer verzerrten und gespaltenen Selbststruktur ist. Das übermächtige Kontroll-Ich, der »depressive Diktator«, kann zwar die größtenteils unwillkürlichen Atmungsvorgänge nicht wirklich kontrollieren. Aber es kann sie so weit herunterregulieren und auf ihm genehmere Körperregionen beschränken, dass auch die Energieerzeugung durch den Atmungsvorgang auf ein Minimum reduziert wird.

Die natürliche Atmung, wie wir sie bei kleinen Kindern und in natürlicher Umgebung lebenden Menschen beobachten können, hat die Form einer Welle. Nur wenn wir tief ein- und ebenso vollständig wieder auszuatmen vermögen, können wir auch tief empfinden, auf den Grund unserer Gefühle, Erinnerungen, unseres inneren Sees hinabtauchen und von dort wieder emporsteigen – so wie auch ein realer Taucher allenfalls seinen Kopf in den Wasserspiegel stecken sollte, wenn er seine Lunge nicht gänzlich mit Luft zu füllen vermag, ehe er sich in die Tiefe des Gewässers hinabbegibt.

Das bedeutet umgekehrt, dass uns ein übermächtiges Kontroll-Ich (ebenso wie ein ohnmächtiges Kollaps-Ich) daran zu hindern vermag, unser Unbewusstes gründlicher zu erforschen, indem es uns zwingt, flach und zerstückt zu atmen. Je flacher wir atmen, desto »seichter« sind auch die Empfindungen, desto blasser die Erinnerungen, die wir in unserem Innern zu mobilisieren vermögen.

Wenn Sie mein Programm zur Integration abgespaltener Selbstaspekte und zur Reinigung Ihres inneren Sees erfolgreich absolviert haben, dann haben Sie sich von einem übermächtigen Kontroll-Ich oder einem ohnmächtigen Kollaps-Ich erfolgreich befreit – und damit auch von der inneren Notwendigkeit, durch überkontrolliertes Atmen eine energetische Mangelstruktur zu erhalten. Die im 1. Kapitel vorgeschlagenen Übungen lassen sich ja überhaupt nur dann mit Erfolg durchführen, wenn man sich durch tiefes und gleichmäßiges Atmen einen Zugang in die Tiefen der eigenen Seele und in spannungsvolle, womöglich mit Gefühlen wie Angst, Schuld und Schmerz besetzte Erinnerungen bahnt.

Aber auch hier gilt: Langjährige Gewohnheiten, und gar solche, die uns in früher Kindheit antrainiert worden sind, lassen sich nicht so ohne Weiteres wieder auflösen und abschütteln – selbst dann nicht, wenn ihre innere Notwendigkeit entfallen ist. Daher rate ich allen meinen Klienten, als wesentliches Instrument der Energiearbeit immer wieder auch auf elementare Atemübungen wie die folgenden zurückzugreifen.

Übung: Drachenatmung

Stellen Sie sich aufrecht hin, die Beine fußbreit gespreizt, die Knie ein wenig gebeugt, die Schultern locker hängend. Atmen Sie tief, kräftig und gleichmäßig in Ihren Bauch und dann tiefer in Ihr Becken hinein. Ohne den Atem anzuhalten, atmen Sie ebenso gleichmäßig wieder aus. Führen diese Atembewegungen mindestens drei Minuten lang durch.

Wiederholen Sie diese kleine Übung, wann immer sich Ihnen die Gelegenheit bietet. Sie stärkt Ihr natürliches Selbst und Ihr inneres Kind und verbessert so mit jedem Atemzug Ihre Chancen, durch stete Steigerung Ihres Schwingungsniveaus mit Ihrem höheren Selbst in Verbindung zu kommen.

Übung: Die Atemwelle

Stellen Sie sich aufrecht hin, die Beine etwa fußbreit gespreizt, die Knie ein wenig gebeugt. Atmen Sie langsam, gleichmäßig und so tief wie möglich ein. Ihr Brustkorb soll sich hierbei nach vorn und zu den Seiten hin ausdehnen, woraufhin sich Ihr Bauch ein wenig anhebt. Ohne die Luft anzuhalten, atmen Sie ebenso langsam und gleichmäßig wieder aus. Hierbei hebt sich Ihr Bauch weiter ein wenig an, woraufhin der Brustkorb einsinkt und das Zwerchfell gänzlich entspannt wird.

Wiederholen Sie diese Welle, sooft Sie mögen. Es ist im Grunde keine speziell auszuführende Übung, sondern das natürliche Atemmuster, das auch zu Ihrer normalen Atembewegung werden sollte.

3. Kapitel Das integrierte Selbst und seine Chakras

Chakras sind die Mittler zwischen unserer körperlichen und den feinstofflichen Auradimensionen. In meinem Buch *Achtung, Energie-Vampire!* habe ich ausführlich erklärt, wie man Chakras wahrnehmen, schützen und zur Energiesteigerung nutzen kann. Auf dieses Übungsprogramm aufbauend möchte ich Ihnen hier erläutern,

- welche Zusammenhänge zwischen den Teilen unseres Selbst (vom »natürlichen Selbst« bis hinauf zum »höheren Selbst«) und den Chakra genannten »Kraftwerken« bestehen,
- welche existenziellen Fragen oder Lebensthemen mit den einzelnen Chakras verbunden sind, also auf der jeweiligen Energieebene behandelt werden sollten,
- wie wir durch spezielle Meditationen einzelne Chakras anregen und so auch auf diesem Weg unsere Energiefrequenz steigern können,
- wie wir durch gezielte Öffnung und Aktivierung von Chakras auch auf die Selbststruktur von Energievampiren in unserer (häuslichen oder beruflichen) Umgebung positiv einwirken können.

Die sieben Chakras

Im Allgemeinen unterscheidet man sieben Chakras (siehe Abbildung Seite 116):

- Das erste Chakra, namens Wurzel- oder auch *Steißbeinchakra*, befindet sich am unteren Ende der Wirbelsäule.
- Der Sitz des zweiten Chakras, des *Sakralchakras*, ist zwischen Steißbein und Nabel.

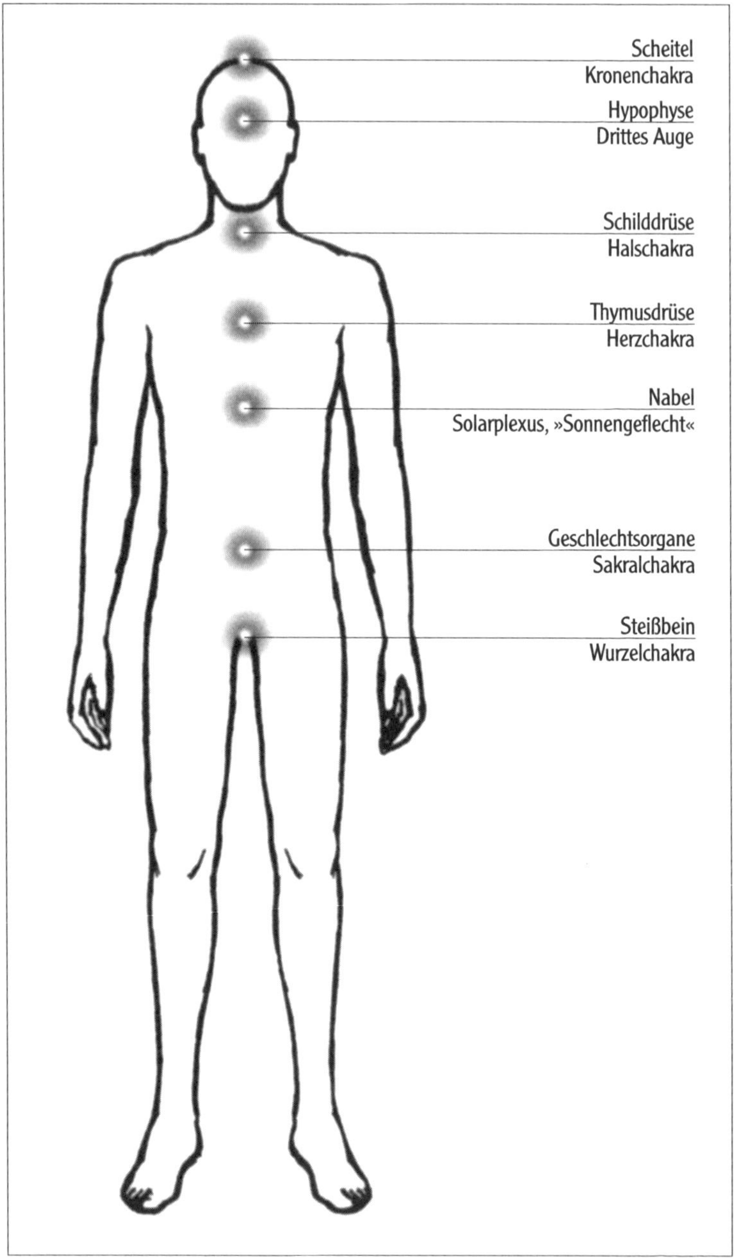

Anordnung der Chakras

- Darüber befindet sich das dritte Chakra, der *Solarplexus*, auch Nabelchakra genannt.
- In Höhe des Herzens befindet sich das vierte oder *Herzchakra*.
- Das fünfte Chakra hat seinen Sitz in unserem Hals und wird meist *Kehlkopfchakra* genannt, zuweilen auch Halschakra.
- Das sechste Chakra ist auch als *Drittes Auge* bekannt. Es hat seinen Sitz oberhalb der Nasenwurzel, zwischen unseren beiden physischen Augen.
- Als siebtes Chakra werden meist die *Schläfenchakras* und das *Kronenchakra* unter der Schädeldecke zusammenfassend bezeichnet.

Wie Chakras und Selbstanteile zusammengehören

Ebenso wie die verschiedenen Dimensionen der menschlichen Aura mit einzelnen Selbstaspekten in enger Verbindung stehen (siehe 1. Kapitel), lassen sich auch die meisten Chakras den wichtigsten Anteilen unserer Selbststruktur zuordnen. Das wird Sie gewiss nicht allzu sehr erstaunen, wenn Sie sich vergegenwärtigen, dass der Charakter jedes Menschen weitgehend Ausdruck seiner oder ihrer individuellen Energiestruktur ist.

Für die zentralen Themen dieses Buches sind vor allem die folgenden Zuordnungen von Bedeutung (siehe auch Abbildung Seite 118):

- *Wurzel- und Sakralchakra:* Diese Chakras, deren Sitz sich in Höhe von Steißbein und Geschlechtsorganen befindet, stehen in engem Zusammenhang mit unserem »inneren Drachen« oder *natürlichen Selbst*. Die beiden Chakras generieren also vornehmlich solche Energien, die wir zur Befriedigung unserer natürlichen, sinnlichen, kreatürlichen Bedürfnisse benötigen.
- *Sonnengeflecht:* Das Nabelchakra dient unserem *kleinen Selbst*, dem rationalistischen Kontroll-Ich, als »Kommandozentrale«. Denn über die vom Sonnengeflecht bereitgestellte Energie werden die willkürlichen Muskeln im gesamten Rumpfbereich und damit auch unsere Atmung reguliert.
- *Herz- und Halschakra:* Das vierte Chakra, dem in der körperlichen Dimension die Thymusdrüse entspricht, steht in besonders enger Verbindung mit unserem »inneren Kind« oder *Herz-Kind*. Bei Men-

schen, deren Liebesfähigkeit und Güte besonders stark ausgeprägt sind, ist auch das Herzchakra, das Energien der hierfür erforderlichen Frequenz generiert, entsprechend stark entwickelt. Auch das Kehlkopfchakra ist unserem Herz-Kind zugeordnet, denn im Hals (körperliche Entsprechung: Schilddrüse) werden die für Kommunikation und Kreativität erforderlichen Energien generiert.

- *Stirn-, Schläfen- und Kronenchakra:* Diese feinstofflichen Kraftzentren der höchsten Frequenzstufe sind bei den meisten Menschen heutzutage in bedauerlichem Ausmaß verkümmert. Die Auradimension, zu der sie eine energetische Brücke bilden, ist die unseres *höheren Selbst* oder »inneren Engels«, also unserer kosmischen Energieressourcen und »übernatürlichen« Fähigkeiten wie Prophetie, Gefühle- und Gedankenlesen.

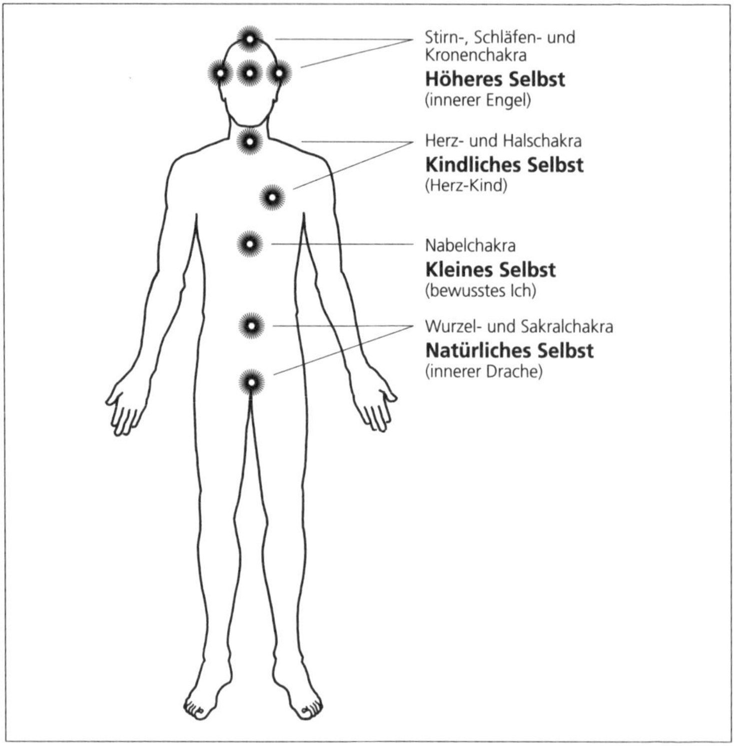

Chakras und Selbstanteile

Chakras, Selbstanteile und existenzielle Grundfragen

Jeder unserer Selbstanteile ist für bestimmte Lebensthemen oder grundlegende Fragen der menschlichen Existenz »zuständig«. Um diese Fragen zu lösen beziehungsweise die damit verbundenen Bedürfnisse und Strebungen harmonisch zu befriedigen, ist ausreichend Energie von genau der Frequenzbreite erforderlich, die das zugehörige Chakra produziert – sofern es in seiner Funktionsweise nicht gestört ist.

Eine solche Störung kann grundsätzlich in einer Überfunktion oder auch, im Gegenteil, in einer Teil- oder Totalblockierung des betreffenden Chakras bestehen. Damit alle unsere feinstofflichen »Kraftwerke« optimal funktionieren, ist es erforderlich, dass sie möglichst harmonisch aufeinander abgestimmt sind. Das wiederum setzt voraus, dass wir über eine integrierte Selbststruktur verfügen, also nicht einzelne unserer Selbstanteile verselbstständigt und übermächtig, andere dagegen blockiert und verkümmert sind. Jedoch können wir diesen Harmonisierungsprozess erleichtern und beschleunigen, indem wir die Aktivität einzelner Chakras durch gezielte Meditationsübungen in die gewünschte Richtung regulieren.

Wurzel- und Sakralchakra – natürliches Selbst: Hauptsächlich um grundlegende Bedürfnisse und Prozesse unserer körperlichen Existenz geht es auf dieser energetischen Ebene. Unser Körper muss ernährt, unsere Verdauung aufrechterhalten, unsere physische Sicherheit gewährleistet werden. Daher spielen für unser natürliches Selbst auch der »Höhlenbau« (das Dach über dem Kopf) und die Vorratshaltung (Sparen, Vorsorgen) eine herausragende Rolle.

Ebenso haust hier der »Drache« der Leidenschaft, der libidinösen Energien, des Sexualtriebs. Wie wichtig es für unser Wohlbefinden und unsere innere Freiheit ist, dass diese unbändigen »animalischen« Energien in unserer Selbststruktur harmonisch integriert sind, zeigen die gerade in heutiger Zeit so häufigen Fälle von Fett-, Mager- oder Ess-/Brechsucht (Bulimie) ebenso wie von sexueller Getriebenheit: Betrachtet man diese Erkrankungen von einem energetischen Standpunkt, so erkennt man leicht, dass sie allesamt auf eine Über- oder Unterfunktion des ersten und/oder zweiten Chakras zurückzuführen sind.

Diese wiederum lässt darauf schließen, dass das natürliche Selbst in der betreffenden Person übermächtig oder, im Gegenteil, durch einen rivalisierenden Selbstanteil unterdrückt worden ist. An seiner Verwirklichung gehindert wird es meist durch ein übermächtiges kleines Selbst (»Kontroll-Ich«), aber in nicht allzu seltenen Fällen auch durch das Herz-Kind, das uns als »heiliger Tyrann« nötigen kann, zugunsten der uneigennützigen Herzensliebe sowohl der sexuellen (natürliches Selbst) wie auch der rationalen (kleines Selbst/bewusstes Ich) Selbstverwirklichung zu entsagen. Dominiert dagegen das natürliche Selbst unsere »höheren« Selbstanteile, so kann die Folge – oder der Ausdruck – dieses energetischen Ungleichgewichts auch ein übermächtiger Sammel- und Sicherheitstrieb sein, der sich heutzutage meist als krankhafter Geiz manifestiert, als Sparsucht und Unfähigkeit, sich von gehorteten Dingen zu trennen. Denken Sie nur an die Drachen der Märchen und an die Schätze, die diese schuppigen, lichtscheuen Lindwürmer in ihren Höhlen bewachen.

Nabelchakra – kleines Selbst: Wie bereits im 1. Kapitel ausführlich dargestellt, kontrolliert dass kleine Selbst die willkürlich steuerbaren körperlichen Prozesse (Muskulatur, Atmung) zu einem erheblichen Teil über das Sonnengeflecht oder Nabelchakra. Bei einer desintegrierten Selbststruktur wird die Funktionsweise von Sakral- und Wurzelchakra und/oder Herz- und Halschakra meist durch ein »übermächtiges Kontroll-Ich« oder »ohnmächtiges Kollaps-Ich« gehemmt.

Dagegen weist das Nabelchakra bei Menschen mit solcher Energiestruktur eine – nicht selten krasse – Überfunktion auf. Die unvermeidliche Folge besteht darin, dass die Gedanken der betreffenden Person obsessiv auf Fragen von Kontrolle und Macht fixiert sind und er oder sie sich mit der Angst vor Kontroll- und Machtverlust quält. Menschen, bei denen solche Ängste die Oberhand gewinnen, entwickeln sich fast zwangsläufig zu Angstvampiren – und ziehen so andere Menschen an, die solche Ängste teilen oder ihrerseits gezielt zu schüren versuchen.

Herz- und Kehlkopfchakra – Herz-Kind: Wenn unser Herz-Kind unterdrückt und von unserem bewussten Ich abgeschnitten ist, so verkümmert über kurz oder lang auch das Herzchakra, das die Energie der astralen Auradimension generiert. Bei spirituellen Helfern dagegen ist das Herzchakra meist sogar überentwickelt, denn aus diesem Kraftwerk strömt uns jene Energie zu, die wir benötigen, um unsere Mitmenschen zu ermutigen und zu trösten, sie aufzubauen und uns in sie einzufühlen.

Das mit dem Herzchakra am innigsten verknüpfte Lebensthema ist die uneigennützige Liebe, das tätige Mitgefühl. Wer viel an seiner Liebesfähigkeit arbeitet und seine Fähigkeit des Verzeihens steigert, generiert viel Herzensenergie und wird hierdurch gleichgesinnte Menschen anziehen. Menschen mit anderer Energiestruktur, bei denen etwa Kontrollsucht (Nabelchakra) oder Triebbefriedigung (Wurzel- und Sakralchakra) vorherrschen, werden hierdurch dagegen abgeschreckt.

Wie bereits erwähnt, kann jedoch auch ein übermächtiges Herz-Kind und entsprechend »hochtouriges« Herzchakra von Übel sein. Wenn wir durch unsere Energiestruktur zu einem jederzeit und ausnahmslos »selbstlosen« Handeln gezwungen sind, kommen unsere kreatürlichen Bedürfnisse zwangsläufig zu kurz. Auch kennen wir alle den Typus des »kindlichen Toren«, des allzu arglosen »heiligen Narren«, der immer aufs Neue zum Opfer selbstsüchtiger Betrüger wird, da er, von seinem übermächtigen Herz-Kind verblendet, die ganze Welt durch eine »rosarote Brille« sieht.

Ist dagegen das Herz-Kind gut integriert, so kann ein kräftiges Herzchakra auch zur Verwirklichung unserer künstlerischen Potenziale einen bedeutenden Beitrag leisten. In diesen Fällen ist regelmäßig auch das Hals- oder Kehlkopfchakra gut entwickelt und produziert kreative und kommunikative Energien, die sich mit der Liebesenergie des Herzchakras zur Quelle tiefgründiger und ergreifender Kunstwerke vereinigen können.

Stirn-, Schläfen- und Kronenchakra – höheres Selbst: Diese Chakras des oberen Kopfbereichs waren und sind bei Sehern, spirituellen Helfern und Heiligen aktiviert, bei den allermeisten heutigen (erwachsenen) Menschen aber verkümmert. Dabei schlummern dort die erstaunlichsten »übernatürlichen« Begabungen, die uns allen in die Wiege gelegt worden sind.

Das Stirnchakra, auch bekannt als »Drittes Auge«, stellt uns Energien hoher Schwingung zur Verfügung, wie sie für Visionen und das Senden oder Lesen von Gedanken benötigt werden. Die Schläfenchakras, oberhalb der Ohren lokalisiert, ermöglichen uns die Verbindung mit unserem inneren Engel. Das gilt ebenso und in erhöhtem Maß für das Kronenchakra, das uns die einzigartige Erfahrung des Verbundenseins mit dem Universum ermöglicht.

Je weiter Sie auf Ihrem spirituellen Weg fortschreiten, desto gewisser werden auch bei Ihnen diese höchsten Chakras aus ihrem Dornröschenschlaf erwachen und Sie mit Energie höchsten Schwingungsniveaus versorgen. Jede einzelne Meditation, mit der sie Ihre Imagination und energetischen Antennen zu Ihrem »inneren Himmelreich« hin ausrichten, und jede Trancereise, die Sie zu Ihrem inneren Engel führt, bringt sie weiter auf diesem Weg voran.

Kaum jemand, dessen »übernatürliche« Potenziale noch unerweckt sind, vermag sich ein zutreffendes Bild davon zu machen, wie es ist und wie es sich »anfühlt«, über prophetische oder telepathische Gaben zu verfügen. Doch wenn man sich mit seinem inneren Engel erst einmal wahrhaft verbunden hat, kommen einem die hieraus entspringenden »himmlischen« Talente bald schon ganz und gar natürlich vor – was sie ja auch tatsächlich und unzweifelhaft sind.

Chakra-Meditationen zur Harmonisierung von Selbstanteilen

Vorbereitung

Zur Durchführung der Übungen, die ich in diesem Kapitel beschreibe, sollten Sie sich wiederum in einen ruhigen Raum zurückziehen. Vergegenwärtigen Sie sich bitte nochmals alle Empfehlungen, die ich Ihnen zu Beginn des Übungsprogramms im 1. Kapitel zusammengestellt habe.

Bilderwelle für Chakra-Meditationen

Stellen Sie sich vor, dass entlang Ihrer Wirbelsäule ein kräftiger Strom verläuft. Dieses Gewässer fließt von Ihrem Steißbein den Rücken empor in Ihren Hals und über diesen hinaus bis unter Ihre Schädeldecke.

Während er dahinfließt, verändert der Strom mehrfach seinen Charakter.

Anfangs handelt es sich um eine magmatische Glut, die sich im Strombett dahinwälzt. Später wird hieraus eine schlammige Flut, ein reißend dahinschießender Fluss aus dampfend heißem, erdig braunem Wasser. Dieser Fluss verschwindet zwischenzeitlich im Boden, um wenig später als klarer, lauer Quell aufs Neue zu entspringen. Der Strom fließt nun weiter voran, um sich jedoch in seinem Verlauf neuerlich grundlegend zu verwandeln: Zuletzt handelt es sich um einen Strom aus reinem Licht, das allmählich immer heller wird, bis es zuletzt oben aus Ihrer Schädeldecke wie eine gleißende Fontäne hervorspringt und sich mit der kosmischen Energie vereinigt.

Unsere Chakras aber sind, in diesem Bild betrachtet, nichts anderes als »Mühlräder«, in den sich wandelnden, doch immer machtvollen Strom eingelassen, um dessen Kraft in Lebensenergie zu transformieren. Je nachdem, worin die dahinschießende Flut in der jeweiligen Etappe besteht – aus Magma, Schlammflut, Quellwasser oder Licht –, entsteht durch die Bewegung der Chakras Energie unterschiedlicher Schwingungshöhen.

Die Drachenmühle – Wurzel- und Sakralchakra-Meditation zur Harmonisierung des natürlichen Selbst

Schließen Sie die Augen, und stellen sich vor, dass Sie am Ufer des mächtigen Stromes stehen. Vor Ihnen im Flussbett wälzt sich rot glühend und dampfend die Magmaflut voran. Es ist die Lava der unbändigen Urkräfte, die in der Erde wie auch in unserem eigenen Innern brodeln. Neben Ihnen liegen baumlange eiserne Stangen am Boden. Einige Dutzend Schritte flussaufwärts ragt ein gewaltiges, weit geöffnetes Schleusentor über dem Strombett empor.

Ein gigantisches Mühlrad ist in den Fluss eingelassen, um die Wucht der dahinschießenden Feuerflut in Drachenenergie umzuwandeln. Sie sind der »Magmamüller« oder die »Feuermüllerin«, verantwortlich für den störungsfreien Betrieb dieser Drachenmühle. Schauen Sie sich die riesenhafte Apparatur mit den steinernen Schaufeln sorgfältig an: Kann sich das Mühlrad ungehemmt drehen, oder wird seine

Bewegung durch verkeilte Gesteinsbrocken oder Ähnliches erschwert oder womöglich sogar blockiert?

Wenn Sie störende Gegenstände entdecken, so nehmen Sie eine der gewaltigen Eisenstangen auf und stoßen oder schlagen Sie damit gegen das Geröll oder sonstige Objekte, die sich vor dem oder im Mühlrad verkeilt haben. Fahren Sie mit diesen Wartungsarbeiten fort, bis alle Hindernisse ausgeräumt sind, die Magmaflut wieder ungehindert voranschießen kann und vor allem Ihr Mühlrad sich wieder ungehemmt dreht.

Möglicherweise rotiert das Mühlrad aber auch allzu schnell, weil sich zu große Magmamassen in zu hohem Tempo durchs Schleusentor herbeiwälzen. In diesem Fall sollten Sie das Schleusengatter in den Strom hinabsenken, bis sich die Drehgeschwindigkeit Ihres Mühlrades auf ein Tempo reduziert, das Ihnen angenehm ist. Gehen Sie hierfür zur Schleuse hinüber, und drehen Sie an dem steinernen Schwungrad, mit dem sich das Tor abwärts befördern lässt.

Wenn alles so eingerichtet ist, wie es Ihnen harmonisch und bekömmlich erscheint, dann lassen Sie sich am Ufer Ihres Stromes nieder. Schauen Sie auf das Mühlrad, das von der Magmaflut angetrieben wird und deren Kraft in die Energie Ihres »inneren Drachen«, Ihres natürlichen Selbst, umwandelt.

Wenn Sie die Augen schließlich wieder öffnen, bleiben Sie noch eine Weile liegen und lassen die Bilder, Gedanken und Gefühle in Ihrem Innern nachwirken.

Nabelchakra-Meditation zur Harmonisierung des bewussten Ich

Schließen Sie die Augen, und stellen sich vor, dass Sie am Ufer des gewaltigen Stromes sitzen. In breitem Flussbett schießt eine erdfarbene Schlammflut dahin. Es ist das trübe, fruchtbare Wasser der irdischen Wirklichkeit. In den Fluss eingelassen ist ein gewaltiges Mühlrad, das durch die hindurchfließenden Wässer angetrieben wird. Neben Ihnen am Boden liegen ein großes Schleppnetz mit einer Stange daran und eine gewaltige Angel. Einige Schritte stromaufwärts befindet sich ein Schleusentor, mit dem sich die Masse der einströmenden Schlammflut regulieren lässt.

Sie sind der »Schlammflutmüller« oder die »-müllerin«, verantwortlich für den störungsfreien Betrieb dieser Mühle, die auch als »Nabel der Welt« bekannt ist. Schauen Sie sich die riesenhafte Apparatur mit den stählernen Schaufeln sorgfältig an: Kann sich das Mühlrad ungehemmt drehen, oder wird seine Bewegung durch allzu zähflüssigen Schlamm oder mitgeführten Unrat erschwert oder womöglich sogar blockiert?

Wenn Sie störende Gegenstände entdecken, so benutzen Sie die Angel, um das Sperrgut aus Ihrem Mühlfluss herauszufischen. Hat sich zu viel Schlamm angesammelt, und droht Ihr Mühlrad zu verstopfen, so setzen Sie das Schleppnetz ein, um so viel Schlamm wie nötig zu entfernen. Fahren Sie mit diesen Wartungsarbeiten fort, bis alle Hindernisse ausgeräumt sind, die Schlammflut wieder ungehindert voranschießen kann und vor allem Ihr Mühlrad sich wieder ungehemmt dreht.

Möglicherweise rotiert das Mühlrad aber auch allzu schnell, weil sich zu gewaltige Fluten in zu hohem Tempo durchs Schleusentor herbeiwälzen. In diesem Fall sollten Sie das Schleusengatter in den Strom hinabsenken, bis sich die Drehgeschwindigkeit Ihres Mühlrades auf ein Tempo reduziert, das Ihnen angenehm ist. Gehen Sie hierfür zur Schleuse hinüber, und drehen Sie an dem Schwungrad, mit dem sich das Tor abwärts befördern lässt.

Wenn alles so eingerichtet ist, wie es Ihnen harmonisch und bekömmlich erscheint, lassen Sie sich am Ufer Ihres Stromes nieder. Schauen Sie auf das Mühlrad, das von der Schlammflut angetrieben wird und deren Kraft in die Energie Ihres bewussten Ich, Ihres kleinen Selbst, umwandelt.

Wenn Sie die Augen schließlich wieder öffnen, bleiben Sie noch eine Weile liegen und lassen Sie die Bilder, Gedanken und Gefühle in Ihrem Innern nachwirken.

Herz- und Halschakra-Meditation zur Harmonisierung des inneren Kindes

Stellen Sie sich vor, dass Sie am Rand einer Quelle sitzen, aus der klares, angenehm laues Wasser entspringt. Es ist das Wasser der reinen Herzensliebe, das sich von der Quelle in einen munter dahinplätschernden Bach ergießt. Am Ufer der Quelle liegen einige Kieselsteine von der ungefähren Größe und Form eines Herzens.

Sie sind der »Quellwärter« oder die »Quellwächterin«, verantwortlich für das störungsfreie Sprudeln dieser Quelle, die auch als »Quelle der Liebe« bekannt ist. Beugen Sie sich nach vorn und schauen Sie aufmerksam durch das kristallklare Wasser bis zum Grund der Quelle: Kann das Wasser ungehemmt entspringen, oder wird sein Hervorsprudeln durch Steine im Boden erschwert oder womöglich sogar blockiert?

Wenn Sie störende Steine entdecken, so tauchen Sie Ihren linken Arm ins Wasser, um den Ursprung der Quelle freizulegen. Legen Sie die Steine, die Sie aus der Quelle hervorholen, neben die anderen Steine am Ufer. Fahren Sie mit diesen Reinigungsarbeiten fort, bis alle Hindernisse ausgeräumt sind und die Quelle wieder ungehindert entspringen kann.

Möglicherweise sprudelt das Wasser aber auch allzu schnell und üppig aus der Herzensquelle hervor, weil der Ursprung sich über Gebühr vergrößert hat. In diesem Fall sollten Sie einige Steine vom Ufer der Quelle aufnehmen und mit Ihrer linken Hand in den Grund der Quelle einfügen, wo das Wasser entspringt. Fügen Sie so lange Steine im Quellboden ein, bis das Wasser so rasch und üppig hervorsprudelt, wie es Ihnen angenehm ist.

Wenn alles so eingerichtet ist, wie es Ihnen harmonisch und bekömmlich erscheint, nehmen Sie am Rand Ihrer Quelle wieder eine entspannte Haltung ein. Schauen Sie auf das kristallklare Wasser, das sich hervorsprudelnd in die Energie Ihres Herz-Kindes verwandelt.

Wenn Sie die Augen schließlich wieder öffnen, bleiben Sie noch eine Weile liegen und lassen Sie die Bilder, Gedanken und Gefühle in Ihrem Innern nachwirken.

Stirn-, Schläfen- und Kronenchakra-Meditation zur Harmonisierung des höheren Selbst

Stellen Sie sich vor, dass Sie am Ufer eines Flusses sitzen, der aus reinem, strahlendem Licht besteht. Es ist der Strom der kosmischen Weisheit und Liebe. In den Lichtfluss eingelassen ist ein federleichtes Mühlrad. Einige Schritte stromaufwärts befindet sich ein Schleusentor, das gleichfalls aus einem feinen, hauchzarten Material besteht.

Sie sind der »Lichtmüller« oder die »Lichtmüllerin«, verantwortlich für den störungsfreien Betrieb dieser Mühle, die auch als Engelwerk bekannt ist. Schauen Sie sich das filigrane Mühlrad mit Schaufeln so fein wie Engelsflügel sorgfältig an: Kann sich das Mühlrad ungehemmt drehen, oder wird seine Bewegung durch Schatten und Trübungen im Lichtfluss erschwert oder womöglich sogar blockiert?

Wenn Sie störende Schatten oder Flecken entdecken, so benutzen Sie einfach Ihre Gedankenkraft, um die Trübungen aus Ihrem Lichtstrom zu entfernen. Konzentrieren Sie sich auf einen Schatten in der Strömung und stellen Sie sich vor, wie die Trübung sich auflöst, von ihren Rändern her zur Mitte hin fortschreitend in Licht verwandelt wird. Fahren Sie mit diesen Reinigungsarbeiten fort, bis alle Flecken in Licht verwandelt sind, der gleißende Strom wieder ungehindert voranschießen kann und vor allem Ihr Engelsmühlrad sich wieder ungehemmt dreht.

Möglicherweise rotiert das Mühlrad aber auch allzu schnell, weil zu starke Lichtfluten in zu hohem Tempo durchs Schleusentor herbeischießen. In diesem Fall sollten Sie das Schleusengatter in den Strom hinabsenken, bis sich die Drehgeschwindigkeit Ihres Mühlrades auf ein Tempo reduziert, das Ihnen angenehm ist. Schauen Sie hierfür die Schleuse aufmerksam an, und stellen Sie sich vor, wie sich das Schwungrad dreht und das Tor in den Strom hinabsenkt.

Wenn alles so eingerichtet ist, wie es Ihnen harmonisch und bekömmlich erscheint, richten Sie Ihre Aufmerksamkeit wieder auf das federleichte Mühlrad, das vom Lichtstrom angetrieben wird und dessen Kraft in die Energie Ihres inneren Engels, Ihres höheren Selbst, umwandelt.

Wenn Sie schließlich Ihre Augen wieder öffnen, verharren Sie noch eine Weile in Ihrer Meditationshaltung und lassen Sie die bewegten und bewegenden Bilder des Stroms aus Magma, Schlammflut, Kristallwasser und Licht sowie der unterschiedlichen Mühlräder in Ihrem Innern nachwirken. Sagen Sie mehrfach, laut oder leise: »Meine Ströme fließen, meine Mühlräder drehen sich, ich bin reich an Energie.«

Neue Übungen zum Schließen der Chakras

Bereits in meinem Buch *Achtung, Energie-Vampire!* habe ich darauf hingewiesen, wie wichtig es ist, dass wir lernen, unsere Chakras nicht nur zu öffnen und zu aktivieren, sondern auch gezielt wieder zu schließen. Denn für Energievampire, die in unserer Umgebung auf der Lauer liegen, sind diese Kraftzentren unseres autonomen Energiesystems wie »Tankstellen«, aus deren Ressourcen sich jeder Dieb bedienen kann, wenn der Besitzer es versäumt, sie gegen unberechtigtes Anzapfen zu sichern.

Um unsere Chakras, wie wir sie in den voranstehenden Meditationen visualisiert haben, vor räuberischen Übergriffen zu schützen, stellen Sie sich bitte vor, dass die Mühlräder und die Quelle von üppig blühendem Rankwerk überwölbt sind. Vielleicht spannt sich dort eine Brücke über Ihren Strom, oder ein Wartungssteg führt über dem Mühlrad von Ufer zu Ufer. Überlassen Sie es einfach Ihrer Imaginationskraft, das Bild so auszuschmücken, wie es Ihnen persönlich gefällt und einleuchtend scheint.

Das riesenhafte steinerne Mühlrad in der Magmaflut der Drachenmühle ist von einem gewaltigen Dornbusch überwuchert, der mit rußschwarzen und feuerroten Blüten von schuppiger Beschaffenheit geflammt ist.

Das stählerne Mühlrad in der Schlammflut der Mühle zum »Nabel der Welt« ist von üppigem Buschwerk überwölbt, dessen Blüten fleischig und von dunkler leuchtender Farbe wie Sumpfgewächse sind.

Über der Quelle der Herzensliebe wächst feingliedriges Rankwerk, dessen zarte Blüten in silbrigen Tönen schimmern.

Über dem federleichten Mühlrad im Lichtstrom der Engelmühle endlich flimmert hauchfeines Gezweig, das seinerseits aus Licht gewoben scheint und mit strahlenden Sternblüten übersät ist.

Schließen Sie nun die Augen, und stellen Sie sich vor, wie sich alle diese Blüten über Ihren Mühlrädern und der Quelle nacheinander schließen.

Begeben Sie sich zur Drachenmühle am Magmastrom, und schauen Sie aufmerksam zu, wie sich die rußschwarzen und feuerroten Drachenblumen schließen.

Begeben Sie sich zur Mühle »Nabel der Welt« am Schlammfluss, und nehmen Sie wahr, wie sich die dunkel leuchtenden Sumpfblüten schließen.

Begeben Sie sich zur Quelle der Herzensliebe, und schauen Sie achtsam zu, wie sich die zarten, mondbleichen Blüten schließen.

Begeben Sie sich zur Engelmühle am Lichtstrom, und nehmen Sie wahr, wie sich die strahlenden Sternenblüten schließen.

Wenn Sie die Augen schließlich wieder öffnen, bleiben Sie noch eine Weile liegen und lassen Sie die Bilder, Gedanken und Gefühle in Ihrem Innern nachwirken.

4. Kapitel Spirituelle Trance – das Tor zum inneren Himmelreich

Um mit unserem höheren Selbst – und über dieses auch mit dem inneren Engel anderer Menschen – in Verbindung treten zu können, müssen wir hauptsächlich zwei Voraussetzungen erfüllen: Zum einen muss unsere individuelle Energiestruktur so weit optimiert sein, dass wir das erforderliche Schwingungsniveau erreichen können, und zum zweiten müssen wir innerlich bereit und imstande sein, uns in einen Zustand veränderten Bewusstseins zu versetzen beziehungsweise durch einen Helfer versetzen zu lassen. Denn der innere Engel manifestiert sich, wie bereits gesagt, in der spirituellen Auradimension. Im Hertz-Bereich unseres Normal- oder Rationalbewusstseins ist er für unsere Sinne ebenso verborgen, wie wir auch im Dunkeln oder im Nebel nichts oder allenfalls vage Schemen zu unterscheiden vermögen.

Mit einem Elektroenzephalogramm (EEG) gemessen sendet unser Gehirn im Zustand des normalen Wachbewusstseins elektrische Wellen im Frequenzbereich von etwa 13 bis 23 Hertz aus. Dieser Bereich wird als Betawellen bezeichnet, im Unterschied zum Segment der Alphawellen (8 bis 12 Hertz) und der Theta- und Deltawellen (7 Hertz und weniger). Der letztere Bereich ist für den natürlichen Schlaf und ebenso für tiefenentspannte Bewusstseinszustände wie im Yoga Samadhi charakteristisch. Alphawellen sendet unser Gehirn dagegen im Zustand der Hypnose oder Trance aus. Technisch ausgedrückt müssen wir also unser Gehirn dazu bringen, Alphawellen zu produzieren, wenn wir mit unserem höheren Selbst und mit dem inneren Engel anderer Menschen in Verbindung treten möchten.

Es ist der Schwingungsbereich oder Bewusstseinszustand, in den sich schon zu ältesten Zeiten beispielsweise sibirische Schamanen oder keltische Druiden versetzt haben, um ihre Seele in die jenseitige Geisterwelt reisen zu lassen. Auch die Seherpriester der Maya und Azteken brachten sich in einen Zustand ekstatischer Trance, um mit den höheren Mächten in Verbindung zu treten. Noch heute spielt die Alphatrance etwa in den Ritualen der Voodoo-Religion eine bedeutende Rolle, wenn die »Loas« genannten göttlichen Geister von den in frommer Verzückung Tanzenden Besitz ergreifen.

Wenn unser Gehirn Wellen im Betabereich aussendet, werden vor allem das rationale Denken und die Wahrnehmung der physischen Wirklichkeit begünstigt. Gefühlsempfindungen treten in diesem Zustand zurück, auch die intuitive Wahrnehmungsfähigkeit ist stark gedämpft. Je höher das Erregungsniveau innerhalb des Betaspektrums steigt, je weiter also die Sendefrequenz unseres Gehirns sich dem Bereich der Alphawellen nähert, desto stärker dringen Wahrnehmungen in unser Bewusstsein, die dem »außernatürlichen« Wirklichkeitsbereich angehören.

Diese Veränderung können Sie sich leicht anhand eines Beispiels klarmachen. Angenommen, Sie fahren bei Nacht und Nebel mit Ihrem Auto durch eine unbeleuchtete Landschaft. Mit dem normalen Abblendlicht Ihres Wagens können Sie in der Dunkelheit vielleicht fünfzig Meter weiter sehen. Alles, was sich außerhalb dieses Radius befindet, ähnelt von Ihrem Cockpit aus einem Meer aus grauer Watte. Wenn Sie nun das Fernlicht einschalten, wird die Sache nur noch schlimmer: Wie wir alle dies von Nebelfahrten kennen, scheint die graue Wand noch näher heranzurücken und undurchdringlicher zu werden, sobald wir sie mit wattstärkeren Scheinwerfern der Normalfrequenz bestrahlen.

Würden Sie hieraus aber schließen, dass die Nebelwand das Ende der realen Welt markiert? Als Autofahrer würden Sie sich vor diesem Fehlurteil selbstverständlich hüten. Da nämlich wissen Sie aus Erfahrung, dass Sie nur die Lichtfrequenz wechseln beziehungsweise Scheinwerfer mit einer anderen Frequenz zuschalten müssen, um den Nebel durchdringen und in die Welt »jenseits« des grauen Schleiers schauen zu können.

Mit Formulierungen wie »durch den Schleier schauen« haben auch Seher oder Schamanen aller Zeiten und Kulturen die Gabe des »zweiten Gesichts« bezeichnet, die Fähigkeit also, Wirklichkeitsbereiche wahrzunehmen, die unserem Normalbewusstsein verschlossen bleiben.

Hier endet allerdings die Analogie zwischen dem vergrößerten Sichtfeld dank zugeschalteter Hilfslichter und der Bewusstseinserweiterung durch hypnotische Hellsichtigkeit. Die Nebelscheinwerfer vergrößern nur unser Sichtfeld innerhalb der wohlbekannten physischen Realität. Im Zustand der Alphatrance aber vermögen wir buchstäblich »durch den Schleier zu schauen« – hinüber in die »Anderswelt«, die Sphäre der Geister, Engel und Dämonen, von der die Berichte der Seher und Seelenreisenden seit Anbeginn der Zeiten künden.

Es handelt sich hierbei um natürliche Gaben, mit denen wir alle auf die Welt gekommen sind. In früheren Epochen und anderen Kulturen wurden sie auch ganz selbstverständlich (und werden teilweise bis heute) als Werkzeuge menschlicher Selbst- und Welterfahrung genutzt. In unserer Zivilisation aber sind die »Nebelscheinwerfer« des menschlichen Bewusstseins im Verlauf der Jahrhunderte mehr und mehr in Verruf und schließlich sogar weithin in Vergessenheit geraten.

Infolgedessen wissen die meisten Bewohner der »westlichen« Länder heute gar nicht mehr, welche angeborenen Talente sie bei sich selbst und ihren Kindern verkümmern lassen – vergleichbar einem Autofahrer, der »vergessen« hat, dass sein Gefährt auch über Nebellampen verfügt. Bei klarer Witterung vermag er dank überscharfer Fernscheinwerfer selbst die finsterste Nacht bis zum Horizont auszuleuchten. In nebligem Gelände aber ist er hilflos und blind. Tatsächlich trifft dies sehr genau die Bewusstseinsstruktur der typischen »westlichen« Zeitgenossen: Im schmalen mittleren Sichtfenster des Normalbewusstseins vermögen sie überscharf zu sehen, links und rechts davon aber nehmen sie allenfalls nebelhafte Schemen wahr. Und aus dieser kulturell erworbenen Fehlsichtigkeit schließen sie – schließt unsere Kultur – höchst irrigerweise, dass alles, was sie nicht klar sehen können, auch nicht »real« und »wirklich vorhanden« sei.

Tief entspannt und hyperbewusst – der Königsweg zum höheren Selbst

Sich in Trance zu versetzen oder versetzen zu lassen, ist grundsätzlich vollkommen ungefährlich, ja mehr als das: Neben all den großartigen Fähigkeiten, die wir im hypnotisierten Zustand entfalten, wirkt dieser auch noch tief entspannend auf Geist, Körper und Seele.

Selbst Klienten, die auf ihren Trancereisen abenteuerliche Begegnungen zu meistern hatten, berichteten anschließend, dass sie sich »wie neugeboren« fühlten, »wunderbar erfrischt« oder »um Jahre verjüngt«. Das ist auch keineswegs erstaunlich, denn in Trance befindet sich unser Organismus in idealer Ruhe, wie sie sonst nur von sehr erfahrenen Meditationsmeistern erreicht wird. Die Anzahl der Herzschläge verringert sich auf etwa vierzig pro Minute, der Blutdruck sinkt, der Atem wird flach, denn auch der Sauerstoffverbrauch ist deutlich reduziert.

Für den Laien mag ein Mensch in Trance aussehen wie jemand, der schläft oder das Bewusstsein verloren hat, doch das Gegenteil trifft zu: In Trance befinden wir uns in einem Zustand des Hyperbewusstseins. Diese Erfahrung wird seit altersher auch als Sternennacht-Erlebnis umschrieben: In unserem Innern, das bei den meisten Menschen weithin in Dunkel getaucht ist, scheint auf einmal alles funkelnd und gleißend erleuchtet wie der äußere Himmel in einer mondhellen, sternenklaren Nacht.

Das liegt natürlich an der geistigen Regsamkeit und Erregbarkeit, die während der Trance um ein Vielfaches gegenüber dem Normalzustand gesteigert ist. Bei der klassischen Hypnotherapie werden Patienten in diesen Zustand versetzt, damit der Therapeut Heilsuggestionen in ihr Unbewusstes einschleusen kann. Aber Menschen in Trance sind nicht notwendigerweise nur passive Objekte, deren Seele der Hypnotiseur nach seinem Gutdünken manipuliert. Während der Trance kann man auch seinerseits zielgerichtete Aktivitäten entfalten, unter Anleitung eines Helfers oder auch (mit einiger Übung) auf eigene Faust. Beispielsweise können wir uns gezielt in Trance versetzen, um Erinnerungslücken zu füllen oder Gedächtnisblockaden zu überwinden.

Rosies Geschichte: Der Kellergeist aus der Vergangenheit

Rosie war eine Versicherungsangestellte Anfang dreißig, eine Powerfrau wie aus dem Bilderbuch, sportlich und selbstbewusst. Nur eine »dunkle Stelle« in ihrer Vergangenheit machte ihr immer wieder einmal – und mit den Jahren immer drängender – zu schaffen. Deshalb wandte sie sich schließlich an mich. »Ich werde das Gefühl nicht los«, so umschrieb sie mir gleich bei unserem ersten Treffen ihr Problem, »dass in meiner Kindheit, als ich ein kleines Mädchen von sieben, acht Jahren war, etwas Schreckliches mit mir passiert ist. Keine Ahnung, was. Irgendwas mit ... mit Dunkelheit. Und Enge. Und Angst.« Sie versuchte, wegwerfend zu lachen, aber ihre Stimme klang brüchig. Ihre Hand, die ich zwischen meine Hände nahm, zitterte und war feucht vor kaltem Schweiß.

Nachdem wir einige Monate lang zusammengearbeitet hatten und sie auch mein Programm zur Überwindung energiesenkender Muster erfolgreich durchgeführt hatte, schlug ich Rosie vor, im Trancezustand nachzusehen, was sich damals in ihren Kleinmädchenjahren möglicherweise ereignet hatte. Denn während unserer Energiearbeit war der »Nebel der Vergangenheit«, wie Rosie sich ausdrückte, noch dichter und drückender geworden. Nachts schreckte sie immer wieder aus dem Schlaf auf, weil sie sich »von Dunkelheit und Fratzen ummauert« glaubte. Dabei hatte sie die Meditationen zur Reinigung ihres inneren Sees gewissenhaft durchgeführt und so lange wiederholt, bis nach ihrer Wahrnehmung keinerlei »Wrackteile« oder »Giftcontainer« zurückgeblieben waren.

Rosie hatte ein offenes und harmonisches Verhältnis zu ihren Eltern, aber das machte die Angelegenheit nur umso gespenstischer. »Es kann doch nicht sein, dass sie mich, als ich ein kleines Mädchen war, im Keller eingesperrt haben und heute so tun, als ob sie sich nicht daran erinnerten – nein, das glaube ich einfach nicht«, sagte sie immer wieder in überzeugendem Tonfall.

»Lassen Sie uns nachsehen, Rosie«, schlug ich ihr vor, und sie stimmte mir zu.

Ich brachte sie auf den Weg in ihr »inneres Himmelreich«, wobei sie sich als begabtes Tanztrance-Medium erwies (siehe weiter unten in diesem Kapitel). Dann lag sie tief entspannt auf einem Ruhebett und schaute mit starrem Blick in ihre Vergangenheit wie in eine Zimmerflucht, die längere Zeit nicht betreten worden war. »Ich bin in unserem Haus. Alles ist so groß«, sagte sie mit einer hellen Stimme wie ein kleines Mädchen, »Mir ist warm. Ich habe nur dieses dünne Sommerkleid mit den Schmetterlingen drauf an. Ich bin winzig und so mager.«

Ihre Worte verloren sich in unverständlichem Gemurmel, dann fuhr sie mit klarerer Stimme fort: »Die Kellertreppe. Ich gehe hinunter. Jemand ruft mich. Kalt. Dunkel. Mein Herz klopft.«

Es war eine »dünne, helle, singende Stimme«, wie Rosie nach kurzem Zögern hinzufügte. Wie unter einem Bann folgte sie ihr durch den schummrigen Kellergang, bis ganz ans Ende des unterirdischen Gemäuers, wo eine schmale Holztür schief in den Angeln hing. »Dahinter ist ... altes Zeug. Weggeworfene Sachen. Dreibeinige Stühle. Staub. Spinnendreck.« Eine Szenerie wie in einem Horrorschocker, und als Klein-Rosie diese Tür aufzog und sehr langsam, aber von der dünnen, singenden Stimme unwiderstehlich angezogen eintrat, bekam sie in der Tat einen gewaltigen Schock.

Durch ein schmales Oberlicht kam ein wenig Sonnenlicht herein. So konnte sie für einen sehr kurzen Moment das knochendürre, wie aus dem Grab gestiegene Männchen da drüben an der Kellerwand sehen. »Sein Gesicht – vertrocknet, aschgrau. Es legt einen Stockfinger auf seinen Mund. Psst.«

Dann duckte das Wesen sich aus dem Lichtbereich weg. Rosie spürte, wie es an ihr vorbei durchs Dunkel huschte. Im nächsten Moment ging hinter ihr die Tür zu, der Riegel knirschte. »Ich bin eingesperrt«, flüsterte Rosie mit brechender Kleinmädchenstimme.

Während sie vor mir auf dem Ruhebett lag, ging ihr Atem ein wenig schneller, aber Puls und Herzschlag waren noch immer stark verlangsamt. Sie war weiterhin tief entspannt in Alphatrance.

»Ein Dämon«, sagte sie. »Ein böser Erdgeist oder so etwas. Er hat ›Psst‹ gemacht. Ich darf nicht rufen, nicht um Hilfe schreien.« Sie war in ihre Vergangenheit zurückgekehrt und als Klein-Rosie in dem Kellerraum gefangen, aber sie war gleichzeitig auch Rosie, die erwachsene, selbstbewusste Frau, die aus freien Stücken an diesen unheimlichen Ort zurückgekehrt war, um ein sie bedrückendes Rätsel zu lösen. »Ich hab Angst. Es ist so dunkel hier. Wo man hinfasst, ist schmieriger Dreck.« Sie atmete heftiger. »Aber ich … nein, ich glaub nicht, dass es ein Geist oder so was war.«

An dieser Stelle schaltete ich mich ein und fragte sie, was sie sonst glaube, um was es sich bei der dürren, aschgrauen Gestalt handeln könne. »Weiß nicht«, gab sie mit Kleinmädchenflüstern zurück. »Weiß nicht. Darf nicht schreien.«

Sie verbrachte eine ungewisse Zeitspanne in dem Kellerloch. Zeit- und Raumempfinden sind während der Trance stark verändert, sodass es ohne äußere Anhaltspunkte immer schwierig ist, die Dauer solcher Erlebnisse in »Normalzeit« umzurechnen. Natürlich trug die kleine Rosie keine Uhr am Handgelenk, und dass sie einmal meinte, einen Glockenschlag vom Kirchturm in der Nähe ihres Elternhauses zu vernehmen, half uns in dieser Hinsicht auch nicht weiter.

»Ich hab Angst, so Angst«, sagte die kleine Rosie, während die große Rosie ruhig atmend, mit stark verlangsamtem Pulsschlag bei mir auf dem Ruhebett lag. »Da – da er kommt.«

Ich forderte sie auf, ganz genau hinzusehen, denn dies war der Moment, in dem sich entscheiden würde, ob sie den drückenden Bann abschütteln könnte.

Der Riegel quietschte, die Tür knarrte, und wieder spürte Rosie, wie der »Erdgeist« zu ihr in den Raum voller Gerümpel gehuscht kam. Wieder ging er zur Außenwand und stellte sich unter das Oberlicht, sodass sie im einsickernden Taglicht seine Gestalt und sein Aschegesicht sehen konnte. »Du bist meine Gefangene, für immer«, sang der »Dämon« mit dünner, heller Stimme. »Wenn du jemandem was sagst, musst du zu mir ins Grab.«

Rosie begann zu weinen und auf dem Ruhebett zu zucken. Ich beschwor sie nochmals, sich den Burschen ganz genau anzusehen. Eine Weile geschah nichts weiter, als dass sie vor sich hin wimmerte und murmelte, so undeutlich, dass ich nur ab und zu »schrecklich« oder »böser Geist« verstand.

Dann endlich schien die erwachsene Rosie die Oberhand über ihr kindlich verängstigtes Gegenstück zu gewinnen. »Ich weiß jetzt, wer du …«, begann sie und setzte neu an. »Ich weiß jetzt, wer der Kerl ist – Ronnie, ein Junge aus einem Haus drei Straßen weiter. Er ist ein bisschen verrückt. Er erschreckt immer alle Leute.« Sie brach plötzlich ab, und an ihrem veränderten Gesichtsausdruck und ihren Bewegungen erkannte ich, dass sie aus der Trance zurückkehrte. »Ronnie«, sagte sie, noch ehe sie richtig wieder bei Normalbewusstsein war. »Ein paar Jahre später ist er in der Psychiatrie gelandet, weil er ein Haus angesteckt hat oder so etwas.«

Rosie war zornig auf den verrückten Ronnie, vor allem aber unendlich erleichtert. Glücklich, weil sie die blinde Stelle in ihrer Vergangenheit endlich geklärt hatte, und beinahe noch mehr, weil des Rätsels Lösung ihre Beziehung zu ihren Eltern nicht belastete.

»Sie haben wirklich nichts davon gewusst«, sagte sie. »Sie waren es nicht, die mich da unten eingesperrt haben, und sie haben diese Tat auch nicht verleugnet. Gott sei Dank, Dorothy! Es war der dumme, verrückte Ronnie, und ich war so eingeschüchtert, dass ich mich mehr als zwanzig Jahre lang nicht getraut habe, genau hinzuschauen und mir die Wahrheit einzugestehen – nur, weil er damals ›Psst‹ gemacht hat!«

Auf Seelenreise wie die Schamanen

Experimente haben gezeigt, dass man in hypnotisiertem Zustand sehr viel schneller lesen, detailreiche Bilder erfassen oder andere hochkomplexe Zusammenhänge durchdringen kann als im Normalzustand. Der wichtigste Grund hierfür besteht eben darin, dass wir neben dem »Abblendlicht« des Rationalbewusstseins auch unsere »Nebelscheinwerfer« eingeschaltet haben, also unsere Intuition und emotionale Intelligenz, im Idealfall auch unsere telepathischen Fähigkeiten.

Wer einige Erfahrung mit der Trance gesammelt hat, vermag schließlich seine Seele nach Art der Schamanen auf die Reise in die »Anderswelt« zu schicken: Sein Körper liegt dann bewegungslos, mit reduzierten Vitalfunktionen wie im Tiefschlaf, an einem Ort, wo er möglichst nicht aufgeschreckt werden kann. Währenddessen hat sich der Geist des Hypnotisierten aus seiner körperlichen Hülle herausgelöst und vermag gedankenschnell große Entfernungen zurückzulegen. Bei den schamanischen Seelenreisen oder den Trance-Trips der Seherpriester geht es vor allem darum, mit übernatürlichen Mächten oder den Geistern der Ahnen Verbindung aufzunehmen. In meiner spirituellen Praxis aber versetze ich meine Klienten mithilfe der Hypnose hauptsächlich in die Lage, mit ihrem höheren Selbst und über dieses auch mit dem inneren Engel anderer Menschen zu kommunizieren.

Vorbereitung

In den folgenden Abschnitten werde ich Ihnen einige Techniken vorstellen, mit denen Sie sich selbst leicht in Trance versetzen oder einer anderen Person den Weg ins »innere Himmelreich« ebnen können.

Der Raum, in dem Sie diese Übungen durchführen, sollte von äußeren Geräuschen weitestgehend abgeschirmt sein. Schließen Sie notfalls Vorhänge oder Rollläden so weit, dass in Ihrer »Schamanenhöhle« ein dämmriges Licht wie im ersten Morgengrauen herrscht. Sorgen Sie dafür, dass die Raumtemperatur nicht zu kühl ist (nach meiner Erfahrung sind 19–21° C ein guter Durchschnittswert), da die Körperwärme im Trancezustand ohnehin deutlich absinkt.

Achten Sie unbedingt darauf, dass Sie beziehungsweise Ihr Klient 24, noch besser 48 Stunden vor der Trancereise keinerlei schwere und fette Speisen oder Stimulanzien wie Koffein zu sich nehmen dürfen. (Am besten ist es natürlich, auf derlei ganz zu verzichten.)

Vergegenwärtigen Sie sich selbst oder der Person, die Sie in Trance versetzen möchten, noch einmal, wie wichtig es ist, sein Bewusstsein von den Gedanken und Gefühlen des Alltags möglichst zu leeren. Als Einstieg kann es vor allem bei weniger geübten Trancereisenden sinnvoll sein, mit einer »gewöhnlichen« Meditation zu beginnen, die zu oberflächlicher Entspannung (bis hin zu leichter Trance) führt, etwa mit der Stadtwächter-Übung aus dem 1. Kapitel dieses Buches.

Sorgen Sie dafür, dass alle Telefone in Hörweite aus- oder stumm geschaltet sind und auch an Ihrer Wohnungs- oder Praxistür während der Trancesitzung möglichst niemand klingelt (Hinweiszettel anbringen oder Klingel ausschalten).

Die Person, die sich in den Trancezustand begeben will, sollte bequeme Kleidung tragen, möglichst frei von metallischen Applikationen (das betrifft auch Schmuck und Münzen), da diese die Aurafrequenz verzerren können.

Halten Sie eine dünne Tagesdecke bereit, aus Baumwolle oder anderen natürlichen Materialien, um damit den Körper während der Trance locker zu verhüllen. Die Decke dient weniger der Wärmeregulierung als vielmehr dazu, ein Gefühl von Schutzlosigkeit abzumildern, das zu Beginn des Tranceprozesses aufkommen und den Einstieg erschweren und verzögern kann. Denn während der Trance ist unser Körper ruhig gestellt und erheblich herunterreguliert. Er unterliegt dann nur sehr eingeschränkt unserer bewussten Kontrolle, was – je nach Trancetiefe – auch als Sterbe- und Nahtoderfahrung erlebt werden kann. Aber für die Trance ist charakteristisch, dass nichts, was uns auf unserer Geisterreise begegnet oder widerfährt, wirklich bedrohlich auf uns wirkt. Auch die Schwellenerfahrung des Sterbens wird unter Hypnose von starken Glücksgefühlen begleitet – ein tief beeindruckendes Erlebnis, das schon vielen Menschen geholfen hat, die Angst vor Sterben und Tod zu überwinden. »Was ihr Tod nennt«, lautet eine alte schamanische Weisheit, »ist nur die längste Reise durch die Geisterwelt.«

Ich kenne erfahrene Trancereisende und spirituelle Helfer, die für Tranceübungen eine sitzende Haltung bevorzugen oder ihren Klienten empfehlen. Wenn Sie befürchten, dass Sie während der Trance in Schlaf fallen könnten, dann versuchen Sie es mit einer sitzenden Position. Ich selbst jedoch ziehe es vor und empfehle meinen Klienten auch normalerweise, Trancereisen in möglichst bequemer liegender Haltung durchzuführen – sicherlich nicht gerade in dem Bett, in dem man normalerweise während der Nacht schläft, aber sonst auf jeder beliebigen horizontalen Unterlage. Das kann eine Couch sein oder auch einfach eine Matte auf dem Boden. Für den Erfolg ist einzig entscheidend, dass Sie sich wohlfühlen, Ihnen die Haltung auch nach einer halben oder einer ganzen Stunde nicht unbequem wird und auch sonst keine Zwischenfälle auftreten, die Sie aus der Tiefenentspannung aufstören könnten.

Legen Sie schließlich noch ein Heft oder einen Block und einen Schreibstift bereit – oftmals ist man, wenn man aus der Trance erwacht, erfüllt von überwältigenden Bildern und Eindrücken und begierig, sie niederzuschreiben, ehe Alltag und Normalbewusstsein wieder die Decke des Vergessens über unser inneres Himmelreich breiten.

In Trance pendeln

Diese klassische Technik der westlichen Hypnotiseure wurde von Schamanen und Seherpriestern alter Kulturen schon vor Jahrtausenden angewandt.

Treffen Sie die erforderlichen Vorbereitungen, wie im voranstehenden Abschnitt beschrieben. Zusätzlich benötigen Sie ein Pendel oder einen anderen länglichen, möglichst glänzenden Gegenstand (kleine Kette mit Anhänger, Schreibstift o. Ä., notfalls auch einfach Ihren Zeigefinger), der in schwingende Bewegung versetzt werden kann.

Als Helfer stellen Sie sich am besten hinter das Kopfende der Couch oder des Sofas, auf dem der Trancereisende liegt. Bitten Sie ihn oder sie, die Augen unverwandt auf Ihr Pendel gerichtet zu halten und ausschließlich diesen einen Satz zu denken: »Ich sehe das Pendel an.« Oder: »Ich halte meine Augen auf das Pendel gerichtet.«

Das Pendel schwingt in einer Entfernung von 20 bis 30 Zentimetern vor dem Gesicht des Trancereisenden hin und her. Dabei ist es zweckmäßig, das Pendel ein wenig oberhalb der normalen Sichthöhe zu halten, also im Bereich der Stirn, sodass der oder die Betreffende aufwärtsschauen muss, um es im Blick zu behalten. Hierdurch wird die Anstrengung erhöht, der man die Sehmuskeln aussetzt, und die erwünschte Ermüdung der Augen entsprechend beschleunigt.

Als Helfer verstärken Sie diesen Ermüdungseffekt noch, indem Sie jedes der unweigerlich auftretenden Ermüdungssymptome als Beweis der beginnenden Trance hervorheben. »Sie sehen das Pendel (oder den Schreibstift, die Fingerspitze etc.) ganz deutlich«, sagen Sie zu Beginn. Die Pupillen Ihres Klienten weisen zu diesem Zeitpunkt noch ihre gewöhnliche Größe auf. Schon nach wenigen Sekunden des Pendelns aber verkleinern sie sich, um sich kurz darauf erheblich zu erweitern. Das sind ganz normale mechanische Reaktionen, die durch die gleichmäßige Bewegung und beginnende Ermüdung der Augen entstehen.

»Das Pendel verschwimmt vor Ihren Augen«, sagen Sie nun mit gleichförmigem Murmeln zu Ihrem Klienten, »Ihre Trancereise beginnt.« Mit geweiteten Pupillen kann er das Pendel tatsächlich nur noch nebelhaft wahrnehmen.

Lassen Sie Ihren glänzenden Gegenstand weiter vor der Stirn der liegenden Person pendeln, bis ihre Lider sich mit einem Zittern schließen: Nun ist sie unzweifelhaft auf dem Weg zu ihrem inneren Himmelreich.

Falls Sie nicht gleich Erfolg haben, wiederholen Sie die gesamte Übung einfach von vorn. Auch eine Kombination mit der Methode »Durch Tropfen in Trance«, die ich in einem der folgenden Abschnitte vorstelle, bietet sich an.

Variante für erfahrene Trancereisende

Diese Methode können Sie mit ein wenig Übung auch allein anwenden, also ohne einen Helfer, der das Pendel über Ihrer Stirn schwingen lässt. Erfahrene Trancereisende begeben sich einfach in ihre Meditationshaltung, schließen die Augen und stellen sich vor, dass ein Pendel oder ein anderer Gegenstand über ihren Augen hin und her schwingt, hin und her ...

Eine vielfach bewährte Alternative ist auch die Selbsthypnose mithilfe einer altmodischen Perpendikeluhr oder eines Metronoms, wie es als Taktgeber von Musikern verwendet wird (siehe auch hierzu weiter unten Abschnitt »Durch Tropfen in Trance«).

Trance durch Aurastreicheln

Eine einfache und für den Außenstehenden verblüffende Methode, einen Menschen in Trance zu versetzen, besteht schlichtweg darin, dass wir die Aura der oder des Betreffenden mit gleichmäßigen, sanften Handbewegungen streicheln oder »striegeln«.

Treffen Sie die üblichen Vorbereitungen, wie weiter oben ausführlich beschrieben. Der oder die Trancereisende liegt auf der Matte oder dem Sofa auf dem Rücken. Als Helfer sitzen oder kauern Sie seitlich neben ihm. Der Körper ist mit der leichten Decke verhüllt, die Arme können darauf oder gleichfalls unter der Decke liegen.

Heben Sie Ihre Hände über die Schultern des Trancereisenden, und belassen Sie sie ungefähr eine Minute lang dort, einen oder zwei

Zentimeter über seiner Haut beziehungsweise seiner Kleidung. Sehen Sie ihm dabei ruhig und fest in die Augen und wiederholen Sie mit monotoner, murmelnder Stimme immer wieder eine Suggestion, beispielsweise: »Ihr Atem ist ruhig, Ihr Herz schlägt langsam und ruhig. Ihr Geist ist leicht und leer.« Oder, falls Sie bzw. Ihr Klient symbolische Suggestionen bevorzugen: »Sie sind der Vogel, der über einem Bergsee kreist. Ihre Schwingen sind ausgebreitet, der Wind trägt Sie. Schwerelos wie eine Wolke segeln Sie über dem See.« (Abwandlungen dieses Bildes können Sie sich leicht selbst ausdenken.)

Fahren Sie währenddessen mit Ihren Handflächen längs der Arme des Trancereisenden ganz langsam bis zu dessen Fingerspitzen hinab. Dabei berühren Sie seine Haut weiterhin nicht, sondern wahren einen Abstand von einem bis zwei Zentimetern. Wiederholen Sie diese streichelnde Bewegung die Arme hinab etwa sechs- oder siebenmal, wobei Sie jedes Mal, wenn Sie die Fingerspitzen erreicht haben, Ihre Hände mit gespreizten Fingern von dem Trancereisenden wegziehen, so als ob es Vögel wären, die in die Luft aufsteigen. Auch die Suggestion wiederholen Sie langsam und gleichmäßig, mit monotoner Stimme, während Sie von den Schultern die Arme herab bis zu den Fingern über seine Aura streicheln.

Legen Sie als Nächstes Ihre Hände ganz leicht auf den Kopf des Trancereisenden, mit Ihren Handballen auf den Schläfen und dem Gitter Ihrer leicht gespreizten Finger auf den Schädelseiten oberhalb der Ohren. Belassen Sie Ihre Hände einige Augenblicke in dieser Position, wobei Sie auch hier einen Abstand von einem bis zwei Zentimetern wahren. Streichen Sie nun langsam über Gesicht, Hals und Rumpf bis zum Magen hinab, immer nur die Aura streichelnd und Ihre Suggestionen murmelnd. Über dem Magen verharren Ihre Hände abermals für eine oder zwei Minuten, mit den Daumen etwa in Höhe des Nabels und Ihren Fingern über den Rippenbögen des Trancereisenden. Streicheln Sie dann seine Aura weiter abwärts mit leicht gespreizten Fingern, als ob Sie ein Vlies aus Licht striegelten, die Beine hinab bis zu den Knien und schließlich zu den Fußspitzen. Wiederholen Sie auch dieses Aurastreicheln sechs- bis siebenmal, während Sie mit gleichförmiger Stimme Ihre Suggestionen murmeln.

Der Trancereisende sollte sich nun auf dem Weg in sein inneres Himmelreich befinden. Erforderlichenfalls wiederholen Sie die gesamte Prozedur des Aurastreichelns – von den Schultern zu den Fingerspitzen und vom Kopf bis zu den Fußspitzen – noch jeweils sechs- bis siebenmal. Wenn Sie als Helfer bemerken, dass sich die Trance Ihres Klienten verflacht, können Sie auch späterhin während der Übung die Prozedur des Aurastreichelns nach Bedarf nochmals wiederholen.

Variante für erfahrene Trancereisende

Mit ein wenig Erfahrung genügt es auch, sich nur vorzustellen, dass Ihre Aura gestreichelt wird. Die hypnotisierende Wirkung beruht ja letzten Endes darauf, dass unser materieller Körper sozusagen in den Stand-by-Modus herunterfährt, während unsere Aura stimuliert wird. Im Alltag nehmen wir unseren Körper – und entsprechend die gesamte physische Welt – als dominant wahr und unsere Auradimensionen allenfalls im Hintergrund. Bei der Methode des Aurastreichelns wird dieses Verhältnis allmählich umgekehrt.

Diese Umkehrung können wir auch leicht allein hervorrufen, also ohne dass ein Helfer unsere Aura striegelt. Stellen Sie sich beispielsweise vor, dass Ihr liegender Körper die prickelnde, funkelnde Oberfläche eines Sees in der Mittagssonne ist. Schwärme von Vögeln landen auf Ihrem Spiegel, lassen ihn in Wellen erschauern und Gischt aufstieben. Oder stellen Sie sich vor, dass Sie eine Wolke sind, die durch den Himmel schwebt. Der Wind strähnt und striegelt Ihre Oberfläche wie mit sanften Fingern.

In Ihrem Geist wiederholen Sie immer nur diese eine Formel: »Ich bin der See, über den Schwärme von Vögeln gleiten.« Oder: »Ich bin die Wolke am Himmel, die vom sanften Wind gestreichelt wird.«

Wenn Sie erst ein wenig Übung erlangt haben, werden Sie feststellen, dass oftmals schon die bloße Vorstellung Ihres »Trance-Settings« und die ein- oder zweimalige Wiederholung Ihrer Suggestion genügen, um Sie auf den Weg in Ihr inneres Himmelreich zu bringen.

Tranceatmung

Auch diese Methode lässt sich sehr einfach umsetzen. Häufig wird sie mit anderen Techniken kombiniert, so beispielsweise mit der Pendel- oder auch mit der Aurastreichel-Methode. In beiden Fällen empfiehlt es sich, mit einer Phase von Tranceatmung zu beginnen und dann zum Pendeln beziehungsweise zum Aurastreicheln überzugehen.

Der Trancereisende liegt auf dem Rücken auf seiner Unterlage, in die leichte Decke gehüllt. Unter Anleitung des Helfers schließt er die Augen und beginnt nun mit der sogenannten Hechelatmung, also dem schnellen Ein- und Ausatmen, das auch als »Hyperventilation« bezeichnet wird. Als Helfer geben Sie mit leiser, gleichförmiger Stimme den Rhythmus vor: »Einatmen, ausatmen – ein, aus – ein, aus ...«

Da man bei der Hechelatmung sehr schnell und zugleich verhältnismäßig flach atmet, sinkt der Sauerstoffanteil im Blut und im Gehirn, wodurch sich auch die Frequenz der vom Gehirn gesendeten Wellen in Richtung Alphabereich verringert: Das Normal- oder Rationalbewusstsein wird gedimmt, während Sensitivität und Imaginationskraft sich verstärken.

Wenn Sie die Tranceatmung mit der Pendelmethode kombinieren möchten, bitten Sie Ihren Klienten nach etwa zwei Minuten mit unverändert leiser, murmelnder Stimme, seine Augen wieder zu öffnen und langsamer zu atmen. Fahren Sie nun fort wie im Abschnitt »In Trance pendeln« beschrieben.

Häufig genügen aber bereits drei oder vier Minuten reiner Tranceatmung, um sich selbst oder Ihren Klienten auf den Weg ins »innere Himmelreich« zu schicken. Die Hechelatmung geht dann von selbst in ruhige, flache Atmung über, wie sie für Tiefenentspannung charakteristisch ist. Körpertemperatur und Herzschlag verringern sich, die Augen sind geschlossen, aber hinter seinen Lidern ist der Trancereisende im hypnotischen Zustand der Hyperbewusstheit.

Durch Tropfen in Trance

Die hypnotische Wirkung von langsamen, dem menschlichen Herzschlag ähnlichen Trommelrhythmen, wie sie insbesondere von karibischen und afrikanischen Völkern eingesetzt werden, ist jedem von uns zumindest vom Hörensagen bekannt. Tatsächlich erfüllen monotone, über eine längere Zeit wiederholte Klangfolgen denselben Zweck wie das gleichförmig hin und her schwingende Pendel: Unsere Sinne fixieren sich auf den wiederkehrenden Ton, das Normalbewusstsein trübt sich ein, unser Gehirn beginnt Alphawellen zu senden.

Die Vorbereitung ist wiederum dieselbe wie bei den vorher beschriebenen Varianten. Als »akustische Pendel« lassen sich mancherlei Klangquellen einsetzen, schlichte oder auch aufwendige Hilfsinstrumente. Deren Lautstärke sollte im Allgemeinen eher gedämpft sein, wenngleich laute und sogar dröhnende Klänge unter Umständen denselben Zweck erfüllen können (siehe folgenden Abschnitt: »In Trance tanzen«).

Vielfach genügt bereits das Ticken einer altmodischen Uhr, das gleichmäßige Tropfen von Wasser aus einem Hahn oder das gedämpfte Plätschern eines Bachs unter dem Fenster, um uns auf den Tranceweg zu bringen, wenn wir entsprechend gestimmt und vorbereitet sind. Auch meditative Klänge aus fernöstlicher Tradition, klassische Stücke wie die »Moldau« von Smetana oder kontemplative Choralgesänge wie die Lieder der gregorianischen Mönche des Mittelalters können uns dabei helfen, in den Alphabereich zu gelangen. Schauen und hören Sie sich einfach einmal im Sortiment eines entsprechend spezialisierten Musikaliengeschäftes um: Das Angebot ist heutzutage fast grenzenlos, und bestimmt werden auch Sie etwas finden, das Ihrem individuellen Geschmack und Bedürfnis entspricht.

Während die meditativen Klänge (oder das Tropfen des Wassers etc.) erklingen, sagen Sie als Helfer ein ums andere Mal mit leiser, monotoner Stimme: »Mit jedem Ton (jedem Tropfen etc.) sinken Sie tiefer in Trance.«

Variante für erfahrene Trancereisende

Durch einfache Instrumente wie eine altmodische Perpendikeluhr oder ein Metronom – ein Taktgeber, der von Musikern verwendet wird – können Sie »Pendel« und »Tropfen«, also visuelle und akustische Trancemethoden, kombinieren. Beides sind natürlich auch Hilfsmittel, die es uns erleichtern, ohne die Anleitung durch einen Helfer auf den Weg ins »innere Himmelreich« zu gelangen.

Wenn Sie etwas mehr Übung erlangt haben, werden Sie aber sogar solche Hilfsmittel nicht mehr benötigen. Erfahrenen Trancereisenden genügt es, sich ganz kurz einen charakteristischen Ton vorzustellen, etwa das Tropfen von Wasser. Bereits bei der zweiten oder dritten Wiederholung beginnen ihre Lider zu zittern, und Sekunden darauf befinden sie sich in tiefer Trance.

In Trance tanzen

Aus dem afrikanischen Vodun ebenso wie aus dem karibischen Voodoo sind verschiedene Techniken bekannt, sich selbst oder Dritte durch eine Mischung aus Trommelrhythmen und Tanz- sowie Drehbewegungen in ekstatische Trance zu versetzen. Durch diese uralten, seit Jahrtausenden bewährten Methoden gelangt man in kurzer Zeit in einen Zustand außerordentlich tiefer Hypnose. Aus diesem Grund sollten sie aber auch nur von geübten Trancereisenden beziehungsweise unter Anleitung erfahrener und verantwortungsbewusster Helfer angewendet werden.

Insbesondere bei sensitiven Trancereisenden kann es geschehen, dass die Psychotechniken der Voodoo- oder Derwisch-Ekstase ihnen nicht einfach den Weg ins »innere Himmelreich« ebnen, sondern sie blitzartig ins Geisterreich hinüberschleudern – eine Erfahrung, der zarte, unvorbereitete Seelen nicht ohne Weiteres gewachsen sind.

Vorbereitung

Bei dieser Trancetechnik sind etwas andere Vorbereitungen erforderlich als bei den bisher vorgestellten Methoden. Als Trancereisende sollten Sie leichte, möglichst atmungsaktive Bekleidung wählen und ausreichend Flüssigkeit zum Trinken bereithalten.

Diese Übung kann in Gruppen oder allein (bzw. mit einem erfahrenen Helfer) ausgeführt werden, in einem geschlossenen Raum oder – bei warmer Witterung – auch unter freiem Himmel. Wichtig ist jedoch, dass ausschließlich Personen anwesend sind, die als Trancereisende oder Helfer an den geplanten Aktivitäten teilhaben und dass alle Beteiligten sich ihrer Verantwortung bewusst sind.

Gegenstände, an denen man sich – etwa durch ein Stolpern während der ekstatischen Tanzbewegungen – verletzen könnte, sollten tunlichst außer Reichweite gebracht worden sein. Halten Sie genügend Lagerstätten (Matten, Decken, Matratzen etc.) bereit, sodass alle Trancereisenden nach der Tanzphase an einem bequemen und unbehelligten Ruheort liegen können.

Der Mittelpunkt des freien Raumes, der für den Trancetanz vorgesehen ist, sollte deutlich gekennzeichnet sein – im Idealfall durch eine Säule oder (im Freien) durch einen Baum, aber notfalls genügt auch eine farbliche Markierung.

Normalerweise werden Sie keine afrikanische oder karibische Trommlercombo zur Hand haben. In diesem Fall können Sie natürlich auch auf Musikaufnahmen mit geeigneten Trommelrhythmen zurückgreifen.

Einstiegsphase

Wählen Sie für den Anfang schnelle, fiebrig vorandrängende Trommelklänge in einer Frequenz von 70 bis 80 Schlägen pro Minute. Als Helfer bitten Sie die Trancereisenden, sich aufrecht hinzustellen, die Beine etwa fußbreit gespreizt und in den Knien leicht gebeugt. Einige Minuten lang sollten nun alle, die sich auf den Weg ins »innere Himmelreich« begeben möchten, flach und stoßweise im Rhythmus der Trommeln atmen, also hyperventilieren.

Nach etwa zwei Minuten wechselt der Trommelrhythmus, die Frequenz sinkt auf circa 60 und von dort innerhalb von etwa drei Minuten langsam weiter bis auf 40 Trommelschläge pro Minute. Auf diese Weise wird ein Takt vorgegeben, dem sich der Organismus der Trancereisenden (Atmung, Herz- und Pulsschlag) anpasst.

Als Helfer bitten Sie die Trancereisenden, weiterhin in der Frequenz der Trommelschläge zu atmen und dabei im Trommelrhythmus um den Mittelpunkt des Raumes (Baum, Säule) herum zu tanzen, und zwar gegen den Uhrzeigersinn.

Nur bei geübten Trancetänzern und Helfern empfiehlt sich eine Variante, die dem Voodoo-Tanz beziehungsweise den Bewegungsmustern der Derwische sehr nahekommt und raschen Eintritt der Trance garantiert: Versetzen Sie die Tänzer zusätzlich in kreiselnde Bewegung um ihre eigene Achse, gleichfalls gegen den Uhrzeigersinn, und fordern Sie sie auf, ihren Kopf in den Nacken zu legen, während sie um sich selbst kreiseln und zugleich um den Mittelpunkt des Raumes herum tanzen.

So oder so stellt sich bei dieser Technik fast unweigerlich nach kürzester Zeit eine tiefe Tranceekstase ein. Für diese ist charakteristisch, dass der Körper des Trancereisenden zunächst noch nicht ruhig gestellt, sondern in den Trommelrhythmus »eingewiegt« ist. Die Bewegungen sind jedoch nicht immer kontrolliert, es ist also unbedingt erforderlich, dass Helfer diese Kontrolle stellvertretend ausüben und den ekstatischen Trancetänzer notfalls vor einem Sturz bewahren.

Bereits nach wenigen Minuten hat die Trance die gewünschte Tiefe erreicht – erkennbar an den geöffneten, starr fixierenden, häufig auch himmelwärts verdrehten Augen der Tänzer, deren Blick sich nach innen gerichtet hat, in ihre »innere Sternennacht«.

Als Helfer fassen Sie den Trancereisenden nun am Arm oder um seine Mitte und geleiten ihn zu einer Ruhestätte. Kaum hat er sich hingelegt, wird sein Körper in den Zustand der Tiefenentspannung verfallen, während die Seele das »innere Himmelreich« durchschweift.

Unter allen mir bekannten Methoden ist es diejenige Technik, die uns am schnellsten und tiefsten in Trance versetzt und die den Reisenden ein entsprechend tiefes und nachhaltiges Glücksgefühl beschert. Klienten berichten übereinstimmend von Erfahrungen kosmischer Ganzheit und Weisheit, vom Erlebnis des Einsseins mit dem Universum und all seinen Geschöpfen und Geistern. Vor allem aber sind sie immer aufs Neue überwältigt von der Begegnung mit ihrem inneren Engel, dessen strahlende Präsenz und Anmutung reiner, unermesslicher Liebe niemand, der seinem höheren Selbst einmal begegnet ist, je wieder vergessen kann.

Solche und ähnliche Erfahrungen machen natürlich auch Trancereisende, die sich mit einer der anderen Methoden in ihr inneres Himmelreich begeben haben. Aber der Übertritt erfolgt beim Trancetanz besonders rasch, und man wird sozusagen tief in die Engelwelt hineingeworfen, was auch einen besonders starken Eindruck hinterlässt.

Rückkehrphase

Als Helfer wie als Trancereisender beachten Sie bitte unbedingt, dass von Tranceerfahrungen eine gewisse Suchtgefahr ausgehen kann. Das gilt hauptsächlich für Personen, die – bewusst oder nicht – nach Fluchtmöglichkeiten aus der irdisch-physischen Wirklichkeit suchen. Aber auch Menschen, die »mitten im Leben« standen, bevor sie bei Autounfällen oder chirurgischen Operationen Nahtoderfahrungen durchliefen, berichten immer wieder von dem Gefühl tiefen Bedauerns, ja untröstlichen Schmerzes, mit dem sie aus der »himmlischen« in die hiesige Welt zurückgekehrt sind.

Vergessen Sie also niemals, sich selbst beziehungsweise Ihren Klienten nach einer Trancesession sorgsam wieder zu erden. Führen Sie hierzu die Abschlussübung durch, die ich Ihnen im 1. Kapitel vorgeschlagen habe, und wenden Sie sich anschließend betont »bodenständigen« Aktivitäten wie Hausputz, Gärtnern oder Kochen zu.

Hypertalente in Tiefentrance

Die Tiefentrance entspricht jenen Zuständen, die in früheren Zeiten etwa als »mystische Verzückung« oder »Überwältigung durch Gesichte« umschrieben wurden. Sie erweitert unser Bewusstsein, sensibilisiert unsere Wahrnehmung und erleuchtet unser Unbewusstes auf eine Weise, die frommere Zeitalter mit Wundertätigkeit, weißer Magie und prophetischer Seherkraft assoziierten.

Auch die in alten Menschheitsschriften bezeugten Begegnungen mit Engeln oder sonstigen »übernatürlichen« Mächten gehen unzweifelhaft auf Tranceerlebnisse der Heiligen, Propheten oder auch ganz gewöhnlicher Menschen zurück, die solcher Begegnungen teilhaftig wurden – selten zu ihrer reinen und sofortigen Freude, da das Zusammentreffen mit einem so sehr viel mächtigeren Wesen oftmals auch innere Erschütterungen verursacht.

Welche Fähigkeiten, über die wir im Zustand des Normalbewusstseins nicht verfügen, können wir in Trance mobilisieren?

Zunächst einmal macht wohl jeder und jede Trancereisende die Erfahrung, dass Zeit und Raum ihre Starre verlieren, formbar werden oder gänzlich zerfließen. Wir haben den Eindruck, dass wir zu fliegen vermögen, aber nicht einfach wie irdische Vögel, sondern als licht- oder sogar gedankenschnelle Wesen. Binnen eines Wimpernschlags können wir uns in Trance an weit entfernte Orte oder in weit zurückliegende Epochen begeben. Ebenso können wir im Handumdrehen komplexe Aufgaben lösen (»Heureka«-Erlebnis), für die unser Verstand im Wachzustand Stunden gebraucht hätte oder an denen er gänzlich gescheitert wäre.

Jegliche Begrenzung beginnt in Trance zu zerfließen: zwischen Zeitdimensionen ebenso wie zwischen dem Selbst des Trancereisenden und der ihn umgebenden Welt mitsamt allen Wesen und Objekten, die ihr angehören (»All-Eins«-Erfahrung).

Wenn wir uns in Trance befinden, fühlen wir mit großer Klarheit, dass wir als Individuen nicht von unseren Mitgeschöpfen abgetrennt, sondern in einem tieferen Sinn allesamt miteinander verbunden sind wie die Abermillionen Zweige und Blüten eines gigantischen Baumes, der aus einer kosmischen Urquelle hervorsprießt.

Diese Empfindung universeller Zusammengehörigkeit beschränkt sich nicht auf unsere Mitmenschen, sondern schließt auch Tiere, Pflanzen, organische und anorganische Objekte ein: Wenn wir in Trance sind, ist alles illuminiert, miteinander verbunden in einem unendlich verzweigten Netzwerk funkelnder und pulsierender Energie.

So spektakulär telepathische und telekinetische Fähigkeiten in unserer Alltagswelt erscheinen mögen – der Trancereisende besitzt sie so selbstverständlich, wie wir in der physischen Welt über Hör- oder Riechsinn verfügen. Denn in einer Welt, in der unterschwellig alles und jedes miteinander verwoben ist, können wir auch mit unserem Bewusstsein auf unsere Mitgeschöpfe oder selbst auf scheinbar unbelebte Objekte durch schiere Gedankenkraft so mühelos einwirken, wie wir das in der Alltagswelt in Bezug auf unseren eigenen Körper oder auf technische Steuerungssysteme kennen.

Wenn wir jedoch ohne Anleitung und ohne Ziel in der »Anderswelt« oder in der »inneren Sternennacht« umherschweifen, besteht die große Gefahr, dass wir uns in Eindrücken und Erfahrungen, in einer Flut so überwältigender wie flüchtiger und folgenloser Begegnungen verlieren. Das »innere Himmelreich« ist ein Universum voller Gestirne und Planeten, Geister und Engel, und wir benötigen eine möglichst präzise Sternenkarte, um in diesem scheinbaren Wirrwarr funkelnder Lichter und glitzernder Energieströme unser Ziel auch tatsächlich zu finden: unseren eigenen inneren Engel, unser höheres Selbst, das uns zu führen, mit unermesslichen Energievorräten zu versehen und überdies für uns in Verbindung mit dem inneren Engel anderer Personen zu treten vermag.

Wie wir in Trance unseren inneren Engel finden

Als Helfer können Sie mit ein wenig Übung leicht feststellen, ob Ihr Klient die gewünschte Tiefentrance erreicht hat. In den Übergangsstadien der mittleren Trance sind die Muskeln lahm, die Glieder starr, die Augen geschlossen. Zugleich reagiert der Trancereisende in dieser Phase überempfindlich auf Klänge und Lichter. Wenn Sie ihn auffordern, seine Augen zu öffnen, wenn Sie ihn ansprechen und ihn bitten, auf Ihre Frage zu antworten, wird er zu keinerlei Reaktionen imstande sein.

Ganz anders in der Tiefentrance: Atem- und Herzfrequenz sind stark reduziert, gleichwohl vermag unser Trancereisender nun seine Augen wieder zu öffnen. Wenn Sie ihn ansprechen, wird er Ihnen Antwort geben, wenngleich in schleppendem Tonfall. Befragen Sie ihn, wie er sich fühlt, so wird er erklären: »Ich schwebe«, oder: »Ich bin/werde eins mit meiner Umgebung.« Möglicherweise wird er oder sie auch erwähnen, dass Ihre Stimme sich anhöre, als ob ein Lautsprecher abwechselnd laut und wieder leise gestellt wird: Auch diese Wahrnehmung an- und abschwellender Geräusche ist charakteristisch für die Tiefentrance.

Die Reaktionen sind in diesem Stadium deutlich verlangsamt, das Normalbewusstsein ist gedämpft, aber so weit aktiv, dass der Trancereisende ichgesteuert antworten, den Lenkungsvorschlägen seines Helfers folgen kann. Zugleich jedoch ist er im Zustand der Hyperbewusstheit: Der »Schleier« ist für ihn durchsichtig geworden, er vermag in die Dimension jenseits der physischen Welt und jenseits des an Raum, Zeit und Kausallogik gefesselten Normalbewusstseins vorzudringen.

Trance-Bilderwellen

Ihre Aufgabe als Helfer besteht nun darin, Ihren in Tiefentrance versetzten Klienten so auf eine »Bilderwelle« zu setzen, dass er auf dieser bis zu seinem inneren Engel »surfen« kann.

Erfahrene Trancereisende verfügen über die Fähigkeit, sich im Zustand der Tiefentrance mit eigener Willenskraft in einen solchen Bilderstrom zu steuern, der sie zu ihrem höheren Selbst trägt. Es ist eine Technik, die im Grunde jeder erlernen und entwickeln kann, wenn er nur geduldig daran arbeitet. Sie ähnelt der Selbststeuerung, die beim luziden Träumen verwendet wird, und wurde etwa von schamanischen Geisterreisenden schon vor Jahrtausenden praktiziert.

Hierfür ist es erforderlich, dass Sie bereits, bevor Sie sich auf die Trancereise begeben, Ihr Unbewusstes mit einer Suggestion impfen, die zum vorgesehenen Zeitpunkt durch einen für die Tiefentrance charakteristischen Reiz wirksam wird. Dieser Reiz kann beispielsweise die Wahrnehmung des typischen An- und Abschwellens von Geräuschen aus der physischen Außenwelt sein, und die Suggestion sollte dann etwa lauten: »Wenn du das an- und abschwellende Rauschen hörst, bist du nahe bei dem Strom, der dich zu deinem inneren Engel trägt.« Oder, kürzer und dem Unbewussten angemessener formuliert: »Das Rauschen ist der Strom. Er trägt dich zu deinem Engel.«

Die zugrunde liegende Assoziationskette »Rauschen – Strom – Engel« wird fortan unweigerlich dazu führen, dass Sie im Zustand der

Tiefentrance beim Auftreten des ersten Reizes in den Bilderstrom eintauchen, der Sie zu Ihrem inneren Engel bringen wird.

Im Folgenden finden Sie zwei Vorschläge, wie ein solcher Bilderstrom aussehen könnte, auf dessen Wellen Sie zu Ihrem inneren Engel zu »surfen« vermögen. In beiden Fällen handelt es sich um Symbole und Bildvorstellungen aus den ältesten Schatzkellern der Menschheit, also aus den Tiefen des kollektiven Unbewussten. Beide haben sich auch in meiner Praxis als spirituelle Helferin bereits vielfach bewährt.

Um sich auf die Trancebegegnung mit dem inneren Engel vorzubereiten, empfiehlt es sich, auch bei den »normalen« Meditations- und Entspannungsübungen so oft wie möglich in diese Bildwelten einzutauchen. Während der Tiefentrance kann unser Hyperbewusstsein dann leicht und rasch hieran anknüpfen, denn der Weg zum tieferen Erleben ist damit bereits vorgebahnt.

Vor der Meditation führen Sie bitte die üblichen Vorbereitungen durch, wie bei den Übungen im 1. Kapitel beschrieben.

Die Weltenachse

Die Weltenachse ist ein archetypisches Symbol, das in den ältesten Mythen vieler Kulturen rund um den Erdball eine zentrale Rolle spielt. Oftmals auch als riesenhafter Baum dargestellt, gründet sie tief in der »Unterwelt«, wo Drachen und Alben hausen, führt durch die mittlere Sphäre (das »Midgard« der altisländischen »Edda« beispielsweise) unserer irdischen Welt hindurch und mit mächtiger Krone bis in den Himmel der höheren Mächte (Götter, Geister, Engel) hinauf.

Jeder und jede von uns birgt in sich ein »inneres Himmelreich«, das nach dem Analogieprinzip dem großen, äußeren Kosmos entspricht. Folglich führt die Weltenachse oder der Weltenbaum auch durch Ihren inneren Kosmos hindurch.

Schließen Sie die Augen, und stellen Sie sich vor, dass Sie wieder der Sonnenkönig beziehungsweise die Sonnenkönigin sind, der oder die im Palast hoch auf dem Berg über der Stadt und dem See wohnt (siehe 1. Kapitel). Der Abend dämmert, die Sonne sinkt herab, während der Mond bereits bleich am Himmel steht. Sie sitzen auf einer Bank am Fuß eines majestätischen Baumes, der sich in der Mitte Ihres Palastgartens erhebt.

Der Baum ist unvorstellbar alt, älter sogar, als die Chroniken Ihrer königlichen Vorfahren in die Vergangenheit zurückreichen. Mit dem Rücken lehnen Sie an seinem gewaltigen Stamm, und Sie spüren die Kraft, die von dem Baum ausgeht und die auch Sie selbst durchströmt, von Ihrem Kreuzbein durch die Wirbelsäule bis in Ihren gekrönten Kopf hinauf.

Es ist der Weltenbaum, und er erstreckt sich bis in die tiefsten Tiefen der Erde hinab und bis in die höchsten Höhen des Himmels empor. Fühlen Sie den ungeheuren Energiestrom, der Sie von unten nach oben durchströmt. Dieser Strom durchpulst jede Faser Ihres Selbst und erfüllt Sie mit prickelnder, unbändiger Kraft.

Sie erheben sich, wenden sich um und versuchen den Baumstamm mit Ihren Armen zu umfassen. Er ist so gewaltig groß, dass ein Dutzend ausgewachsener Männer nicht annähernd ausreichen würde, um ihn mit ausgestreckten Armen zu umschließen. Die Energie, die von dem Baum zu Ihnen herüberströmt, ist so mächtig, dass Sie sich wie von der Schwerkraft befreit fühlen. Ihr ganzer Körper ist reine Energie.

Sie heben die Hände, umfassen den untersten Ast des Weltenbaumes und ziehen sich mühelos hinauf. Stufe um Stufe klettern Sie den Baum empor, der über Ihnen in den Himmel emporragt.

Wenden Sie sich nach einiger Zeit des Kletterns einmal um und schauen Sie in die Tiefe hinab. Nehmen Sie wahr, welche Höhe Sie bereits erklommen haben, wie tief unter Ihnen der Erdboden ist, wie winzig klein Ihr Palast und die Menschen, die im Palastgarten herumlaufen.

Drehen Sie sich dann wieder um und klettern Sie weiter den Weltenbaum hinauf. Seine Energie strömt unverändert durch Sie hindurch, denn Ihre Wirbelsäule ist ein Teil der Weltensäule und die Energie trägt Sie weiter und weiter hinauf.

Ganz oben, auf der Krone des ungeheuren Baumes, werden Sie auf Ihren inneren Engel treffen, Ihr höheres Selbst.

Der Lichtsteig

Sie sind die Königin beziehungsweise der König und wandeln in der Abenddämmerung durch Ihren Palastgarten. Ganz am Ende der weitläufigen Parkanlage führt ein Pfad zum Gipfel des Berges empor, auf dem sich Ihr Palast erhebt. Diesen Pfad haben Sie noch nie erklommen, denn er ist steil und gefährlich, ja nahezu unbezwingbar. Heute aber sieht der Pfad anders aus als gewöhnlich: Funkelnd und gleißend steigt er vor Ihnen an, als ob er aus reinem Licht bestünde.

Sie fühlen, wie der Lichtpfad Sie magisch anzieht. Sie setzen einen Fuß darauf und beginnen ihm schon zu folgen, Schritt um Schritt und ganz mühelos, obwohl der Pfad beinahe senkrecht emporführt. Es ist, als ob der Pfad selbst aufwärtsgleiten würde. Zu Ihren Seiten ziehen Bäume, Buschwerk, dann nur noch nackte Felsen vorbei. Alles scheint zu glitzern und zu funkeln, als ob die Pflanzen und Steine aus reinem Licht bestünden.

Nachdem Sie dem Pfad einige Zeit gefolgt sind, wenden Sie sich einmal um und sehen, wie winzig klein der Palast unter Ihnen liegt. Wie hoch der Lichtsteig Sie schon in den Himmel hinaufgeführt hat!

Drehen Sie sich um und folgen Sie weiter dem leuchtenden Pfad. Ganz oben, auf dem Gipfel des Berges, werden Sie Ihrem inneren Engel begegnen.

5. Kapitel

Den inneren Engel aufsuchen

Unser höheres Selbst oder »innerer Engel« ist die Verkörperung der spirituellen Auradimension: Er besteht aus reiner hochfrequenter Energie. Im Zustand der spirituellen oder Tiefentrance können wir seine Umrisse, seine Gestalt und meist auch seine Gesichtszüge wahrnehmen.

Häufig erscheint er als Schemen aus gleißend weißem Licht oder auch als Figur aus weißem Feuer. Zuweilen nimmt unser innerer Engel auch die Gestalt eines Feuerballs, eines Baumes aus Licht oder eines »brennenden Buschs« an, wie es bereits im Alten Testament von der Begegnung zwischen Moses und Jahwe berichtet wird. Tritt er uns in Menschengestalt entgegen, so weist er eine starke Ähnlichkeit mit unserer eigenen Physiognomie auf. Aber diese ist bei unserem inneren Engel ins Ideale, Makellose erhoben. Er gleicht einem alterslos-jugendlichen Geschwister von uns, dessen Schönheit und Unschuld, Weisheit und Güte sich in seiner Gestalt, seinen Gebärden und Zügen niederschlagen.

Die Helligkeit, die von unserem inneren Engel ausgeht, ist überwältigend, aber niemals schmerzhaft blendend. Seine Präsenz kann erschütternd wirken, doch er flößt uns keine Furcht ein. Er ist die Verkörperung der reinen Liebe, denn pure kosmische Energie und schiere, selbstlose Liebe sind ein und dasselbe.

Viele Trancereisende berichten übereinstimmend, dass sie bei der Begegnung mit ihrem inneren Engel weinen mussten. Aber es sind keine Tränen des Schmerzes, der Angst oder Trauer: Wer das Glück erfährt, mit seinem höheren Selbst zusammenzutreffen, weint vor Rührung und Erleichterung. Erst in diesem Moment wird uns im Innersten klar, wie schwach, schutzlos und überfordert wir uns bis dahin beinahe in jedem Augenblick unseres Lebens gefühlt haben – und wie unnötig und irrig dieses Grundgefühl doch war, denn seit jeher sind wir in seiner (oder ihrer) mächtigen Hand. Unter dem Schutz unseres inneren Engels, der uns stärkt und behütet auf all unseren Wegen, so wie es der Volksglaube seit jeher unseren Schutzengeln zuschreibt.

Doch anders als die Menschen früherer Zeiten haben es die meisten Heutigen verlernt, ihren Engel wahrzunehmen, seine stärkende und beschützende Präsenz zu spüren. Durch die rationalistische Verengung ihres Bewusstseins und die Deformation der Charakterstruktur zum »übermächtigen Kontroll-Ich« oder »ohnmächtigen Kollaps-Ich« haben viele Menschen in den heutigen »westlichen« Ländern die Verbindung zu ihrem höheren Selbst tatsächlich ganz oder weitgehend verloren – mit der Folge, dass ihr kleines und kleinliches Alltags-Selbst von dessen weit überlegener Weisheit und altruistischer Güte ebenso abgeschnitten ist wie von dem unermesslichen kosmischen Energiepool, mit dem unser Engel uns verbinden kann.

Umhüllt von Engellicht – der Ort der Begegnung

Während ihrer Trancereisen treffen die weitaus meisten Menschen, die ich auf den Weg in ihr »inneres Himmelreich« bringen durfte, an räumlich auffällig erhobenen Stätten mit ihrem inneren Engel zusammen. Das mögen Berggipfel sein oder die Krone eines mächtigen Baumes wie bei den beiden »Bilderwellen«, die ich Ihnen im voranstehenden Kapitel vorgeschlagen habe.

Andere Trancereisende machen die Erfahrung, dass sie einen Turm erklimmen oder eine Leiter hinaufklettern, die scheinbar vom Himmel herunterhängt wie die biblische Jakobsleiter, und oben in einem »Wolkenschloss« oder auf einem »von Licht überfluteten Plateau« ihrem inneren Engel begegnen. Wieder andere werden von gewaltigen Greifvögeln in überirdische Höhen emporgetragen – auch das ist ein archetypisches Motiv, das wir in zahlreichen Mythen und Märchen wiederfinden. (Von all diesen symbolischen Szenerien können auch Sie sich für eigene Trancesettings anregen lassen, um sich selbst und Ihrem inneren Engel die Begegnung zu erleichtern.)

Obwohl also die Orte, an denen wir mit unserem inneren Engel zusammentreffen, fast immer räumlich erhoben sind, wirken sie auf den Trancereisenden doch durchweg so schützend umschlossen wie eine Höhle oder wie das Innere eines Bergs. Das kommt offenbar daher, dass unser innerer Engel von einem gewaltigen Strahlenmantel umgeben ist, der auch uns selbst umhüllt, wenn wir in seine Nähe gelangen. Wie in einem riesigen »Ei aus Sternenlicht« fühlen sich Trancereisende bei solchen Zusammentreffen, wie »in einer ungeheuren Lichtkathedrale« oder »einem Kuppelzelt aus Strahlen«, um nur einige typische Erfahrungen anzuführen, von denen mir Klienten nach der Rückkehr berichtet haben.

Ob Ei, Kathedrale oder Zelt – es ist letztlich ein Gefühl, als befinde man sich im Innern eines Gebildes aus schierer, pulsierender Energie. Niemals sonst, an keinem anderen Ort und in keinem anderen Augenblick Ihres Lebens, werden Sie sich so lebendig, so ganz und gar Ihrer selbst bewusst, so frei von jeglicher Negativität, so erfüllt von Stärke und Liebe fühlen wie während der Begegnung mit Ihrem höheren Selbst.

Diese lichtüberwölbten Stätten bieten überdies einen scheinbar unbegrenzten Ausblick in die Weiten des »inneren Himmelreichs«. Es ist, als ob man auf einem leuchtenden Stern säße und das ganze Universum überblicken könnte. Und alle diese funkelnden Sterne, auch von dieser Erfahrung berichten Trancereisende immer wieder, scheinen durch Strahlen, »Lichtfäden«, »leuchtende Energiebrücken« miteinander vernetzt zu sein.

Dieser Eindruck trifft nach meiner Erfahrung auch uneingeschränkt zu: Die »Energiebrücken« führen von unserem eigenen höheren Selbst zu den inneren Engeln all jener Menschen, mit denen wir selbst in unserem irdischen Leben durch Gegenwart und Vergangenheit auf irgendeine Weise enger verbunden sind – seien es nun unsere Familienangehörigen, unsere Freunde oder Menschen, mit denen wir von Berufs wegen zu tun haben.

So selbstverständlich, wie wir uns in unserer Alltagswelt an das Ich, das »kleine Selbst« unserer Mitmenschen wenden können, so leicht kann auch unser höheres Selbst mit dem inneren Engel unserer Nächsten in Verbindung treten. Und auch wenn Ihr Vorgesetzter ein »Machtvampir« sein mag, Ihre Kollegen intrigant und tratschsüchtig sind, Ihr Lebenspartner womöglich zum »Liebesvampirismus« neigt: Auch deren innere Engel sind, so wie das höhere Selbst jeglicher Menschen, zu keinerlei Bosheit fähig oder auch nur zum kleinsten Energiediebstahl imstande. Wie Ihr eigener innerer Engel sind sie alle von reiner, selbstloser Liebe erfüllt, denn sie alle haben am unermesslichen kosmischen Energiereservoir teil.

Durch Ihren inneren Engel können Sie also direkt mit dem höheren Selbst eines anderen Menschen in Verbindung treten und diesen bitten, auf niederdrückende, energieraubende Verhaltensweisen künftig zu verzichten. Der Erfolg einer solchen Positiven Spirituellen Intervention stellt sich in vielen Fällen binnen weniger Tage, oftmals sogar im Handumdrehen ein. (Hierauf komme ich im 6. und 7. Kapitel noch ausführlich zu sprechen.) Allerdings kann sie nur dann gelingen, wenn das »kleine Selbst« jener Person, der Sie ins Gewissen zu reden versuchen, zumindest nicht ganz und gar von seinem eigenen inneren Engel abgeschnitten ist.

Kommunikation mit dem inneren Engel

Wenn ich als Helferin zugegen bin, während ein Klient oder eine Klientin mit ihrem höheren Selbst in Verbindung tritt, versuche ich vor allem bei unerfahrenen Trancereisenden die Begegnung ein wenig zu steuern. In der Tiefentrance sind wir ja, wie gesagt, im Allgemeinen gut ansprechbar, können Fragen aufnehmen und beantworten. Das mache ich mir zunutze, indem ich Themen vorschlage, sofern mir das erforderlich scheint, oder an Probleme erinnere, über die mit dem inneren Engel gesprochen werden sollte.

Natürlich bereite ich mit meinen Klienten in aller Regel vorher einen solchen Themen- und Fragenkatalog vor. Aber besonders bei den ersten Begegnungen mit ihrem höheren Selbst sind viele Menschen so überwältigt, dass sie fast alles vergessen, was sie sich vorgenommen hatten. Außerdem erfordert es einige Übung, unter den Bedingungen des Hyperbewusstseins auf Informationen zuzugreifen, die wir im »normalbewussten« Zustand in unserem Gedächtnis abgespeichert haben.

Weniger erfahrene Trancereisende zeigen sich oftmals auch verwirrt über die vermeintlich »unklaren« oder »vieldeutigen« Antworten, die sie von ihrem inneren Engel erhalten. Hierzu ist dreierlei zu sagen:

1. Unser innerer Engel artikuliert sich bevorzugt in einer bilderreichen, symbolischen Sprache, die für unser auf Rationalität und Logik getrimmtes Normalbewusstsein gewöhnungsbedürftig ist. Lernen Sie, während Ihrer Begegnungen mit dem höheren Selbst nicht nur auf explizit ausgesprochene Worte, sondern auch auf Gebärden, Tonfall und Mimik Ihres inneren Engels zu achten. Häufig sendet der Engel uns seine Antworten auch unmittelbar zu, also ohne den Umweg über Sprache oder Gesten: Wir empfangen seine Botschaft dann als Bilder, die in unserem Geist auftauchen, stets begleitet von tiefen, eindrucksvollen Gefühlen, die ihnen eine unzweifelhafte Wirklichkeit verleihen.
2. Achten Sie darauf, Ihrem höheren Selbst einfache, klare Fragen zu stellen, auf die eine ebenso klare Antwort möglich ist. Verworrene Fragen oder unzulänglich formulierte Probleme ziehen nicht selten Antworten nach sich, die entweder schwer zu deuten sind oder Lösungen für Fragen anbieten, die für uns gar nicht im Vordergrund standen.
3. Vergessen Sie niemals, dass Ihrem inneren Engel zwar kaum etwas unmöglich ist, er aber unter keinen Umständen für eigensüchtige, ethisch fragwürdige Hilfeleistungen zur Verfügung steht. Unser höheres Selbst vermag die Gedanken anderer Menschen zu lesen, in die Zukunft zu sehen, das Gewissen anderer Menschen zu beeinflussen und viele vermeintliche Wundertaten mehr. Aber niemals wird es auch nur die geringste seiner Fähigkeiten zum Nachteil eines Geschöpfes einsetzen. Schon der bloße Versuch eines solchen Missbrauchs würde unser Schwingungsniveau so abrupt und nachhaltig absenken, dass wir augenblicklich »abstürzen«, die Verbindung zu unserem inneren Engel einbüßen und für unabsehbar lange Zeit von ihm abgeschnitten bleiben würden.

In der folgenden Liste habe ich einige typische Fragen aufgeführt, wie Sie sie bei den ersten Begegnungen Ihrem inneren Engel stellen können. Natürlich sollten Sie die einzelnen Fragen Ihren persönlichen Umständen und Bedürfnissen anpassen.

- Worin besteht meine Bestimmung in diesem Leben?
- Welches meiner Talente sollte ich noch besser entwickeln?

- Was kann ich tun, um einen Beruf, der (besser) zu mir passt, zu finden?
- Was kann ich unternehmen, um in meinem Beruf voranzukommen (mehr Zufriedenheit zu erlangen, geachteter zu sein usw.)?
- Liebt mein Partner/meine Partnerin mich (noch)? (Bei allen Fragen nach dritten Personen ist es sehr wichtig, dass Sie den Namen des oder der Betreffenden hinzufügen und, während Sie fragen, recht intensiv an diese Person denken.)
- Sollte ich meinen Partner/meine Partnerin heiraten?
- War es die richtige Entscheidung, das neue Haus zu kaufen (in die Stadt XY zu ziehen, den Beruf zu wechseln)?
- Wie kann ich meinem Partner (Freund/Freundin, Bekannten, Kollegen usw.) helfen, damit er/sie wieder gesund wird (seine Depression überwindet, aufhört zu trinken, einen Job findet usw.)?
- Wie soll ich mich verhalten, wenn mein Vorgesetzter mich ungerecht behandelt (meine Kollegen über mich herziehen, meine Bekannten in meinem sozialen Umfeld mich geringschätzig behandeln usw.)?
- Werde ich meine Krankheit (meinen Krebs, meine Herzerkrankung usw.) überwinden?
- Was sollte ich tun, um Armut und Ungerechtigkeit in meiner Stadt zu lindern?
- Was erwartet uns nach dem Tod?

Unter dem Engelsmantel – Erfahrungsberichte

In diesem Abschnitt habe ich einige Fallbeispiele zusammengestellt, deren Grundmuster ich in den Schilderungen vieler Klienten wieder gefunden habe. Natürlich verläuft jedes Leben einzigartig, und jeder von uns hat seine eigene, unwiederholbare Art und Weise, die Welt zu sehen und seinen Mitgeschöpfen zu begegnen. Dennoch enthalten diese Erfahrungsberichte viele charakteristische Elemente, die auch Sie wieder erkennen werden, wenn Sie sich erst einmal selbst auf den Weg in Ihr inneres Himmelreich begeben haben.

Florence – der Stachel der Eifersucht

Florence war eine depressive Hausfrau Mitte dreißig, als sie zum ersten Mal in meine spirituelle Praxis kam. Sie war intelligent und hübsch, mit großen, blauen Augen und einer sportlichen Figur. Dennoch erklärte sie mir gleich bei unserer ersten Sitzung, sie werde »bei Tag und Nacht« von der Sorge gequält, ihr Mann Dave könnte sie wegen einer der jüngeren Frauen verlassen, die an seiner Arbeitsstätte ständig um ihn waren. (Er arbeitete als Manager in einem Autohaus.)

Nachdem wir uns einige Stunden unterhalten hatten und ich einen Überblick über ihre Persönlichkeit und ihre Energiestruktur gewonnen hatte, schlug ich Florence vor, als Erstes mein Übungsprogramm zur Überwindung energiesenkender Muster zu absolvieren, wie ich es im 1. Kapitel dieses Buches beschrieben habe. Sie war sofort einverstanden und führte in der Folgezeit alle Übungen mit viel Eifer und großem Ernst durch. So konnten wir den chronischen Energiemangel, an dem sie bis dahin gelitten hatte, innerhalb weniger Monate deutlich und nachhaltig vermindern.

Florence verabschiedete sich auch von etlichen schlechten Gewohnheiten, die bis dahin als unscheinbare »Energiefresser« ihren Alltag geprägt hatten. Sie gewöhnte sich an, fett- und zuckerarme Mahlzeiten aus frischen Zutaten zuzubereiten, gab einigen tratsch- und konsumsüchtigen »falschen Freundinnen« den Laufpass und engagierte sich als ehrenamtliche Helferin bei einer karitativen Organisation, die kostenlose Mittagsmahlzeiten für Obdachlose anbot.

Ihre Depressionen waren nach einem guten halben Jahr vollständig verschwunden. Florence wirkte sehr viel selbstbewusster als zu Beginn unserer gemeinsamen Energiearbeit. Ihr Lächeln, ihre Augen, jede ihrer Gebärden drückten ihre wiedergefundene Lebensfreude aus. Durch die gesündere Ernährung hatte sie auch noch ein paar Kilos abgespeckt und erklärte selbst, dass sie sich hübscher und attraktiver finde als seit vielen Jahren.

Dennoch war in ihrem Innern jene nagende Sorge zurückgeblieben, wegen der sie sich ursprünglich an mich gewandt hatte. Auch ihre Beziehung zu Dave war wieder lebhafter und zärtlicher geworden als in den letzten Jahren. (Die beiden waren seit elf Jahren verheiratet.) Aber kaum war er morgens aus dem Haus gegangen, da wurde

Florence aufs Neue von jenen eifersüchtigen Vorstellungen gepeinigt. Mit quälender Genauigkeit sah sie vor ihrem inneren Auge, wie ihr Mann mit den jungen Sekretärinnen und Assistentinnen in seinem Autohaus flirtete, wie sie sich um ihn drängten und er ihren »schamlosen Angeboten« immer mehr nachgab. Diese Fantasien steigerten sich im Lauf des Tages immer weiter, bis Florence schließlich von der Vorstellung heimgesucht wurde, wie Dave sich »mit einer dieser Schlampen« in sein Büro einschloss und sie ihn »auf seiner Konferenzcouch« verführte.

Wenn sie dann unter einem Vorwand bei ihm anrief oder sogar mit zitternden Knien in ihren Honda stieg und zu seiner Arbeitsstätte fuhr, zeigte sich jedes Mal, dass ihre Befürchtungen ganz und gar unberechtigt waren. Dave war allem Anschein nach ein hart arbeitender Mann, der seine Florence liebte und sich keinerlei Fehltritte zuschulden kommen ließ.

Also schlug ich Florence schließlich vor, sich auf den Weg in ihr »inneres Himmelreich« zu begeben. Durch die Verbindung mit ihrem inneren Engel würde sie nicht nur ihr Energieniveau auf ungekannte Höhen heben, was sie in die Lage versetzen würde, fortan mit noch weitaus mehr Tatkraft, Zuversicht und Kreativität ihr Leben zu meistern. Der innere Engel würde sie auch hinsichtlich der Sorge, die sie so hartnäckig quälte, ein für allemal beruhigen.

Da Florence bis dahin noch keinerlei Tranceerfahrung gesammelt hatte, bat sie mich, ihr bei ihrer ersten Reise in die »Anderswelt« zur Seite zu stehen. Natürlich willigte ich gerne ein. Auf meinen Rat hin meditierte sie zunächst über einer Szenerie, die sie selbst aus meiner Übung zum »Schließen des Kreises« entwickelt hatte (siehe 1. Kapitel, 11. Übung). Als sie dann gelassen und entspannt auf dem Ruhebett im Dämmerlicht meines Meditationsraums lag, brachte ich sie mit einem einfachen Messingpendel (siehe 3. Kapitel, Abschnitt »In Trance pendeln«) innerhalb weniger Minuten auf den Weg.

Als ich aus den üblichen Anzeichen erkannte, dass sie die Ebene der Tiefentrance erreicht hatte, bat ich Florence, mich an ihren Erlebnissen teilhaben zu lassen, wie wir das vorher besprochen hatten.

»Ich gehe einen steilen Weg hinauf«, erklärte sie mit einer Stimme, die ein wenig benommen, aber gleichzeitig lebhaft und begeistert klang. »Obwohl der Pfad fast senkrecht den Berg hochführt, macht es überhaupt keine Mühe, ihn zu erklimmen. So etwas habe ich noch nie erlebt – es ist, als ob der Weg unter deinen Füßen aus Licht wäre, ein Fluss aus Licht, der den Berg hinauffließt.«

Nach kürzester Zeit war sie auf einem Berggipfel angekommen. Hier erstrahlte alles in weißem Sternenlicht, und in freudigem Erschrecken blieb Florence stehen, als sie erkannte, wer der Quell dieses strahlenden Lichtes war. Mitten auf dem kleinen Plateau stand eine Gestalt mit menschlichen Umrissen, ganz und gar aus pulsierender Energie geformt. »Er ... sie ...«, sagte Florence aufgeregt, »sieht aus wie ich, nein: wie ich aussehen würde, wenn ich ... wenn ich ein Engel wäre.« Sie begann zu weinen, und dabei strahlte sie über das ganze Gesicht vor Freude und Glück.

Der Engel hüllte sie in seinen Strahlenmantel ein. Florence fühlte sich »wie in einer Höhle mit Wänden aus Diamanten«. Als sie sich etwas gefasst hatte, befragte sie ihr höheres Selbst wegen einiger Dinge, die zu privat sind, um hier wiedergegeben zu werden. Nachdem ich ihrer Erinnerung auf die Sprünge geholfen hatte, kam sie schließlich auf die Punkte zu sprechen, die sie vorher auf einer Liste notiert hatte.

»Habe ich Grund, wegen Dave eifersüchtig zu sein?«

Florence' Engel lächelte sie so gütig und milde an, dass ihr erneut die Tränen in die Augen traten. Nachher, als sie von ihrer Trancereise zurückgekehrt war, berichtete sie mir: »Während mein Blick verschwamm, sah ich gleichzeitig mit einer Klarheit, die mich im ersten Moment schockierte, vor meinem inneren Auge, wie Dave in seinem Büro hinter dem Schreibtisch saß und emsig arbeitete. Jeden Augenblick rief ihn jemand an, oder eine der Sekretärinnen steckte ihren Kopf durch die Tür, aber Dave las und schrieb konzentriert und wechselte mit den Frauen kein einziges privates Wort, kein Lächeln, ja er hob nicht einmal seinen Blick von den Papieren, die er gerade bearbeitete.«

Während Florence diese von ihrem Engel ihr gesendeten Bilder sah, fühlte sie, wie stark Dave und sie selbst einander liebten. »Es war wie eine Woge, so gewaltig, dass ich von Neuem weinen musste – vor Dankbarkeit über diese Liebe, aber auch vor Scham, weil ich ihn immer wieder verdächtigt hatte, mich mit einem der Mädchen aus dem Autohaus zu betrügen.«

Zu ihrer noch tieferen Beschämung konnte sie sich nicht enthalten, ihren inneren Engel nochmals wegen Dave zu befragen. »Aber diese Monica«, sagte sie, »seine neue Assistentin – die legt es doch drauf an, ihm den Kopf zu verdrehen?«

Wieder lächelte der Engel gütig und alles verstehend. »Monica kleidet sich gern etwas freizügig«, sagte er dann mit sanfter Stimme, »aber sie führt das Leben einer Heiligen.«

Noch während der Engel das sagte, entstanden vor Florence' innerem Auge weitere Bilder. Sie sah, wie die junge Monica in ihrem eng anliegenden kurzen Kleid bei Feierabend hastig das Autohaus verließ. Sie eilte zu ihrem Volkswagen, ließ den Motor an und fuhr mit quietschenden Reifen davon. Das Dach ihres Beetle Cabrio war geöffnet, Monicas lange blonde Haare flatterten im lauen Wind. Tatsächlich sah alles so aus, als ob hier eine verliebte junge Frau zum Rendezvous fahren würde.

Die nächsten Bilder zeigten, wie die Assistentin vor einem bescheidenen Reihenhäuschen ihren Wagen parkte, wie sie ins Haus eilte und drinnen von einem jungen Mann etwa in ihrem Alter empfangen wurde, der sie umarmte und küsste. Sie erwiderte seine Begrüßung voller Zärtlichkeit, wobei sie sich zu ihm hinabbeugen musste, denn der Mann blieb sitzen, wo er saß.

Mithilfe ihres inneren Engels erkannte Florence, dass es Monicas Ehemann war. Er saß im Rollstuhl, seine Beine waren gelähmt. Aber die Assistentin liebte ihn und dachte nicht im Traum daran, ihn mit einem anderen Mann zu betrügen.

Wieder begann Florence zu weinen, und diesmal vergoss sie Tränen vor Erleichterung und Glück. Der Engel hatte sie auch die Liebe spüren lassen, die Monica für ihren behinderten Mann empfand. »Niemals mehr«, sagte sie nachher aus tiefstem Herzen zu mir, »werde ich Dave oder eine der Frauen aus seinem Büro verdächtigen. Und erst recht nicht die arme, tapfere Monica!«

Bei unserer nächsten (abschließenden) Sitzung erzählte sie mir übrigens noch, dass sie sich gleich erkundigt und in Erfahrung gebracht habe, dass Monica tatsächlich mit einem Mann verheiratet sei, der aufgrund eines Autounfalls seit Jahren im Rollstuhl sitze. »Mein Engel«, sagte sie, »hat das alles immer schon gewusst – und auch ich hätte es längst wissen können und mich und Dave niemals mit dieser blödsinnigen Eifersucht quälen brauchen, wenn ich nur vorher schon mit meinem Engel verbunden gewesen wäre.«

»Aber nun seid ihr ja in Verbindung, meine Liebe«, antwortete ich. Dann umarmte sie mich, und wir beide vergossen noch ein paar Freudentränen. Florence war geheilt, und als sie sich von mir verabschiedet hatte, schwebte sie regelrecht davon auf einer Wolke aus Glück, Zuversicht und Energie.

Joey – der Groll des Schattenmannes

Joseph, der sich von seinen Freunden einfach Joey nennen ließ, war ein jungenhaft wirkender Mann Anfang vierzig. Seit beinahe fünfzehn Jahren arbeitete er als Ingenieur in einem Architekturbüro und war bei seinen Kollegen sehr beliebt. Sein Problem, das ihn schließlich auch in meine spirituelle Beratungspraxis geführt hatte, war es jedoch lange Zeit gewesen, dass man ihn »nicht ganz für voll« nahm.

Seine Kompetenz, sein Engagement und Geschick als Ingenieur wurden von niemandem bezweifelt. Besonders in der Anfangsphase von Projekten, wenn es darum ging, zündende Ideen zu entwickeln und zaudernde Kunden durch kreative Entwürfe zu überzeugen, wurde Joey von seinem Chef oftmals »in den Himmel gelobt«. Aber »wie durch einen bösen« Zauber, so drückte Joey selbst es bei einem unserer ersten Treffen aus, entglitt ihm bei jedem Projekt im Lauf der Zeit die Kontrolle, und am Ende stand in der Rubrik »federführender Urheber« niemals sein eigener Name, sondern fast immer der seines Vorgesetzten. Für ihn selbst aber blieb jedes Mal nur die Rolle des »Schattenmannes«, der beflissenen Hilfskraft im Schatten des charismatischen Chefingenieurs.

Dieser Vorgesetzte, ein älterer Mann von bulliger Statur und dröhnender Stimmkraft, war offenbar ein »Machtvampir« reinsten Wassers. Sein Name war Conrad, sein Spitzname »Colonel Conny«, und er verstand es meisterhaft, seine Untergebenen gegeneinander auszuspielen, indem er Missgunst zwischen ihnen säte, sich als wankelmütig in der Wahl seiner Favoriten zeigte und insgesamt eine Atmosphäre überzogenen, aggressiven Wetteiferns in seiner Abteilung schuf.

Aber das war nur der eine Teil des Problems, mit dem Joey sich herumplagte. Der andere Teil war er selbst, genauer gesagt: seine Unfähigkeit, Auseinandersetzungen mit Leuten wie dem auftrumpfenden Chefingenieur durchzustehen. Die Wurzeln dieses Problems lagen offensichtlich in Joeys Kindheit. Unter dem Regime eines jähzornigen Vaters, der Konflikte mit seiner Frau und seinen minderjährigen Kindern im Stil eines auf Leben und Tod Leben kämpfenden Gladiators auszufechten pflegte, hatte Joey die Charakterstruktur eines ohnmächtigen Kollaps-Ich ausgebildet. Seine autonome Energieproduktion lag chronisch danieder, sein Herz-Kind war ebenso von seinem bewussten Ich abgespalten wie die Drachenkraft seines natürlichen Selbst. Unter diesen Umständen war er in der Tat gänzlich außerstande, eine Auseinandersetzung mit einem Machtvampir durchzustehen, der sich an der Unterwürfigkeit seiner Untergebenen gewohnheitsmäßig berauschte.

Ich schlug Joey vor, mein Übungsprogramm zur Selbstintegration durchzuführen, wie ich es im 1. Kapitel dieses Buches beschrieben habe. Nach einigem Zögern stimmte er zu – »hin und her gerissen zwischen Angst und Hoffnung«, wie er seine Stimmungslage zu Beginn unserer gemeinsamen Arbeit beschrieb. Denn uns beiden war natürlich klar, dass Joey zuerst einmal den seit seiner Kindheit aufgeschobenen Konflikt mit seinem »inneren Vater« ausfechten musste, damit er eine Chance bekäme, gegen »Vater-Stellvertreter« wie den machtvampiristischen »Colonel Conny« zu bestehen.

Wir sprachen auch darüber, dass unsere eigenen Energie- und Charaktermuster in hohem Maß darüber mitentscheiden, aus welchen Personen unsere Umgebung sich zusammensetzt und welche Rolle wir selbst in diesem Umfeld einnehmen. Der »innere Vater« in Joeys Unbewusstem wirkte wie ein Magnet, der in der Außenwelt um Joey herum Personen mit ähnlicher Charakterstruktur anzog und ihn selbst in der Rolle des unterwürfigen Sohnes fixierte.

Nach anfänglichem Widerstreben steigerte Joey bald schon den Eifer, mit dem er das Übungsprogramm zur Überwindung energiesenkender Muster durchführte. Er spüre mit jedem Tag deutlicher, so erklärte er mir, wie gut ihm die Meditationen bekämen, wie seine Lebensfreude, seine Zuversicht und sein Selbstbewusstsein wüchsen.

Nach etwa neun Monaten war es so weit: Joey hatte sich von seinem »inneren Vater« befreit. Hierfür war er mehrfach auch in seinen inneren See hinabgetaucht. Dort hatte er eine beträchtliche Anzahl von »Giftcontainern« vorgefunden, niederdrückende und größtenteils traumatische Geschehnisse aus seiner Kindheit. Neben jedem dieser Behälter voll abgespaltener Schrecknisse fand Joey einen grimmigen Wächter mit dem Aussehen und den Verhaltensweisen, die sein Vater vor mehr als zwei Jahrzehnten an den Tag gelegt hatte. Unter meiner Anleitung öffnete und leerte er jeden einzelnen Erinnerungscontainer und erklärte dem Wächter jedes Mal, dass er ihm verzeihe und ihn freigebe.

Es waren erschütternde Erfahrungen für ihn, und zwischenzeitlich wollte er einmal sogar aufgeben, da er immer wieder aufs Neue den väterlichen Wächter in seinem inneren See vorfand. Aber auch diese Krise ging vorbei, und zum guten Ende war auch der allerletzte Giftcontainer geleert, woraufhin der Wächter mit den Zügen des »inneren Vaters« sich umwandte und endgültig aus Joeys Unbewusstem verschwand.

Der Erfolg dieses Übungsprogramms war nicht nur für Joey selbst, sondern auch für jedermann in seiner Umgebung unübersehbar. Bereits während unserer gemeinsamen Arbeit hatte er sich von der Frau getrennt, mit der ihn über Jahre eine wenig liebevolle, hauptsächlich durch beiderseitige Furchtsamkeit und Kleinmütigkeit geprägte Beziehung verbunden hatte. Gegen Ende des Übungsprogramms waren Joeys Energielevel und Selbstbewusstsein so sehr angestiegen, dass er es wagte, eine junge Kollegin aus dem Architekturbüro anzusprechen, auf die er seit Langem insgeheim ein Auge geworfen hatte. Er lud sie zu einem gemeinsamen Abendessen ein – und sie sagte tatsächlich zu!

Die gemeinsamen Essen wiederholten sich und weiteten sich bald schon zu gemeinsamen Tanzabenden und schließlich zu romantischen Wochenenden aus. Joeys Selbstbewusstsein stieg noch weiter, und mehrere seiner Kollegen im Büro erklärten ihm unabhängig voneinander, wie sehr sie seine fachliche Kompetenz und seinen Arbeitseifer bewunderten.

Im Grunde hätte ich an diesem Punkt meine Arbeit mit ihm beenden können, denn Joeys Energieprobleme waren nachhaltig behoben.

Doch da war immer noch sein Vorgesetzter, der Chefingenieur Conrad, der nach wie vor nicht im Traum daran dachte, seinem besten Mitarbeiter den ihm gebührenden Platz an der Sonne einzuräumen.

»Sie könnten die Stelle wechseln«, schlug ich Joey vor, wohl wissend, dass diese Lösung für ihn nicht infrage kam.

»Ja, es wäre das Einfachste«, gab er zurück. »Der Klügere gibt nach, keine Frage. Ich könnte mich auch selbstständig machen, und wahrscheinlich mache ich das auch spätestens in ein, zwei Jahren. Aber vorher muss ich diesen Konflikt noch ausfechten.«

Ich gab ihm recht. Manchmal ist es klüger nachzugeben, und manchmal sind wir es uns selbst schuldig, einem Kampf nicht auszuweichen. Wenn wir über ein integriertes Selbst verfügen, wird unsere Intuition uns den richtigen Weg weisen. Und wenn unsere Energiestruktur so sehr optimiert ist wie bei Joey, der das Übungsprogramm mit größtmöglichem Erfolg hinter sich gebracht hatte, dann sind wir auch in der Lage, einen solchen Konflikt durchzustehen.

»Ich gehe zu Colonel Conny«, sagte Joey, »und verlange, dass er mich zu seinem Stellvertreter macht und dass ich fortan die Federführung für eine Reihe von Projekten bekomme.«

Bereits am nächsten Tag setzte er seinen Plan in die Tat um, und wie wir beide es vorausgesehen hatten, lief er gegen eine Wand. Der Chef plusterte sich auf, gab sich abwechselnd erstaunt und empört und ließ sich nichts Bedeutenderes als eine lächerlich geringe Gehaltserhöhung abringen.

Als Joey das nächste Mal in meine spirituelle Praxis kam, war er so down wie seit langer Zeit nicht mehr. Aber durch unser gemeinsames Energietraining hatte er auch gelernt, dass er sich so rasch nicht mehr unterkriegen lassen durfte. »Ich habe noch keine Ahnung, wie ich es anstellen soll«, sagte er zu mir. »Aber ich spüre ganz genau, dass ich in dieser Sache nicht kneifen darf. Ich muss und ich werde ihn dazu bekommen, meine Arbeit angemessen zu würdigen.«

Wir beratschlagten hin und her, wie wir Conrad zum Einlenken bewegen könnten. Natürlich kamen nur faire, ethisch untadelige »Kriegslisten« infrage, und schließlich mussten wir uns eingestehen, dass Joey die Hände gebunden waren, solange der Chefingenieur nicht selbst zur Einsicht gelangte.

»Bitten Sie Ihren inneren Engel um Hilfe«, sagte ich zu ihm. »Eine andere Möglichkeit sehe ich nicht.«

Trancereisen sind nicht jedermanns Sache, und als Ingenieur war es Joey gewöhnt, mit Statik und Zahlen umzugehen, nicht aber mit Engeln und überwältigenden Gefühlen. Nachdem er das Übungsprogramm des 1. Kapitels absolviert hatte, war sein Ich mit seinem Herz-Kind gut verbunden, aber der Reise in sein inneres Himmelreich und der Begegnung mit seinem höheren Selbst sah er gleichwohl mit einer gewissen Unsicherheit entgegen.

Dennoch stimmte er nach kurzem Zögern meinem Vorschlag zu. »Ich vertraue Ihnen, Dorothy«, sagte er zu mir, »und ich spüre ja selbst, dass Sie recht haben: Wenn ich den Konflikt mit Colonel Conny durchstehen will, muss ich auch diesen Schritt noch wagen.«

Nachdem er sich einmal entschlossen hatte, entpuppte er sich als überraschend begabter Trancereisender. Schon ihn auf den Weg in sein inneres Himmelreich zu bringen, erwies sich als sehr viel leichter, als wir beide das erwartet hatten: Er zog sich für etwa eine Viertelstunde allein zurück, um sich ein wenig zu entspannen und zu meditieren. Als ich dann zu ihm in den Meditationsraum kam, sah er mir mit einem gelassenen Lächeln vom Ruhebett aus entgegen.

Wir hatten uns für eine Kombination aus akustisch und optisch basierter Hypnosetechnik entschieden, genauer gesagt, für ein Metronom. Mir blieb also zunächst nicht sehr viel mehr zu tun, als den Taktgeber so zu platzieren, dass Joey das Pendel mit ein wenig aufwärts verdrehten Augen fixieren konnte, sodann das Instrument in Gang zu setzen und den Prozess durch gleichförmig wiederholte Suggestionen zu verstärken.

Schon nach wenigen Minuten befand sich Joey im Zustand tiefer Trance. Seine Augen blickten starr, waren jedoch geöffnet. Sein Puls war stark verlangsamt, sein Atem flach. Doch als ich ihn mit leiser, murmelnder Stimme ansprach, antwortete er so rasch und klar, wie man dies von einem unerfahrenen Trancereisenden überhaupt erwarten konnte.

Er befinde sich im Innern eines Sterns, erklärte er aufgeregt, »oder vielleicht auch einer Raumkapsel – ich schwebe durch das All, und rings umher sind unzählige solcher strahlender und schwebender Kugeln wie diese.«

Dann erst wurde er des Engels gewahr, der sich mit ihm in der »Raumkapsel« befand. »Er ist so strahlend ... so mächtig ... so viel schöner als alles, was ich jemals ...« Seine Stimme erstickte in einem Schluchzen. Mehrmals versuchte Joey weiterzusprechen, aber die Tränen liefen ihm über die Wangen, und gleichzeitig strahlte er über das ganze Gesicht, als ob er selbst ein Engel geworden wäre.

Einige Zeit befragte er sodann sein höheres Selbst wegen verschiedener Angelegenheiten, die ich hier wiederum übergehen will. Doch schließlich kam er auf den Punkt zu sprechen, wegen dem er sich auf die Reise zu seinem inneren Engel begeben hatte. »Was kann ich tun, damit Conrad, mein Chef, mich gerechter behandelt und nicht länger meine Ideen und meine Arbeit als seine eigenen Verdienste ausgibt?«

Der Engel schaute ihn mit sanftem Lächeln an. »Seine Seele ist zerrissen«, sagte er mit einer Stimme, die für Dave »wie Orgelbrausen« klang. »Ein Teil von ihr fliegt dort draußen umher – sieh nur.«

Vor Joeys innerem Auge erschien ein seltsam nebelhaftes Gebilde, das durch einen dunklen Raum flog wie ein Nebelfetzen im Wind. »Es ist sein Gewissen«, hörte er den Engel sagen, »der Teil seiner Seele, der das Ich mit dem höheren Selbst verbindet. Rufe es an, mache ihm klar, dass es seine Aufgabe erfüllen muss.«

Im ersten Moment dachte Joey, dass der Engel in Rätseln redete und er nicht im mindesten wüsste, was er jetzt machen sollte. Aber im nächsten Augenblick begann er bereits mit lauter Stimme zu rufen: »Conrad – Gewissen von Conrad, hörst du mich?«

Sein Gesichtsausdruck zeigte mir, dass er angestrengt lauschte. Dann lächelte er befriedigt – anscheinend hatte das Gewissen ihm Antwort gegeben.

»Conrads Gewissen«, rief Joey nun, wie es der Engel ihm aufgetragen hatte, »kehre in deine irdische Hülle zurück. Verbinde dich mit deinem Ich. Du hast eine Aufgabe zu erfüllen!«

Einige Momente lang konnte Joey das geisterhaft umherwehende Gewissen noch sehen, dann verlor er es aus den Augen.

»Conrad wird träumen«, sagte der Engel mit brausender Stimme. »Sein Gewissen wird ihn zwacken. Wiederhole die Anrufung, Joey – so lange, bis du bei Conrad Anzeichen von Reue bemerkst.«

Nachdem Joey aus der Trance zurückgekehrt war, besprachen wir ausführlich seine Erlebnisse mit dem inneren Engel. Joey war sehr gerührt und beeindruckt, wie es jedem Trancereisenden ergeht, der zum ersten Mal die Macht und Liebe seines höheren Selbst erfährt. Ich erklärte ihm, dass sich gerade in heutiger Zeit viele Menschen ihres Gewissens wie eines lästigen Fetzens entledigt hätten, um in ihrem Macht- und Gewinnstreben durch keinerlei ethische Bedenken mehr gehemmt zu werden. Wer sein Gewissen verloren oder von sich gestoßen habe, könne aber auch von seinem inneren Engel nicht mehr erreicht werden.

Wir beschlossen, dass Joey in der folgenden Woche einmal täglich in sein inneres Himmelreich zurückkehren würde, um dort Conrads Gewissen anzurufen und zur Rückkehr zu ermahnen, wie der Engel ihm das aufgetragen hatte. Im Büro würde Joey ab dem zweiten Tag immer wieder unauffällige Vorstöße unternehmen, um herauszubekommen, ob Conrad schon Anflüge von Reue zeigte.

Als Joey seinen Chef am zweiten und dritten Tag fragte, ob er nun endlich bereit sei, seine Leistungen angemessener zu würdigen, zeigte sich der Vorgesetzte so verständnislos und empört wie zuvor. Doch Joey fuhr einfach fort mit dem Programm, das der Engel ihm aufgetragen hatte, rief in Trance Conrads Gewissen an und wiederholte außerdem jeden Tag vor seinem Vorgesetzten in freundlichem Tonfall seine Frage.

Am dritten Tag schien es ihm, als ob Conrad in der Tat nachdenklich würde. »Er sieht mich immer so verwundert an«, erzählte er mir, »und dann wieder sitzt er einfach da und macht ein Gesicht, als ob er in sich hineinlauschen würde.«

Am sechsten Tag aber geschah Folgendes. Joey saß wie immer im Großraumbüro zwischen den anderen Ingenieuren und arbeitete an einem Entwurf für eine neue Shopping Mall, die nach ökologischen Gesichtspunkten erbaut werden sollte. Auf einmal ging die Tür auf, der Chefingenieur trat ein und stürzte sich regelrecht auf Joey. »Alle waren sehr überrascht«, erzählte er mir am Abend, »und auch ich war ehrlich gesagt ziemlich erstaunt, obwohl ein Teil von mir ja überhaupt nicht bezweifelt hatte, dass alles genau so kommen würde.«

Colonel Conny nämlich packte Joey am Arm und zog ihn von seinem Stuhl hoch. »Dieser verdammte Kerl hier«, schrie er mit seiner dröhnenden Stimme, »dieser Hundesohn von einem Ingenieursgenie wird mit sofortiger Wirkung zu meinem Stellvertreter befördert!« Und dann mit leiserer Stimme, wobei Conrad seinen eigenen Worten beinahe erstaunter zu lauschen schien als der so rau Geehrte: »Also hören Sie zu, Joey, künftig suchen Sie sich einfach die Projekte aus, für die Sie federführend verantwortlich zeichnen wollen – glauben Sie vielleicht, ich wüsste nicht, wie miserabel wir ohne Sie dastünden?«

Unter dem Applaus seiner Kollegen nahm Joey die seit Langem hoch verdiente Beförderung an. Auf der Stelle suchte er sich ein halbes Dutzend Projekte aus, die er als verantwortlicher Ingenieur betreuen würde. Doch keine zwei Jahre später, nachdem er alle Aufgaben zur größten Zufriedenheit von Kunden und Vorgesetzten ausgeführt hatte, legte er Conrad seine Kündigung auf den Tisch.

Joey leitet heute sein eigenes Architekturbüro mit fünfzehn angestellten Ingenieuren. Vor wichtigen Entscheidungen sucht er seit damals regelmäßig seinen inneren Engel auf, um ihn um Rat und Hilfe zu bitten.

Judith – Lebensverlängerung durch Engelliebe

Auf den ersten Blick mag dieser Fall wenig spektakulär erscheinen. Wie viele Menschen pflegen zu Hause todkranke Familienangehörige, und scheinbar war Judith nur eine von ihnen: eine schlanke, ruhig und beherrscht wirkende Frau Mitte fünfzig, deren Ehemann George an Krebs im finalen Stadium litt.

Die Ärzte hatten erklärt, dass sie für George nichts mehr tun könnten. Der Krebs war von seiner Mundhöhle ausgegangen, hatte seinen Kehlkopf befallen und letztlich allen medizinischen Angriffen getrotzt. Nach Voraussage der Ärzte hatte George noch allenfalls drei Monate zu leben.

Er wurde künstlich ernährt durch eine Sonde, die in seine Speiseröhre eingeführt worden war. Da auch sein Kehlkopf und seine Stimmbänder vom Krebs zerfressen waren, vermochte er sich nur noch mithilfe eines Sprachcomputers zu artikulieren, der seine eigene natürliche durch eine seelenlos synthetische Stimme ersetzte. Chemo- und Strahlentherapie hatten seine Widerstandskräfte nahezu aufgezehrt. Er war nur noch ein »Bündel Haut und Knochen«, mit

Judiths Worten, so geschwächt, dass er aus eigener Kraft kaum mehr einen Arm heben konnte.

Halbe Tage dämmerte er in seinem Bett dahin. Aber wann immer er bei Bewusstsein war, versuchte er zu sprechen, seiner Frau Judith zu erklären, was er so lange vor ihr verborgen hatte.

»Im Grunde hat meine Stimme immer so geklungen«, sagte er dann etwa. »So herz- und seelenlos wie dieser Apparat.« George sah seinen Krebs nicht als willkürlich über ihn hereingebrochene Todeskrankheit, sondern als seine »innere Wahrheit«, die er so lange verleugnet habe, bis sie sich aus ihm »hervor und ans Tageslicht gefressen« habe.

Judith und George waren seit einem halben Leben verheiratet. Aber erst auf dem Sterbebett hatte er es über sich gebracht, ihr zu gestehen, dass er vor ihrer Zeit einige Jahre lang mit einer Frau namens Jane zusammengelebt habe. Als Jane von ihm schwanger wurde, verließ er sie, doch in seinem ganzen restlichen Leben kam er über seinen eigenen Treuebruch nicht hinweg. Obwohl er in einen weit entfernten Bundesstaat zog, behielt er Jane insgeheim im Auge. Sie brachte eine Tochter zur Welt, die auf den Namen Lou-Ann getauft wurde. Mutter und Tochter lebten in ärmlichen Verhältnissen und waren bei Janes eigener Familie ebenso wie bei ihren Nachbarn schlecht angesehen. Jane begann zu trinken und vernachlässigte die kleine Lou-Ann, fing sich zwischenzeitlich wieder und strauchelte aufs Neue. Und George beobachtete dies alles aus der Ferne, mal litt er ein wenig mit Jane, mal schämte er sich vor sich selbst, dann wieder drängte er die »Schatten der Vergangenheit« mit Gewalt aus seinem Bewusstsein und versuchte sich einzureden, dass er schließlich nicht für das Leben der beiden verantwortlich sei.

Ab und an erwog er, seiner Frau Judith alles zu erzählen, verwarf diesen Gedanken aber jedes Mal wieder. In seinem neuen Leben war er ein angesehener Mann, Journalist bei der Lokalzeitung und in seiner Stadt eine »moralische Autorität«. Wenn herauskäme, dass er eine schwangere Frau im Stich gelassen und den kläglichen Daseinskampf der beiden scheinbar ungerührt aus der Ferne beobachtet hatte, würde er seinen Job, sein Ansehen, womöglich auch die Liebe seiner Frau verlieren. Also schwieg er weiter Jahr um Jahr.

Seine Tochter Lou-Ann war noch keine dreizehn, als sie zum ersten Mal mit dem Gesetz in Konflikt geriet. Ihre frühen Delikte waren bloß kleine Diebereien im Supermarkt und bei sonstigen Gelegenheiten. Aber anders als in der Schule kam sie auf der kriminellen Laufbahn rasch voran: Mit vierzehn gehörte sie einer Vorstadtgang minderjähriger Autoknacker an, im Jahr darauf wurde sie zum ersten Mal mit Drogen erwischt. Und so ging es unerbittlich weiter: Vorstrafen, halbherzige Wiedereingliederungsversuche, neue Straffälligkeit.

Als ihre Mutter Jane in volltrunkenem Zustand bei einem Autounfall ums Leben kam, war es um Lou-Anns Selbstkontrolle vollends geschehen. Kurz darauf überfiel sie, gerade neunzehn Jahre alt, mit einigen Kumpanen eine Tankstelle. Sie wurde verhaftet und zu sieben Jahren Gefängnis verurteilt. Von dieser Strafzeit hatte sie noch fünf Monate zu verbüßen, als George von seinen Ärzten erfuhr, dass er in spätestens einem Vierteljahr sterben würde.

Dies war der Zeitpunkt, da er Judith alles beichtete. Sie war schockiert, über Georges damalige Handlungsweise und mehr noch, weil er seine Vergangenheit so beharrlich vor ihr geheim gehalten hatte. Aber sie verzieh ihm, sie liebte ihren George von Herzen und nach seinem reuevollen Geständnis beinahe noch mehr.

Auf ihren Rat hin schrieb er seiner Tochter Lou-Ann einen Brief, in dem er ihr alles zu erklären versuchte und sie um Verzeihung bat. Sie antwortete ihm überschwänglich, voller Hoffnung und Dankbarkeit: Sie fühle ganz deutlich, wenn sie erst ihren Vater kennengelernt hätte, würde sie auch ihr Leben endlich in den Griff bekommen.

In seinem Brief hatte George zwar angedeutet, dass er schwer krank sei, aber im Dunkeln gelassen, wie schlimm es tatsächlich um ihn stand. Lou-Ann schrieb ihm, dass sie es kaum erwarten könne, ihn nach ihrer Haftentlassung zu besuchen, und George fand sich wieder einmal zwischen Lüge und Wahrheit gefangen: Er brachte es nicht über sich, ihr zu antworten, dass er zu diesem Zeitpunkt aller Wahrscheinlichkeit nach nicht mehr am Leben sein würde. Stattdessen beschwor er seine Frau Judith unter Tränen, irgendetwas zu unternehmen, damit seine Tochter ihn noch lebend antreffen würde. »Finde einen Wunderheiler«, bat er sie, »oder bete zu einem Heiligen – aber sorge bitte dafür, dass ich Lou-Ann noch einmal in meine Arme schließen kann.«

Die beiden scheinbar einfachsten Wege, diesen Wunsch zu erfüllen, waren versperrt. Georges allgemeiner Zustand war so miserabel, dass er nicht einmal dem Luftzug auf seiner Terrasse ausgesetzt, geschweige denn, siebenhundert Meilen weit zu dem Gefängnis transportiert werden konnte, wo Lou-Ann in der Abteilung für gewaltkriminelle Frauen einsaß. Und der Antrag von Lou-Ann, ihr einen Besuch bei ihrem kranken Vater zu erlauben, wurde vom zuständigen Richter abgelehnt: In sämtlichen Akten über Lou-Ann stand »Vater unbekannt«.

Damals suchte mich Judith schon seit etwa einem halben Jahr regelmäßig auf, damit wir gemeinsam an ihrer Energiestruktur arbeiten konnten. Einen sterbenden Lebenspartner zu Hause zu betreuen ist ohnehin seelische und körperliche Schwerstarbeit. Der Todkranke auf seinem Sterbebett ist sozusagen ein Energievampir wider Willen, der bei seinen Nächsten, die ihn pflegen, ihn aufzumuntern und ihm den Abschied von der Erde zu erleichtern versuchen, oftmals über lange Zeit am energetischen Tropf hängt. Wenn wir einen Menschen lieben, stellen wir ihm in seinen letzten Wochen und Tagen gern und klaglos einen Teil unserer Energieressourcen zur Verfügung, aber umso wichtiger ist es gerade in dieser Phase, dass wir durch entsprechende Übungen unsere Vorratstanks auch regelmäßig wieder auffüllen.

Obwohl sich Judith bei mir mehrmals pro Woche einem speziell auf sie abgestimmten Programm zur Aurastärkung und Chakrareinigung unterzog, wirkte sie um jene Zeit schon ein wenig angegriffen. Das mehr und mehr qualvolle Sterben ihres Ehemanns zehrte an ihren Kräften, und ihr Energieniveau sank langsam, aber beständig ab. Dabei begab sie sich regelmäßig auch auf Trancereise, um sich durch den Kontakt mit ihrem inneren Engel zu stärken. Allerdings nahmen die hiermit verbundenen emotionalen Erschütterungen sie meist so sehr mit, dass sie die Abstände zwischen den einzelnen Trancesitzungen mit der Zeit immer mehr streckte.

Judith suchte mich noch am selben Tag auf, an dem George sie voller Verzweiflung angefleht hatte, irgendetwas zu unternehmen, damit er lange genug am Leben bliebe, um seine Tochter ein erstes und letztes Mal zu umarmen. »Du bist unsere einzige Hoffnung«, sagte sie zu mir. »Wenn du keinen Rat weißt, muss George sterben, bevor Lou-Ann wieder in Freiheit ist.«

Ich nahm ihre Hand zwischen meine Hände und schaute ihr in die Augen. Mit überwältigender Klarheit fühlte ich, dass Judith bereit war, alles in ihren Kräften Stehende zu tun, um ihren George so lange am Leben zu erhalten, dass er sich mit Lou-Ann aussprechen könnte. Durch die kontinuierliche Energiearbeit, der sich Judith in den letzten Monaten unterzogen hatte, schien sie mir so stark und ihr Energielevel trotz allem noch so hoch, dass ich glaubte, den Vorschlag verantworten zu können, den ich ihr an jenem Tag machte.

»Du musst deinen inneren Engel um Hilfe bitten«, sagte ich. »Er wird dir so viel Energie schicken, dass du deinen Mann einige Zeit am Leben erhalten kannst, auch wenn Georges eigene Energieproduktion mehr und mehr zum Erliegen kommt.«

Es ist eine altehrwürdige Methode, die in Elendshospitälern und in früheren Jahrhunderten auch in europäischen Klosterspitälern vielfach erprobt worden ist. Barmherzige Brüder und Schwestern hielten todgeweihte Mitmenschen für eine gewisse Zeitspanne auf der Schwelle zwischen Dies- und Jenseits fest, indem sie durch Meditation und Gebet all ihre Liebe zu dem oder der Sterbenden sandten. In manchen Fällen konnten sie auf diese Weise dem Tod seine Beute sogar noch einmal entreißen, und zahllos sind die Berichte von Sterbenskranken, die »wie durch ein Wunder« noch Tage und Wochen lang bei klarem Bewusstsein verblieben, »ohne Schmerzen und Klagen« während der »*spiritus vitae*«, der Lebensgeist, aus ihren Leibern schon nahezu gänzlich entwichen war.

Allerdings ist es auch keine ganz unbedenkliche Methode, wie ich Judith gleichfalls erklärte – vor allem dann, wenn ein Helfer allein es auf sich nimmt, einen Todgeweihten für eine gewisse Frist im Diesseits zu erhalten. Auch wenn unser innerer Engel potenziell unbegrenzte Mengen an Energie zur Verfügung zu stellen vermag, sind wir irdischen Geschöpfe doch nur für einen sehr begrenzten Zeitraum imstande, außer uns selbst einen zweiten Menschen, dessen Energieproduktion zusammengebrochen ist, mit Lebensenergie zu versorgen.

Es ist weniger eine Frage der körperlichen als der geistigen und seelischen Kräfte: Mit der Verdoppelung der Energiemenge, die durch unsere »Pipelines« strömt, und mit der permanenten Öffnung unserer »Schleusen« zu einem anderen Menschen hin, den wir sozusagen fest und dauerhaft an unsere eigene Energiestruktur angeschlossen haben, gehen so starke innere Erschütterungen einher, dass selbst spirituell geübte und gefestigte Menschen diese Hyperbelastung nur kurze Zeit zu tragen vermögen. Schon in alten Berichten wird beispielsweise immer wieder erwähnt, dass die Mönche und Nonnen, die auf diese Weise das Leben eines Todgeweihten zu verlängern versuchten, von Furcht einflößenden Visionen heimgesucht wurden, körperlich rasch verfielen und auch längere Zeit danach »noch nicht wieder ganz die Alten waren«. Zwar bezweifelte ich nicht, dass Judith diese Herausforderung durchstehen und sich anschließend von den Strapazen wieder erholen würde. Aber ich verschwieg ihr nicht, dass sie mit psychischen Erschütterungen und körperlicher Auszehrung in einem Ausmaß rechnen müsse, als ob sie sich wochenlangem Fasten oder einer Himalaya-Überquerung unterzogen hätte.

Sie hörte sich alles an und erklärte dann in ihrer ruhigen, bestimmten Art: »Ich mache es, Dorothy. Und ich werde es aushalten.«

Unter meiner Anleitung vervielfachte Judith in den folgenden Wochen ihre Bemühungen zur Steigerung ihres Energie- und Schwingungsniveaus. Insbesondere führte sie immer wieder die Chakra-Meditationen durch, die ich im 3. Kapitel beschrieben habe. Außerdem schulte sie durch wiederholte Trancereisen ihre Fähigkeit, den Kontakt zu ihrem inneren Engel zu erneuern, ohne dabei mehr als die unvermeidliche emotionale Erschütterung zu erleiden. Bald schon würde sie mehrmals täglich zwischen ihrer inneren und der äußeren Wirklichkeit hin und her wechseln müssen, um die von ihrem Engel bereitgestellte Energie zu ihrem sterbenskranken Ehemann zu transferieren.

Erfahrene spirituelle Helfer vermögen es, sich für eine gewisse Zeit auf der Schwelle zwischen Wachen und Trance oder Normal- und Hyperbewusstsein zu erhalten und auf diese Weise einen übergangslosen Energietransfer zu gewährleisten. Sie selbst werden hierbei zum Medium, technisch gesprochen zu dem Verbindungsstutzen zwischen der »kosmischen Energietankstelle« (innerer Engel) und dem an Energiemangel leidenden »Motor« (George). Diese Fertigkeit vermochten wir in so kurzer Zeit bei Judith nicht zu entwickeln, aber nach einigen Dutzend Trainingseinheiten klappte der Übergang von Trance zum Wachen bei ihr schon recht gut.

Währenddessen verschlechterte sich Georges Gesundheitszustand immer mehr. Wie die Ärzte es vorausgesagt hatten, neigte sich sein Leben rapide dem Ende zu. Doch bis sich vor seiner Tochter die Gefängnistore öffnen würden und Lou-Ann an das Bett ihres sterbenden Vaters eilen könnte, würden noch beinahe zwei Monate vergehen.

Acht Wochen scheinen eine lächerlich geringe Frist zu sein, und doch sind sie ein Ozean an Zeit, unermesslich breit und tief, wenn es darum geht, sie dem Tod abzutrotzen. Auf meinen Rat hin hatte Judith einige Helferinnen angeheuert, die sich um den Haushalt und um die Pflege des Todkranken kümmern würden, denn Judith fehlte es für diese Aufgaben in den nun folgenden Wochen an Zeit – und bald schon auch an der nötigen Kraft.

Beinahe Tag und Nacht saß oder lag sie nun auf dem ausklappbaren Gästesofa, das sie in Georges Zimmer hatte aufstellen lassen. Von ihrem Ruheplatz aus konnte sie Georges Gesicht im Auge behalten und Blickkontakt mit ihm aufnehmen, wann immer er wach und bei Bewusstsein war. Wenn sie sich zum Sitzen aufrichtete, konnte sie auch seine Hände mit den ihren ergreifen. Das war außerordentlich wichtig, denn unsere Augen und Hände sind besser als alles andere geeignet, um Energie (kosmische Liebe) von einem Menschen zum anderen zu transferieren. Wie wir aus den Erfahrungsberichten vieler erfolgreicher Geistheiler oder auch aus den überlieferten Erzählungen mittelalterlicher »Heilbeter« wissen, lassen sich solche Energieströme auch über größere Entfernungen transportieren, wenn man sich das Bild der betreffenden Person intensiv ins Bewusstsein ruft. Aber Blickkontakt und/oder die Verbindung der Hände wirken wie mächtige Verstärker.

Immer wieder begab sie sich auf Trancereise zu ihrem inneren Engel und bat ihn, ihr so viel Energie zur Verfügung zu stellen, wie sie selbst irgend in sich aufnehmen konnte. Der Engel hüllte sie in seinen Strahlenmantel ein und ließ Wellen reinen Lichtes aus seinen Augen zu ihr herüberströmen. Sie spürte, wie die Engelenergie ihr Herz und ihren Geist mit goldener Wärme füllte. Die Tränen liefen ihr nur so aus den Augen und über die Wangen, und dabei jauchzte und weinte sie vor Freude und zugleich vor Schmerz, weil sie auch während der höchsten Verzückung niemals vergaß, dass auch ihr innerer Engel Georges Sterben nur verzögern konnte.

Wenn sie dann aus der Trance zurückkehrte, beeilte sie sich, ihre Tränen zu trocknen und ihren Blick auf Georges Gesicht zu richten, das beinahe schon so fahl und grau wie bei einem Toten war. Mit all ihrer Kraft schickte sie die gespeicherte Engelenergie zu ihrem Liebsten hinüber, sie stellte sich vor, dass ein dicker Schlauch sein Herz mit dem ihren verband und dass nun die goldene Engelenergie zu ihm herüberfloss. Bald schon öffnete er dann meist die Augen, und wenn ihre Blicke sich miteinander verbanden und sie auch seine Hände noch in die ihren nahm, dann belebte sich seine Gesichtsfarbe, und zuweilen geschah es sogar, dass ein Lächeln über seine Züge flog. Da aber spürte Judith meist schon wieder, wie ihre Ressourcen zur Neige gingen, und obwohl sie sich so entkräftet fühlte, als ob sie eine steile Bergwand erklommen hätte, schloss sie die Augen, konzentrierte sich und kehrte in ihr inneres Himmelreich zurück. Und so ging es Tag für Tag, von früh bis spät und vom Abend bis zum Morgen, unterbrochen nur von kurzen Phasen, in denen Judith ein paar Bissen zu sich nahm oder vor Erschöpfung in tiefen, traumlosen Schlaf sank.

Mehrmals in der Woche suchte ich sie zu Hause auf, um sie durch spezielle Energieübungen zu stärken. Ein paar Mal, als ich sie mehr ohnmächtig als schlafend vorfand und George kaum mehr unter den Lebenden schien, bat ich auch meinen inneren Engel, den Sterbenden mit kosmischer Energie zu versorgen, bis Judith wieder etwas mehr bei Kräften wäre. Aber das blieb die Ausnahme – ich hatte Judith gleich am Anfang erklärt, dass ich eine Vielzahl von Klienten betreute, von denen ich mich nicht einfach abwenden konnte, um all meine Energie über Wochen und Monate auf einen einzigen Menschen zu richten. Sie hatte mir zugestimmt, und tatsächlich gelang es ihr, den armen George gut vier Wochen lang mit ihrer Engelenergie am Leben zu erhalten, obwohl er nach ärztlicher Ansicht längst tot und begraben sein sollte.

Zu einer ernsthaften Krise kam es Anfang des zweiten Monats. Judiths Kräfte gingen zur Neige, und zu ihrem Entsetzen spürte sie tief in ihrem Innern einen nagenden Hass auf Lou-Ann, für die sie sich aufopferte, »obwohl diese kleine Schlampe es nicht mal wert ist, dass man einen Gedanken an sie verschwendet«, wie sie mir aufgebracht erklärte. Aber gleich darauf schämte sie sich ihrer unbeherrschten und feindseligen Reaktion und bat den bewusstlosen George unter Tränen, ihr zu verzeihen.

»Es ist gut und richtig, dass du so reagierst«, sagte ich zu ihr. »Niemand kann verlangen, dass du dich aufopferst. Lou-Ann nicht, aber George genauso wenig. Wenn du fühlst, dass du alles für ihn getan hast, was in deinen Kräften steht und was du aus tiefstem Herzen für ihn tun wolltest – dann lass ihn los, Judith.«

Sie sah mich tief erschrocken an. »Meine Kraft ist noch nicht zu Ende«, sagte sie dann. »Sowenig wie meine Liebe. Ich will weitermachen.«

Als Lou-Ann vier Wochen später eintraf, fand sie ihren Vater sterbensmatt, aber bei klarem Bewusstsein vor. Seine Kräfte reichten noch eben aus, um sich mit seiner Tochter auszusprechen und zu versöhnen und um Judith für ihre Liebe zu danken. Ich war zugegen, denn Judith hatte mich gebeten, ihr in diesen Stunden tiefster Erschütterung beizustehen. Sie war binnen zweier Monate so sehr abgemagert, dass nicht nur ihre Kleider, sondern auch ihre Haut an Wangen und Armen Falten warfen. Ihre Hände zitterten. Alle paar Augenblicke brach sie in Tränen aus, aber ihre Augen strahlten.

Als George seinen letzten Atemzug tat, saßen seine Frau und seine Tochter an seinem Bett und hielten seine Hände. Lou-Ann und Judith leben seitdem unter einem Dach, und vor Kurzem haben sie angefangen, in Gemeinschaftsarbeit ein Buch über ihre spirituellen Erfahrungen zu schreiben.

6. Kapitel

Mit Liebe siegen in Geschäft und Beruf

Von einem energetischen Standpunkt aus betrachtet, entspringt jeder feindselige Impuls, alles Rivalisieren, Missgönnen und Intrigieren, jeglicher Konkurrenzkampf einem grundlegenden Defizit: dem Mangel an Lebensenergie, an dem die überwiegende Mehrheit der Menschen – bewusst oder unbewusst – leidet. Wenn wir uns diese elementare Einsicht nochmals vergegenwärtigen, liegt auch sogleich offen zutage, worin die ebenso fundamentale Lösung all dieser Verteilungskämpfe bestehen muss: in der nachhaltigen und ausreichenden Versorgung jedes und jeder Notleidenden mit Energie.

Eine Spruchweisheit karibischer Ureinwohner besagt: »Ein hungriger Jaguar ist ein furchtbarer Gegner. Sättige ihn, und er wird sich in eine schnurrende Dorfkatze verwandeln.«

Wie aber können wir das Energiedefizit all jener Menschen in unserer beruflichen oder familiären Umgebung beheben, deren aggressives oder gar offen energieräuberisches Verhalten uns in irgendeiner Weise zu schaffen macht? Das Fallbeispiel von Judith und George im voranstehenden Kapitel beweist ja nicht nur, dass wir einen Menschen für eine gewisse Zeit durch unsere eigenen Ressourcen am Leben erhalten können. Ebenso eindrucksvoll hat diese Geschichte wohl gezeigt, dass wir eine solche Technik nur im äußersten Notfall und nur für kurze Zeit anwenden können, da sie einen bedenklichen Raubbau an unseren eigenen Kräften bedeutet.

Erfolgversprechender ist da schon die Methode, auf die der Ingenieur Joey in der zweiten Fallstudie des letzten Kapitels zurückgegriffen hat: Wenn wir uns in Trance befinden, können wir mithilfe unseres inneren Engels auf das Gewissen derjenigen Person einwirken, die wir zu einem faireren, ethisch akzeptablen Verhalten bewegen möchten. Aber auch eine solche Intervention ändert am zugrunde liegenden Problem – dem Energiemangel des Aggressors – nur sehr wenig.

Um es im Bild der karibischen Spruchweisheit zu sagen: Ein hungriges Raubtier bleibt selbst dann eine gefährliche Bestie, wenn wir seinen Killerinstinkt vorübergehend zu hemmen vermögen. Erst durch seine hinreichende und nachhaltige Sättigung wird der Jaguar zur »schnurrenden Dorfkatze«.

Die Lösung muss also letztlich darin bestehen, dass wir unsere Feinde, Konkurrenten und Rivalen in die Lage versetzen, ihren Energiebedarf aus jener unerschöpflichen Quelle zu decken, über die jeder und jede von uns verfügt: durch die Verbindung mit ihrem eigenen höheren Selbst.

Impfen Sie das Betriebsklima mit »spirituellen Injektionen«

In den voranstehenden Kapiteln habe ich erklärt, dass und warum wir mit unserem inneren Engel erst dann in Kontakt treten können, wenn wir unsere eigene Energiestruktur optimiert (1. Kapitel) und unser Schwingungslevel erhöht haben (2. und 3. Kapitel). Erst auf dieser energetischen Grundlage kann es uns gelingen, auf der Trancereise unserem höheren Selbst zu begegnen (4. Kapitel) und an seiner Liebe, Weisheit und seinen »übernatürlichen« Fähigkeiten teilzuhaben (5. Kapitel).

Das bedeutet jedoch, dass jene unfairen Neider, Rivalen und Energieräuber, unter deren Nachstellungen wir an unserem Arbeitsplatz oder anderswo zu leiden haben, selbst bei allerbestem Willen gar nicht imstande wären, mit ihrem inneren Engel in Verbindung zu treten. Ihr »innerer See« ist voller Wrackteile und Giftcontainer, ihre Charakterstruktur ähnelt mehr oder minder dem Typus des »Kontroll-Ich« oder des »Kollaps-Ich«. Damit sie Kontakt zu ihrem höheren Selbst und dessen unermesslichen Energieressourcen bekämen, müssten sie erst einmal ihr Leben, ihre Gewohnheiten, kurz gesagt: ihre gesamte Energiestruktur grundlegend verändern.

Der Plan, Ihre Konkurrenten und Neider, Rivalen und sonstigen betrieblichen oder privaten Plagegeister zu derart gewaltigen und schmerzlichen Veränderungen zu »bekehren«, erscheint Ihnen auf den ersten Blick vermutlich aussichtslos und weltfremd. Ich möchte Sie gleichwohl ermutigen, auch von dieser Seite her – sozusagen von unten nach oben, auf der Ebene des kleinen Selbst ansetzend – an der energetischen Besserung Ihrer Feinde und Antagonisten zu arbeiten. Auf den zweiten, gewichtigeren Teil dieser Interventionsstrategie – von oben nach unten, auf der Ebene des höheren Selbst – komme ich in den folgenden Abschnitten noch ausführlich zu sprechen.

Einige Punkte, die ich Ihnen in diesem Zusammenhang empfehlen möchte, habe ich in früheren Kapiteln schon angetippt: Wenn an Ihrem Arbeitsplatz eine Atmosphäre des Neides und der Rivalität, eine Unkultur des Tratschens und Intrigierens herrscht, so sollten Sie gewiss nicht wie ein Don Quijote gegen Windmühlen zu Felde ziehen. Aber niemand kann Sie hindern, das mangelgeprägte Betriebsklima mit einigen »spirituellen Injektionen« zu impfen, die über kurz oder lang ihre energetisierende Wirkung entfalten werden.

Auch wenn Sie auf diese Weise die dreisten Machtvampire aus der Führungsetage oder die chronischen Angstvampire im Kollegenkreis vermutlich nicht gleich zu Ihrem spirituellen Weg bekehren werden, bekommen diese doch mehr und mehr zu spüren, dass sie sich nicht mehr jeden Raubzug unbemerkt erlauben können. Außerdem werden Sie bestimmt einige Personen aus der stets vorhandenen »schweigenden Mehrheit« der trägen und konfliktscheuen Mitläufer aufrütteln und vielleicht sogar ermutigen, sich mit den von Ihnen aufgeworfenen Fragen zu beschäftigen. Im Übrigen entwickelt jede Abteilung und jedes Unternehmen so etwas wie einen »Betriebsgeist«, eine Art überpersönliches Gesamtsubjekt des betreffenden Unternehmens, und auch auf diese spirituelle Entität wirken Sie durch die im Folgenden beschriebenen Strategien im Sinn einer energetischen Verbesserung ein.

Erster Tipp: Ziehen Sie Ihre Kollegen ins Vertrauen

Überlegen Sie sich einmal, welche Ihrer Kolleginnen oder Kollegen vielleicht auch so wie Sie des ewigen rach-, tratsch- und konsumsüchtigen Geredes in der Kantine und am Arbeitsplatz überdrüssig sind. Suchen Sie das Gespräch mit diesen Männern und Frauen, und erzählen Sie ihnen, welche Veränderungen in Ihrem Leben in letzter Zeit stattgefunden haben, wie Sie ihre Gewohnheiten umgestellt haben und wie viel besser Sie sich seither fühlen. Lassen Sie sich hierbei durch Rückschläge nicht entmutigen, aber hüten Sie sich auch vor übereifrigem »Missionierungsdrang«.

Zweiter Tipp: Schlagen Sie spirituelle Gesprächsthemen vor

Wenn in Ihrem Betrieb die herunterziehende Gewohnheit herrscht, etwa in der Frühstückspause oder vor einem Meeting Gehässigkeiten über abwesende Vorgesetzte und Kollegen zu verbreiten, so versuchen Sie doch einfach mal, eine neue, positive Tradition zu begründen. Schneiden Sie spirituelle Themen und ethische Fragestellungen an, wann immer sich eine gute Gelegenheit dafür bietet. Aber wahren Sie auch hierbei Zurückhaltung, hüten Sie sich vor allzu »abgehobenen« Gesprächsthemen, die nur Sie selbst in den Ruf einer weltfremden Person bringen würden.

Bleiben Sie jederzeit tolerant und Ihren Nächsten zugewandt. Vergessen Sie niemals: Auch wenn Sie selbst nun mit Ihrem inneren Engel in Verbindung stehen, waren Sie doch vor Kurzem noch von dessen Liebe und Weisheit ebenso abgeschnitten und dieses Mangels unbewusst, wie es den Menschen in Ihrer Umgebung ergeht. Ihr kleiner Vorsprung darf kein Anlass zum Hochmut sein, sondern immer nur ein Ansporn, Ihren Mitmenschen die gleiche Entwicklung zu ermöglichen.

Dritter Tipp: Energetisch wertvolle Ernährung im Betrieb

Auch in spiritueller Hinsicht kann Liebe durch den Magen gehen. Regen Sie bei Betriebsversammlungen und im Gespräch mit Kollegen und Vorgesetzten immer wieder einmal an, die Betriebsküche auf ökologisch basierte Kost umzustellen, auf »Junk Food« zu verzichten und energetisch wertlose oder sogar schädliche Zutaten vom Speiseplan zu streichen.

Auch für eine innerbetriebliche Reform der Arbeits- und Ruhezeiten zu werben kann ein erfolgverheißender Weg sein. Mehrere kleine Ess- und Ruhepausen, über den Arbeitstag verteilt, sind für unseren Energiehaushalt – und damit auch für unsere Arbeits- und Konzentrationsfähigkeit – sehr viel günstiger als die immer noch vielerorts übliche überlange Mittagspause, in der die meisten Angestellten mehr als die Hälfte ihres täglichen Nahrungsbedarfs »auf einen Schlag« ihrem Organismus zuführen.

Vierter Tipp: Meditation zur Verbesserung der Persönlichkeitsstruktur eines Energieräubers

Diese Meditation ist dann zu empfehlen, wenn es in Ihrem Betrieb oder Ihrer Abteilung eine Person gibt, unter deren energievampiristischem Verhalten Sie selbst und/oder einer oder mehrere Ihrer Kollegen besonders zu leiden haben. Dabei kann es sich um einen Vorgesetzten oder einen Ihnen gleichgestellten Mitarbeiter handeln. Vorgesetzte machen uns in der Regel durch machtvampiristisches Gebaren zu schaffen, indem sie sich an unserer Ohnmacht weiden, uns ausbeuten, demütigen, zur Unterwürfigkeit nötigen und sich auf jede erdenkliche Weise an ihrer Kontrolle über unsere Energieressourcen berauschen. Unter gleichrangigen Angestellten treten nicht selten Angstvampire hervor, die Zuversicht, Lebensfreude und Selbstbewusstsein ihrer Kollegen durch fatalistische Redensarten untergraben, sie durch düstere Beleuchtung der Weltsituation im Allgemeinen und der Umstände in Ihrem Unternehmen oder Ihrer Abteilung im Speziellen auf einen energetischen Tiefstand »herunterziehen«.

Wenn Sie einen solchen Energieräuber in Ihrer beruflichen Umgebung namhaft gemacht haben, kann die folgende Meditation zur Verbesserung der Energiestruktur des Betreffenden nützlich sein. Versprechen Sie sich bitte keine sofortigen Effekte, denn diese Methode wirkt sich erst bei beharrlicher Wiederholung positiv aus. Aber in vielen Fällen hat sie in der Tat schon zur »Bekehrung« von Energievampiren geführt und die drastischere Intervention durch unseren inneren Engel, die ich in einem späteren Abschnitt beschreibe, überflüssig gemacht.

Sie können diese Meditation an Ihrem Arbeitsplatz durchführen, wann immer sich eine Gelegenheit ergibt, also etwa in einer Arbeitspause an einem Ort, wo Sie nicht behelligt werden. Wenn Sie über entsprechende Erfahrung verfügen, können Sie sich das Bild oder die Bildfolge einer vorher (z. B. am Morgen oder Vorabend) ausgeführten Meditation auch als »Blitzvisualisierung« vor Augen führen, während Sie an Ihrem Schreibtisch sitzen und scheinbar in Ihre gewöhnliche Arbeit vertieft sind. Darüber hinaus besteht natürlich auch hier die Möglichkeit, dass Sie sich dieser Übung zu Hause, an Ihrem gewohnten Meditationsort, unterziehen.

Treffen Sie die üblichen Vorbereitungen, wie im 1. Kapitel zu Beginn des Übungsprogramms beschrieben. Die Meditation besteht aus zwei Phasen, die ich als »diagnostische« und »Heilphase« voneinander unterscheide.

Diagnostische Phase: Schließen Sie die Augen und visualisieren Sie die derzeitige tatsächliche Charakterstruktur der Person, deren Energielevel Sie heben möchten. Gehen Sie hierbei von der Bildwelt der Chakra-Meditationen (Strom und Mühlräder) aus, die ich im 3. Kapitel vorgeschlagen habe, und übertragen Sie auf diese alle energierelevanten Beobachtungen, die Sie bei dem oder der Betreffenden im Lauf der Zeit angestellt haben. Lassen Sie sich bei allen Zweifelsfragen von Ihrer Intuition leiten.

- Wie ist die Lage bei der »Drachenmühle« des Betreffenden? Führt der Strom zu wenig glühendes Magma, ist die Bewegung des steinernen Mühlrades gehemmt oder gar blockiert?
- Wie sieht es in der Mühle am »Nabel der Welt« aus? Wird die Bewegung des stählernen Mühlrades durch Tiefstand des Wassers, durch Unrat oder allzu große Schlammmassen gestört? Oder führt der Strom im Gegenteil zu viel Wasser, sodass sich das Mühlrad allzu hochtourig dreht?
- Wie ist die Quelle der Herzensliebe bei dem oder der Betreffenden beschaffen? Wird das Quellwasser durch zu viele Steine am Hervorsprudeln gehindert, oder sickert es womöglich nur kraftlos zutage, obwohl ihm keine Hindernisse im Weg liegen?
- Wie ist die Situation beim Engelwerk, der Mühle am Lichtstrom des Betreffenden? Wird der Lichtstrom durch zahlreiche Schatten ge-

trübt, oder ist das federleichte Mühlrad verkümmert oder defekt? Oder ist das Flussbett hier sogar gänzlich ausgetrocknet?

Diesen diagnostischen Teil der Meditation sollten Sie zu Anfang durchführen und danach etwa einmal pro Woche wiederholen, um mögliche Veränderungen festzustellen. Dagegen empfiehlt es sich, die folgende Meditation so oft wie möglich auszuführen, da sich ihre Wirkung durch beharrliche Wiederholung verstärkt.

Heilphase: Vergegenwärtigen Sie sich die aktuelle Energiestruktur des betreffenden Energieräubers, wie Sie sie in der diagnostischen Phase visualisiert haben. Bewegen Sie sich nun mit Ihrer Imaginationskraft an dem wandlungsfähigen Strom entlang, der die einzelnen »Mühlen« miteinander verbindet.

- Wenn der Magmastrom an der Drachenmühle des Betreffenden zu spärlich fließt, kurbeln Sie das Schleusentor hinauf, bis der Durchfluss auf ein harmonisches Maß erhöht ist. Wird die Bewegung des steinernen Mühlrades durch Hindernisse gehemmt, so nehmen Sie die Eisenstange vom Flussufer auf und stoßen Sie die störenden Objekte beiseite oder schlagen Sie sie in Stücke.
- Folgen Sie dem Flusslauf nun bis zur Mühle am »Nabel der Welt« des Betreffenden: Führt der Strom zu wenig Schlammflut, so kurbeln Sie das Schleusentor höher. Wenn Unrat oder zu große Schlammmassen das Mühlrad hemmen oder blockieren, führen Sie die nötigen Wartungsarbeiten mit Angel und Schleppnetz durch.
- Begeben Sie sich sodann zur Quelle der Liebe des oder der Betreffenden: Wird das Quellwasser durch Steine am Grund behindert, so greifen Sie mit der linken Hand ins Wasser und entfernen so viele Steine, dass die Quelle ungehindert sprudeln kann.
- Suchen Sie schließlich die Engelmühle am Lichtstrom auf. Falls das Flussbett nicht gänzlich ausgetrocknet ist, wird allenfalls ein spärliches Lichtbächlein hindurchrinnen. Heben Sie das Schleusentor mit der Kraft Ihrer Gedanken weiter empor, um den Zufluss zu vergrößern. Richten Sie Ihre Aufmerksamkeit auf Schatten und Flecken im Lichtfluss und lösen diese mit Ihrer Gedankenkraft auf. Beheben Sie auf die gleiche Weise auch Defekte und Verkümmerungen am federleichten Mühlrad des Engelwerkes.

Wenn Sie schließlich Ihre Augen wieder öffnen, verharren Sie noch eine Weile in Ihrer Meditationshaltung und lassen das bewegte Bild des fließenden Stroms aus Magma, Schlammflut, Kristallwasser und Licht sowie der unterschiedlichen Mühlräder in Ihrem Innern nachwirken. Denken Sie dabei möglichst intensiv an die Person, deren Energiestruktur Sie soeben durch Ihre Meditation verbessert haben, und sagen Sie mehrfach laut oder leise: »Deine Ströme fließen, [Name des Betreffenden], deine Mühlräder drehen sich, du bist reich an Energie.«

Wenn Sie ein wenig Meditationserfahrung gesammelt haben, üben Sie sich möglichst auch in der »Blitzvisualisierung«: Vergegenwärtigen Sie sich vor Ihrem inneren Auge das Bild der intakten Energiestruktur, wann immer die betreffende Person sich in Ihrer Nähe aufhält oder gerade mit Ihnen spricht.

Fünfter Tipp: Meditation zur Verbesserung der Energiestruktur einer Abteilung oder eines Unternehmens

Diese Meditation können Sie allein oder, falls Sie schon einige »Verbündete« an Ihrem Arbeitsplatz gewonnen haben, auch gemeinschaftlich durchführen. Als Zeitpunkt kommt eine Arbeitspause im Betrieb ebenso infrage wie eine Morgen- oder Abendstunde, wenn Sie sich zu Hause in Ihrem gewohnten Übungsraum befinden.

Treffen Sie die üblichen Vorbereitungen, wie zu Anfang des Übungsprogramms im 1. Kapitel beschrieben. Stellen Sie sich vor, dass der Betrieb oder die Abteilung, in der Sie arbeiten, insgesamt eine ähnliche Energiestruktur aufweist wie das Selbst eines einzelnen Menschen.

- Am unteren Ende einer vertikalen Linie befinden sich Wurzel- und Sakralchakra, die »Kraftwerke« des natürlichen Selbst. Was entspricht ihnen in Ihrem Betrieb oder Ihrer Abteilung? Wahrscheinlich befinden sich die für die Befriedigung »natürlicher« Bedürfnisse (Kantine, Sanitäreinrichtungen, Erste-Hilfe-Raum etc.) und für den Austausch mit der physischen Welt (Rezeption, Security, technischer Service) zuständigen Betriebsteile auch in der realen räumlichen Anordnung im Unter- und Erdgeschoss des Unternehmens.

- Darüber angeordnet sind Herz- und Halschakras, die für Emotion (Herz) und Kommunikation (Kehlkopf) zuständigen Energiezentren. Was entspricht ihnen in Ihrem Unternehmen? Vermutlich werden dies (auch räumlich) die Abteilungen oder Verantwortlichen für Kundenbetreuung, Öffentlichkeitsarbeit und Corporate Identity sein.
- Zwischen diesen Chakras bzw. Abteilungen oder Personen befindet sich das Nabelchakra, Kraftwerk des rationalistischen Kontroll-Ich, dessen »Zentrale« sich im Kopf (Gehirn) befindet. In Ihrem Unternehmen oder Ihrer Abteilung entsprechen diesen beiden Machtinstrumenten höchstwahrscheinlich die »Chefetage« und das mittlere Management bzw. die Ebene der Abteilungsleiter.
- Sofern es sich bei dem Betrieb, in dem Sie tätig sind, nicht um ein spirituell vorbildliches Unternehmen handelt, wird die Chefetage das obere Ende der vertikalen Linie (Unternehmenshierarchie) repräsentieren: Die Energiewerke darüber, beim menschlichen Selbst Stirn-, Schläfen- und Kronenchakra, die Verbindung zum höheren Selbst, werden mit hoher Wahrscheinlichkeit so verwaist und vernachlässigt sein wie ein Dachboden, der allenfalls als Gerümpellager dient.

Auch die nun folgende eigentliche Meditation besteht aus zwei Phasen, die ich als »diagnostische« und »Heilphase« bezeichne.

Diagnostische Phase: Schließen Sie nun die Augen und visualisieren so lebhaft wie möglich die Energiestruktur Ihres Unternehmens oder Ihrer Abteilung.

- Welchen Eindruck machen auf Sie Wurzel- und Sakralchakra, das Herz- und das Halschakra sowie das Nabelchakra in energetischer Hinsicht? Welche dieser Kraftwerke generieren viel, welche wenig oder gar keine Energie?
- Wie ist die Verbindung zwischen den einzelnen Chakras? Ist der »Unterleib« (Empfang, Sicherheit, Technik) gut mit »Brust« und »Hals« (Kundendienst, Unternehmensdarstellung) verbunden, oder wird ihre Verbindung durch das dazwischen liegende Nabelchakra (mittleres Management) blockiert? Welche Bereiche geben mehr

Energie an andere Bereiche ab, als sie zurückerhalten, und wo verhält es sich umgekehrt?

- Übt der »Kopf« (Abteilungsleitung, Geschäftsführung) eine übertriebene Kontrolle auf den »Körper« aus (übermächtiges Kontroll-Ich), oder vermag er nur durch rigide Unterdrückung der unteren Hierarchiebereiche mühevoll seine Macht zu erhalten (ohnmächtiges Kollaps-Ich)?

Diesen diagnostischen Teil der Meditation sollten Sie einmal zu Anfang durchführen und danach etwa einmal pro Woche wiederholen, um Veränderungen festzustellen. Dagegen empfiehlt es sich, die folgende Meditation so oft wie möglich durchzuführen, da ihre Wirkung auf beharrlicher Wiederholung basiert.

Heilphase: Stellen Sie sich nun so lebhaft wie möglich vor, dass Ihr Unternehmen oder Ihre Abteilung die Umrisse eines überdimensionalen Menschen aufweist, mit leuchtenden Kraftzentren im Schädel-, im Hals- und Herz-, im Nabel- sowie im Sakral- und Steißbeinbereich.

Visualisieren Sie, dass alle diese Bereiche durch ein Kreissystem aus transparenten Rohren miteinander verbunden sind. Tasten Sie die Röhren mit Ihren geistigen Händen und Augen ab. Wo immer Sie eine brüchige oder löchrige Stelle bemerken, fahren Sie mit Ihren Händen und Blicken darüber und imaginieren, wie sich die Leckstelle wieder schließt. Fahren Sie mit dieser »Reparaturarbeit« so lange fort, bis alle »Kraftwerke« durch intakte Röhren miteinander verbunden sind.

Lenken Sie Ihre Imagination nun zu einem Chakra, das wenig oder gar keine Energie produziert, und visualisieren Sie, wie es immer kräftiger strahlt – so als ob ein Dimmer aufgedreht würde –, bis es ebenso stark leuchtet wie die anderen Kraftwerke. Lassen Sie Ihre Imaginationskraft mit der Energie durch das Röhrensystem fließen, und überzeugen Sie sich davon, dass die Energie überall ungehemmt strömen kann und überall die gleiche Energiemenge fließt.

Wiederholen Sie diese Visualisierung so oft, wie Ihnen dies möglich und ratsam erscheint – auch zwischendurch an Ihrem Arbeitsplatz, wann immer sich hierzu eine Gelegenheit ergibt.

Meetings der inneren Engel

Die Interventionsmethode, die ich in den folgenden Abschnitten beschreiben werde, hat sich bereits vielfach bewährt. Die Wirkung tritt nicht selten sofort und mit verblüffender Deutlichkeit ein, in anderen Fällen schleichend und anfangs unbemerkt. Die Verbindung zwischen dem bewussten Ich (dem kleinen Selbst) eines Menschen, der seinen Energiebedarf gewohnheitsmäßig durch vampiristische Raubzüge deckt, und seinem höheren Selbst ist ausnahmslos immer gestört und meist seit vielen Jahren (in der Regel seit der frühen Kindheit) unterbrochen. Aufgrund seiner fragmentierten Charakterstruktur kann ein Kontroll-Ich ebenso wenig wie ein Kollaps-Ich von sich aus Kontakt mit seinem höheren Selbst aufnehmen: Hierzu müsste es erst seine Selbstanteile integrieren, also seine angemaßte Vormachtstellung aufgeben, und dazu sind Energievampire nur in seltenen Ausnahmefällen aus eigener Einsicht bereit.

Das bedeutet jedoch nicht, dass dieses tyrannische Kopf-Ich nicht seinerseits von seinem höheren Selbst erreicht werden könnte. Unser innerer Engel kann mit der Manifestation der höchsten Auradimension jedes beliebigen anderen Menschen in Verbindung treten und dessen inneren Engel bitten, seinem kleinen Selbst ins Gewissen zu reden oder auch, was noch sehr viel wirkungsvoller ist, dessen chronischem Energiemangel durch einen Strahl kosmischer Liebe abzuhelfen. Einzig wenn ein Mensch sein Gewissen verloren oder abgestoßen hat, ist diese Verbindung zwischen dem egoistischen kleinen und dem altruistischen höheren Selbst dauerhaft unterbrochen und kann nur dadurch wieder instand gesetzt werden, dass man mit der Hilfe seines inneren Engels dieses Geistfragment zur Wiedervereinigung mit der betreffenden Person bewegt (siehe Seite 172).

In diesem Abschnitt möchte ich Ihnen zunächst die »Standardmethode« beschreiben, mit der wir unseren inneren Engel aufsuchen und diesen bitten können, mit dem höheren Selbst einer anderen Person in Kontakt zu treten, die ihrem Energiemangel gewohnheitsmäßig durch vampiristische Raubzüge begegnet. Häufig handelt es sich hierbei um Vorgesetzte oder Kollegen an unserer Arbeitsstätte. Bei der folgenden Beschreibung gehe ich der Anschaulichkeit halber davon aus, dass es sich bei dem Energieräuber, den Sie »heilen« wollen, um den Leiter der Abteilung handelt, in der Sie arbeiten.

Wie bereits erwähnt, stellt sich eine positive Wirkung zuweilen fast augenblicklich ein – dann nämlich, wenn die Chakras der höchsten Frequenzstufe (Stirn-, Schläfen- und Kronenchakra) bei dem Betreffenden nicht allzu sehr verkümmert sind, die kosmische Energiespende also »aus dem Stand« zumindest teilweise aufzunehmen vermögen.

In vielen anderen Fällen ist eine allmähliche, aber meist fast von Anfang an spürbare Veränderung zu beobachten: Die Person, bei deren innerem Engel interveniert wird, zeigt die typischen Anzeichen eines »Erweckten«. Beispielsweise kann es geschehen, dass sein innerer Engel ihm im Traum erscheint – und irgendwann im Lauf des Tages erinnert er sich an diese Begegnung, auf zunächst vage Art aufgestört, weil er spürt, dass dies weit »mehr« war als ein gewöhnlicher Traum. Wenig später mag er gar »am helllichten Tag« eine »Erscheinung« haben – den Anblick seines inneren Engels (seines »spirituellen Doppelgängers«, wie man ihn auch nennen könnte) etwa, der ihm wie in einer Luftspiegelung zulächelt. Auch akustische Kontakte sind keineswegs selten – der Betreffende vernimmt plötzlich eine sanfte, friedliche Stimme, die ihm (zunächst meist rätselhaft klingende) Botschaften zukommen lässt. Und da alle diese spirituellen Interventionen des inneren Engels zutiefst positiv sind, werden sie von unserem Energieräuber zwar als beunruhigend empfunden, denn mit dem heutigen rationalistischen Welt- und Selbstbild sind sie schwerlich zu vereinbaren. Aber Irritation und Skepsis treten meist bald schon hinter dem Gefühl stiller Freude zurück, einem Glückserlebnis, wie man es seit der frühen Kindheit kaum jemals mehr erfahren hat. Es ist das Gefühl, allen Mangels enthoben und stattdessen genährt und umsorgt zu sein wie in einem »kosmischen Mutterbauch«, wie einer meiner Klienten dieses »ozeanische Gefühl« einmal umschrieben hat.

Vor der Trancereise

Begeben Sie sich in Ihren Meditationsraum, und treffen Sie die üblichen Vorbereitungen für eine Meditation, wie im 1. Kapitel beschrieben.

Bevor Sie sich auf den Weg in Ihr »inneres Himmelreich« machen, führen Sie sich bitte alle guten Eigenschaften und potenziell positiven Charakterzüge des Energievampirs, den Sie durch Positive Spirituelle Intervention »erlösen« möchten, möglichst intensiv vor Augen. In vielen Fällen mag es schwierig sein, solche guten Seiten an einer Person zu finden, die uns im Alltag vielleicht schon häufig gekränkt, ausgesogen und niedergedrückt hat. Aber für das Gelingen jeder Positiven Spirituellen Intervention ist es von ausschlaggebender Bedeutung, dass wir dem Betreffenden nicht grollen und nicht übel wollen – dass wir ihn wirklich bessern und heilen, nicht aber strafen oder gar uns an ihm rächen möchten.

Wir müssen uns vielmehr mit Geist und Herz in ihn hineinversetzen und zuinnerst verstehen, dass er sich aus Not und Mangel so negativ und destruktiv verhält. Wenn er uns Leid zugefügt hat, müssen wir ihm aufrichtig und von Herzen verzeihen. Wenn wir schon mehrfach oder vielleicht sogar über einen längeren Zeitraum von ihm unterdrückt, benachteiligt, geringschätzig behandelt oder gar offen verhöhnt und beleidigt worden sind, so müssen wir ihm jede einzelne Kränkung, die wir in unserer Erinnerung aufbewahren, aufrichtig vergeben.

Begeben Sie sich in Meditationshaltung und schließen Sie die Augen. Stellen Sie sich vor, wie der Betreffende sein könnte, wenn er über ein integriertes Selbst verfügen würde und keinerlei Energiemangel erleiden müsste. Führen Sie sich seine »Idealgestalt« möglichst klar und deutlich vor Augen. Wie verständnisvoll die betreffende Person sein könnte, wie ihre Intelligenz, gepaart mit Mitgefühl, Sie selbst und Ihre Kollegen am Arbeitsplatz motivieren, zur Entfaltung Ihrer kreativen Potenziale beitragen könnte. Wie entspannt, glücklich und gerecht Ihr Vorgesetzter fortan immer sein wird, wenn Sie ihn nur dazu bewegen können, sich dauerhaft mit seinem höheren Selbst zu verbinden.

Stellen Sie sich die betreffende Person in ihrem energetischen Idealzustand möglichst lebhaft vor. Sagen Sie mehrfach, laut oder in

Gedanken: »Ich bin dir wohlgesonnen, [Name]. Ich wünsche dir von Herzen, [Name], dass du glücklich wirst. Ich will dir dabei helfen, [Name], dass du deinen inneren Engel findest.«

Wenn Sie fühlen, dass in Ihrem Innern kein Groll mehr gegen den Betreffenden ist, dass Sie ihm oder ihr wirklich aus tiefstem Herzen wohlwollen, sind Sie bereit für die Positive Spirituelle Intervention. Sollten Sie diesen Punkt beim ersten oder auch beim dritten oder vierten Versuch noch nicht erreichen, besteht kein Grund zum Verzagen. Wiederholen Sie diese Meditation samt Verzeihensübungen einfach so lange (in einem Abstand von wenigstens vierundzwanzig Stunden), bis Sie fühlen, dass der gewünschte Erfolg eingetreten ist. Allerdings dürfen Sie auch dann erst zur nächsten Etappe weiterschreiten.

Die Engelsbrücke

Treffen Sie die üblichen Vorbereitungen für Ihre Trancereise, wie im 4. Kapitel beschrieben. Wählen Sie die Trancetechnik aus, die Ihnen am meisten zusagt, und begeben Sie sich – allein oder mit Unterstützung durch Ihren spirituellen Helfer – auf den Weg in Ihr »inneres Himmelreich«.

Suchen Sie dort Ihren inneren Engel auf, wie im 5. Kapitel dargestellt. Begeben Sie sich unter seinen schützenden Mantel, und teilen Sie ihm, laut oder in Gedanken, ihr Anliegen mit: »Bitte den Engel von [Name der Person, die Sie durch Positive Spirituelle Intervention ›erlösen‹ möchten], ihr Liebe zu schenken.«

Genauere Erläuterungen sind hier vollkommen überflüssig. Alles, was aus dem engen Blickwinkel unseres Normalbewusstseins als komplizierte Struktur oder verwickeltes Durcheinander von Problemen, Ursachen und Wirkungen erscheint, stellt sich aus kosmischer Höhe ganz einfach als Energiemangel der irdisch verkörperten Wesen dar. Wichtig ist jedoch, dass Sie recht intensiv und in liebevollem, verzeihendem Geist an die betreffende Person denken, während Sie Ihre Bitte aussprechen.

Wenn Sie Ihren inneren Engel ersuchen, einer anderen Person – über deren höheres Selbst – Liebe zu schenken, wird er Sie aus seinen strahlenden Augen anschauen, und Sie werden spüren, dass er bis auf den Grund Ihres Herzens blickt. Stellt er fest, dass Sie Ihre Bitte wirklich »reinen Herzens« an ihn gerichtet haben, so wird er Ihnen mit einem Senken seiner Augenlider, einer Handbewegung oder einer anderen Gebärde bedeuten, dass er sich der Sache annehmen wird.

»Ich stand auf dieser unglaublichen Plattform«, so hat Ralph, ein Werbedesigner mittleren Alters, die typische Situation beschrieben, »gleichzeitig wie im Innern einer kristallenen Grotte, umgeben von runden Wänden aus Diamanten oder einfach aus Sternenlicht. Ich sah meinen Engel vor mir und hätte doch nicht sagen können, wo genau er war. Denn er war überall, er sah mich an wie mit tausend Sternenaugen, und die Diamantwände, das war gleichzeitig auch er – sein Mantel, seine Flügel. Und seltsam war auch, obwohl es mir in diesem Moment gar nicht sonderbar vorkam: Ich fühlte ganz deutlich, dass alles, was er war, gleichzeitig auch ich selbst war, eben mein höheres Selbst.«

Der Engel gab ihm zu verstehen, dass er der Bitte nachkommen wollte. Ralph hatte ihn gebeten, seinen Chef zu »erlösen«, den Abteilungsleiter in der Werbeagentur, wo Ralph als Designer tätig war. Ralph und viele seiner Kolleginnen und Kollegen hatten tagtäglich unter der machtvampiristischen Tyrannei ihres Chefs zu leiden.

»Er drehte sich um, und das war, als ob die ganze Plattform – der Stern, auf dem wir standen – sich drehen würde. Dadurch veränderte sich auch mein Sichtfeld, und ich bemerkte gerade vor mir eine schmale Brücke aus gleißendem Licht, die sich durch die dunkle Nacht des Alls zu einem weit entfernten anderen Stern hin spannte.«

Als Ralph die Brücke genauer anschaute, kam es ihm vor, als ob dort eine leuchtende Gestalt mitten auf dem gewölbten Lichtstrahl entlangliefe. »Mein Engel«, sagte er, »und ich selbst war auch dabei. Da draußen, auf der Brücke. Es ist schwer zu beschreiben, es klingt sogar widersinnig, aber ich fühlte genau, dass es so und nicht anders war: Irgendwie war ich ein Teil des Engels, der da draußen durchs Universum lief, zu dem anderen Engel hinüber.«

Wie Engel sich besprechen

Viele Trancereisende haben – wie Ralph – den Eindruck, von ihrem inneren Engel sozusagen mitgeführt zu werden, über die Brücke zu dem höheren Selbst der anderen Person hinüber. Eine Klientin berichtete mir, sie habe »unter dem Flügel« ihres Engels hervorlugend alles mit angesehen und gehört, was zwischen ihrem und dem anderen Engel vereinbart worden sei.

Andere Trancereisende wiederum machen die Erfahrung, dass sie allein auf der »Plattform« zurückbleiben (oder auf dem »Stern«, in der »Grotte« oder wie immer bei ihnen die Stätte der Begegnung mit ihrem höheren Selbst beschaffen sein mag) und ihren Engel davongehen, -fliegen oder -schweben sehen. Aber auch wenn er sich räumlich »sternenweit« von ihnen zu entfernen scheint und sie den Eindruck haben, »geraume Zeit« auf seine Wiederkehr zu warten, bleiben sie doch so eng mit ihrem höheren Selbst verbunden, dass sie auf irgendeine Weise am »Meeting« der Engel teilhaben können.

Vielleicht »hören« sie nicht genau, was die Engel sprechen, und nehmen alles nur wie durch einen Schleier der Benommenheit wahr. Aber kein einziger der unzähligen Trancereisenden, die ich selbst auf den Weg gebracht habe oder von denen mir berichtet worden ist, hat jemals die Erfahrung gemacht, während des »Engel-Meetings« von seinem eigenen höheren Selbst abgetrennt zu sein. Man ist »nicht dabei und doch dabei«, wie es eine Klientin formuliert hat. »Man hört jedes ihrer Worte«, um noch einmal den Trancereisenden Ralph zu zitieren, »obwohl sie vielleicht gar nicht sprechen – jedenfalls nicht in der Weise, wie wir Menschen hier auf der Erde miteinander reden.«

Ralph also war dabei, als sein Engel über die Lichtbrücke zum Engel seines energieräuberischen Chefs schritt. Der zweite Engel sah wie eine edle, jüngere oder eher wohl alterslose Version des Abteilungsleiters aus, der ihm tagtäglich das Leben vergällte. Von diesem Lichtwesen jedoch konnte Ralph sich nicht einmal vorstellen, dass es irgendwem auch nur versehentlich das Leben schwermachen könnte. Sein Lächeln, seine Blicke, seine Gebärden – alles an ihm war reine Güte.

Die beiden Engel verneigten sich voreinander, jedenfalls kam es Ralph so vor. Er erblickte im Grunde nichts, was auf Verbeugungen hätte schließen lassen, aber »es fühlte sich an wie Gebärden beiderseitiger Ehrerbietigkeit«, wie er mir erklärte. Die Strahlen der Augenpaare beider Engel vereinigten sich zu »Achsen aus Licht«. Sie sahen einander auf diese Weise einige Zeit an, und Ralph fühlte, wie sein eigener Engel demjenigen des Abteilungsleiters die Botschaft übermittelte: »Bitte schenke deinem kleinen Selbst Liebe. Es leidet und lässt andere leiden.«

Dann »verneigten« sich die Engel wieder voreinander, und mit einem Mal wurde Ralph dunkel vor Augen, »so als ob mein Engel mich in schnellem Flug durchs dunkle All davongetragen hätte«. Als er wieder etwas zu sehen vermochte, lag er in meinem Meditationsraum auf dem Ruhebett, »und anstelle der Augen meines Engels sah ich Ihre Augen, Dorothy«.

Nun, ich bin ganz gewiss kein Engel, auch wenn ich alles in meinen Kräften Stehende unternehme, um die Verbindung zwischen meinem irdischen Selbst und dem inneren Engel zu stärken. Hierbei, wie auch bei allem, was wir von unserem höheren Selbst erbitten, ist es von größter Bedeutung, dass wir diese Verbindung zu unserem inneren Engel so oft wie möglich erneuern und die Bitte, die wir an ihn richten möchten, immer aufs Neue wiederholen. So wie bei Gebeten seit altersher ein ums andere Mal um Besserung eines Sünders oder Heilung eines Kranken gefleht wird, so sollten Sie es auch bei der Zwiesprache mit Ihrem inneren Engel halten. Suchen Sie ihn so oft wie möglich auf. Und wenn Sie einen Energievampir aus Ihrer Umgebung erlösen möchten, so bitten Sie Ihren inneren Engel bei jedem dieser Treffen, den anderen Engel aufzusuchen und diesen dazu zu bewegen, seinem kleinen Selbst Liebe zu schenken, es also von seinem Energiemangel zu befreien.

Sie brauchen sich übrigens nicht zu sorgen, dass Sie durch solche Wiederholungen Ihrem Engel lästig fallen könnten. Wenn Sie ihn aufrichtig bitten, wird er Ihnen den Gefallen gerne tun. Und seien Sie sicher: Sie laufen gewiss nicht Gefahr, Ihren Engel um wiederholte Energiespenden zu bitten, die der Beschenkte zu diesem Zeitpunkt schon gar nicht mehr benötigt. Wenn die Positive Spirituelle Intervention Früchte zu tragen beginnt, werden Sie dies kaum weniger schnell als Ihr Engel bemerken.

Wie die Liebe des Engels uns selbst verwandelt

Durch eine nachhaltige Verbindung mit unserem höheren Selbst und häufige (am besten tägliche, mindestens jedoch wöchentliche) Trancereisen zu unserem inneren Engel entwickeln wir mit der Zeit fast unweigerlich einige der »übernatürlichen« Fähigkeiten, die ich in diesem Buch schon mehrfach erwähnt habe: die Gabe, Gedanken und Gefühle zu lesen, die Fähigkeit, einen anderen Menschen mit unserer spirituellen Kraft zu heilen oder zumindest zu stärken, oder sogar das Vermögen prophetischer Hellsichtigkeit.

Wenn Sie das erste Mal den Versuch unternehmen, einen Energievampir durch Positive Spirituelle Intervention zu »heilen«, so wird sich dieser Prozess der »Erlösung« des Energieräubers mit Ihrem eigenen spirituellen Sensibilisierungsprozess verschränken – eine besonders eindrucksvolle Erfahrung, wie ich aus Berichten vieler Klienten und spiritueller Helfer weiß.

Ihre eigene Hellsichtigkeit und Sensitivität wird gerade in dieser ersten Zeit sprunghaft wachsen: Sie spüren nun ganz deutlich, wie Ihre Kolleginnen und Kollegen sich fühlen, ob die eine bedrückt, der andere verliebt ist, ein dritter vielleicht an einer Krankheit leidet, von der er noch nichts weiß oder die er vor seinem beruflichen Umfeld geheim zu halten versucht. Früher haben Sie sich vielleicht häufig von Ihrer Umgebung isoliert gefühlt – nun aber empfinden Sie mit großer Klarheit, dass alle Lebewesen zuinnerst miteinander verbunden sind, wie die Milliarden Strahlen eines Gestirns oder wie die unzähligen Blütenkelche einer kosmischen Blume.

Immer häufiger werden Sie sich dabei ertappen, dass Sie bereits wissen, was ein Kollege gleich zu Ihnen oder einem Dritten sagen wird – Sie haben seine oder ihre Gedanken gelesen, ohne es bewusst darauf angelegt zu haben. Wenn Sie Entscheidungen treffen müssen, große oder kleine, wird Ihre Intuition Ihnen mit unmissverständlicher Klarheit bedeuten, wie Sie sich entscheiden sollten. Wenn die Menschen in Ihrer Abteilung oder Ihrem Betrieb häufig bedrückt oder griesgrämig sind, werden Sie die Erfahrung machen, dass man Ihre Nähe sucht, wie Pflanzen in düsterer Umgebung dem Licht entgegenwachsen. Sie werden feststellen, dass Sie mit einem Lächeln, einem Augenaufschlag, einer sachten Berührung atmosphärische

Wunder wirken können – ein Lächeln in Gesichter zaubern, Gemüter aufhellen, düstere Stimmung in liebevolle Heiterkeit verwandeln.

Machen Sie von diesen »neuen«, genauer gesagt: aufs Neue entdeckten und entwickelten Gaben umsichtig Gebrauch. Hüten Sie sich vor Missionierungseifer oder gar vor prahlerischen Vorführungen Ihrer Fähigkeiten, aber auch zu übertriebener Zurückhaltung besteht kein Anlass. Setzen Sie Ihre sensitiven Gaben vor allem im Hinblick auf den Energieräuber, den Sie »erlösen« möchten, so strategisch klug wie liebevoll ein.

Geben Sie ihm oder ihr (Ihrem Abteilungsleiter, um bei unserem Beispiel zu bleiben) immer wieder einmal unauffällig zu verstehen, dass Sie ihn schätzen und unterstützen, was auch in der Vergangenheit vorgefallen sein mag. Bemühen Sie sich, ihn jetzt schon als denjenigen anzusehen, der er durch die Intervention Ihres Engels in Kürze tatsächlich auch sein wird – ein fairer, fähiger Vorgesetzter, der seine Mitarbeiter gerecht behandelt und entsprechend ihren Stärken und Talenten zum allseitigen Nutzen einzusetzen versteht. Verhalten Sie sich ihm gegenüber, als ob er bereits dieser altruistische und anspornende Chef wäre, der es nicht mehr nötig hat, durch machtvampiristische Raubzüge seinen chronischen Energiemangel zu beheben. Auf diese Weise unterstützen und antizipieren Sie »von unten«, was Ihr Engel »von oben« ins Werk setzt, und steigern und beschleunigen so nochmals den Erfolg.

Wie man die beginnende »Erlösung« eines Energievampirs erkennt

In vielen Fällen fängt es einfach damit an, dass der Betreffende neuerdings seltsam unausgeschlafen und doch zugleich sehr viel munterer wirkt, als Sie alle ihn bis dahin kannten – so als ob er sich halbe Nächte um die Ohren schlagen würde, aber nicht mit ungesunden, energiezehrenden Tätigkeiten wie dem Besuch von Nachtbars und dem reichlichen Konsum harter Drinks.

Erstes Erkennungszeichen: Wenn Energieräuber träumen

Früher hat sich unser nunmehr »genesender« Energievampir garantiert so gut wie nie an seine nächtlichen Träume erinnert, und wenn doch einmal ausnahmsweise, dann höchstens deshalb, weil er mit Angst und Unbehagen aus einem Albtraum aufgeschreckt ist. Nun aber beginnt er ein reiches, anregendes Traumleben zu entwickeln, und wenn er morgens erwacht, kann er sich an lange, verwickelte Träume so lebhaft erinnern, als ob er das alles »in Wirklichkeit« erlebt hätte.

Wenn Ihr Chef also anfängt, Ihnen oder Ihren Kollegen seine Träume zu erzählen, so ist dies ein sicheres Anzeichen dafür, dass Ihre Positive Spirituelle Intervention Wirkung zeigt: Sein innerer Engel hat Kontakt mit seinem kleinen Selbst aufgenommen.

In diesem Fall sollten Sie (zurückhaltend, aber nicht schüchtern) alles Erforderliche unternehmen, um diese Entwicklung zu fördern. Falls also im Kollegenkreis spöttisch über »den neuesten Spleen« Ihres Chefs geredet wird, wenn manch einer gar eine Gelegenheit wittert, diese »Schwäche« des Vorgesetzten für seine Rachepläne zu nutzen, so dürfen Sie nicht zögern, Ihren eigenen spirituellen Standpunkt geltend zu machen. Bleiben Sie liebevoll und positiv, auch den verstockten Kollegen gegenüber, die noch immer als Erstes an Intrigen und Rache denken. Erklären Sie ruhig und ohne falschen Eifer, dass ein Vorgesetzter, der auf seine »innere Stimme« zu hören beginnt, sich über kurz oder lang auch seinen Mitarbeitern gegenüber verständnisvoller und aufgeschlossener zeigen wird.

Bemühen Sie sich weiterhin, Ihren Chef so zu sehen, wie er bald schon sein wird – tolerant, fair, großzügig, einfühlsam. Zeigen Sie sich Ihren Kollegen gegenüber auf gelassene Weise sicher, dass dies »die wahre Natur« des Betreffenden ist, die bald noch deutlicher zum Vorschein kommen werde.

Wenn sich die Gelegenheit ergibt, greifen Sie eine Traumerzählung des »genesenden« Energieräubers auf, und legen sie so aus, dass die spirituelle Botschaft des Traumes deutlich wird.

Zweites Erkennungszeichen: Zerstreut und doch gesammelt

Zerstreut ist nicht gleich zerstreut. Manchmal wirken wir auf den ersten Blick unaufmerksam, obwohl sich unsere Konzentration nur auf eine andere, innere Dimension richtet. So allerdings haben Sie Ihren Vorgesetzten bisher nicht gekannt: scheinbar zerstreut und doch auf seinen »inneren Himmel« konzentriert.

Natürlich ist es vorgekommen, dass er plötzlich demonstrativ gelangweilt oder abgelenkt tat, wenn er mit einem ihm unangenehmen Thema konfrontiert wurde (zum Beispiel, wenn Sie oder Ihre Kollegen über Ihre Arbeitsbedingungen mit ihm sprechen wollten) – das sind eben die üblichen Machtspielchen der kleinen und großen Chefs. Ebenso haben Sie gewiss schon erlebt, wie Ihr Vorgesetzter tatsächlich Konzentrationsprobleme bekam. Seine Energietanks waren plötzlich leer, er konnte beispielsweise der Präsentation, die Sie tagelang sorgfältig vorbereitet hatten, nicht mehr folgen und fing an herumzupoltern, dass Ihr Referat ein heilloses Durcheinander sei. Indem er sich so machtvampiristisch aufpumpte, konnte er sich an der Angst und Unterwürfigkeit seiner Untergebenen buchstäblich »weiden« – mit der Folge, dass nun er wieder obenauf war, hochkonzentriert und angriffslustig, während Sie sich schlapp und ausgesogen fühlten und Mühe hatten, den verlorenen Faden wiederzufinden.

Aber diese beiden Arten von Zerstreutheit meine ich hier nicht. Im Gegenteil: Für den »genesenden« Energievampir ist es typisch, dass er unvermittelt seine Aufmerksamkeit von der Außenwelt abzieht und mit entrücktem Blick in andere Dimensionen schaut, deren Vorhandensein er vor Kurzem noch mit höhnischen Worten bestritten hätte. Wenn Sie selbst bei einer solchen »Absence« zugegen sind, können Sie mithilfe Ihrer sensitiven Fähigkeiten vielleicht sogar »mitlesen«, welche Visionen oder Botschaften seine Aufmerksamkeit auf einmal fesseln. Manchmal sind diese Engelsbotschaften tiefgründig bis zur Unverständlichkeit, ähnlich den Zen-Weisheiten, die man auch erst nach langer Meditation versteht. Oftmals aber sind es einfach Sendungen reiner kosmischer Liebe, sodass die »Botschaft« schlichtweg in einem Lächeln besteht, das man plötzlich vor sich sieht oder tief im Herzen spürt.

Wie bereits erwähnt, kommt es auch keineswegs selten vor, dass ein »genesender« Energievampir in diesem Stadium aus heiterem Himmel sein höheres Selbst vor sich zu sehen meint – als Spiegelung in einer Fensterscheibe oder einfach in der vor Sonnenlicht flimmernden Luft. Dieser Anblick des inneren Engels, also unserer eigenen idealen, alterslosen Erscheinung ist tief beeindruckend und selbst beim allerersten Mal sehr viel weniger beunruhigend als vielmehr tief beglückend. Stets geht eine solche »Spiegelung« einher mit der intuitiven Gewissheit, dass »alles gut« sei, dass man geborgen sei, genährt werde, sich in einem fundamentalen Sinn keinerlei Sorgen zu machen brauche.

Da derlei Erscheinungen in unserer heutigen Welt keinen guten Ruf genießen, wird Ihr Chef vielleicht dennoch zögern, sich in dieser Sache seiner Umgebung anzuvertrauen. Die eigenen Träume zu erzählen verlangt bereits einen gewissen Mut zur Selbstoffenbarung, aber Engelvisionen scheinen doch etwas ganz anderes zu sein. Verliere ich den Verstand?, wird sich Ihr Chef vielleicht sogar in manchen Momenten fragen. Aber das tiefe Glücksgefühl, das mit den Erscheinungen einhergeht, wird seine Irritation bald wieder zerstreuen.

Wenn sich die Gelegenheit ergibt, lenken Sie einmal unauffällig das Gespräch auf dieses Thema. Aber mehr noch als bei der Traumauslegung ist hier umsichtiges und liebevoll zurückhaltendes Vorgehen erforderlich. Lassen Sie Ihren Chef ruhig wissen, dass es für Sie »normal« und unbedenklich ist, mit dem eigenen inneren Engel zu kommunizieren. Aber hüten Sie sich davor, mit Ihren Engelerfahrungen zu prahlen oder Ihrem Chef gar zu offenbaren, dass Ihrer beider Engel regelmäßig zusammentreffen.

Drittes Erkennungszeichen: Wenn der Künstler im Vampir erwacht

Bestimmt kennen Sie auch die seltsame Theorie, die vor einigen Jahrzehnten aufgebracht worden ist und die ungefähr lautet: »Alles ist Kunst.« Diese Auffassung dürfte sich vor allem bei jenen Menschen großer Beliebtheit erfreuen, deren kreative Potenziale verkümmert oder verschüttet sind und die sich trotzdem als »Künstler« bezeichnen dürfen, nur weil sie beispielsweise ein paar Alltagsobjekte vor einer weißen Wand drapieren.

Meine »Kunsttheorie« lautet ein wenig anders: Jeder von uns kann ein Künstler oder eine Künstlerin sein, dann nämlich, wenn wir über ein integriertes Selbst verfügen und auch mit unserem inneren Engel gut verbunden sind. Solange aber die Energiestruktur eines Menschen desintegriert ist, er vor allem mit seinem höheren Selbst nicht in Kontakt steht, sind auch seine künstlerischen Ausdrucksmöglichkeiten sehr begrenzt.

Dagegen ist es ein weiteres untrügliches Kennzeichen für die beginnende »Genesung« oder »Erlösung« eines gewohnheitsmäßigen Energievampirs, wenn er oder sie künstlerische Neigungen und Fähigkeiten zu entfalten beginnt. Bei einer Klientin von mir, einer jungen Verkäuferin namens Jane, die mich ursprünglich wegen ihrer chronischen Niedergeschlagenheit aufgesucht hatte, kündigte sich das künstlerische Erwachen mit einer mysteriösen Botschaft ihres inneren Engels an. In Träumen und Wachabsencen vernahm Jane wochenlang immer aufs Neue die rätselhaften Worte »Die Schlucht durchwandern«. Auf meinen Vorschlag hin versuchte sie bei einer Meditation diese Botschaft zu ergründen.

Sie verfiel in leichte Trance und fand sich in einer tiefen Schlucht wieder. Nachdem sie einige abenteuerliche Begegnungen überstanden hatte, stieß sie am Ende der Schlucht auf eine Staffelei, Farben und Pinsel sowie eine bunt bemalte Leinwand, die notdürftig auf einen selbst gezimmerten Rahmen gespannt war. Vor der Staffelei stand eine Person, die genau wie sie selbst aussah, nur dass diese Person offenkundig die Künstlerin war, die die Leinwand bemalt hatte.

Aus der Trance zurückgekehrt, besorgte sich Jane noch am selben Tag alle Utensilien, die sie während der Meditation erblickt hatte, und begann zu malen. Heute wird sie von Zeitschriften und Kunstsendungen im Fernsehen als begabte Nachwuchskünstlerin gefeiert – ihr innerer Engel hat sie auf den Schatz dieses brachliegenden Talentes aufmerksam gemacht.

Wundern Sie sich also bitte nicht, wenn Ihr Chef eines Tages auf der Abteilungskonferenz selbst gefertigte Gedichte vorträgt oder Sie und Ihre Kollegen zu einer Vernissage mit seinen eigenen bildhauerischen Werken einlädt: Auch diese schlummernden Talente und Interessen hat er mit hoher Wahrscheinlichkeit als Folge Ihrer Positiven Spirituellen Intervention bei sich entdeckt. Es sind weitere Anzeichen dafür, dass er sich durch die Verbindung mit seinem inneren Engel von seinen energieräuberischen Gewohnheiten zu befreien beginnt.

Viertes Erkennungszeichen: Lächeln wie Mona Lisa

Nicht jedes dieser »Symptome« werden Sie notwendigerweise auch bei dem Energievampir entdecken, den Sie mithilfe Ihres inneren Engels erlösen. Aber mit ziemlicher Sicherheit werden es Anzeichen ähnlich denen sein, die ich in den voranstehenden Abschnitten geschildert habe: Der Betreffende wird lernen, seine innere Stimme zu vernehmen, er wird entdecken, dass es neben der irdisch-materiellen auch eine ethisch-spirituelle Wirklichkeit gibt, und seine Persönlichkeit wird reicher und lebendiger werden. Dieser Prozess kann sich im Extremfall binnen weniger Stunden abspielen, aber meistens wird er sich über einen Zeitraum von Wochen oder auch Monaten erstrecken. Doch eines ist gewiss: Wenn Sie mit Ihrem inneren Engel gut verbunden sind und wenn Sie aus einer Haltung reiner, altruistischer Liebe agieren, wird es Ihnen über kurz oder lang unweigerlich gelingen, selbst den hartnäckigsten Energieräuber zu »erlösen« – einfach dadurch, dass er in Kontakt mit seinem eigenen inneren Engel kommt und so der Notwendigkeit enthoben wird, seinen Energiebedarf noch länger durch Raubzüge zu decken.

Auch ein notorischer Bankräuber, der auf seinem Dachboden eines Tages einen unerschöpflichen Goldschatz entdeckt, wird seine Gewohnheiten den neuen Gegebenheiten freudig anpassen. Bei unserem ehemaligen Energievampir aber kommt noch etwas hinzu: Wenn man ausreichend mit Engelenergie versorgt ist, hebt einen das wie von selbst auf ein Schwingungsniveau, auf dem das krass selbstsüchtige Handeln eines Energievampirs nicht mehr als akzeptabel, geschweige denn als in irgendeiner Hinsicht reizvoll erscheint. So wie ein »trockener« Exalkoholiker nur noch befremdet, ja mit Grausen auf die Phase zurückblicken kann, in der er von seiner Sucht zu den unsinnigsten und unwürdigsten Handlungen getrieben wurde, verliert auch für den »geheilten« Energievampir das frühere räuberische Gehabe jeglichen Reiz.

Stattdessen wird er alles Erforderliche unternehmen, damit er den Kontakt zu seinem höheren Selbst nur ja nicht wieder verliert. Er wird seine Gewohnheiten ändern, energiezehrende Muster überwinden, sich auf den spirituellen Weg begeben.

Ob eine solche tiefe und nachhaltige Heilung und Erlösung gelungen ist, erkennen Sie untrüglich am Blick und am Lächeln der betreffenden Person. In den Augen eines Menschen, der mit seinem höheren Selbst gut verbunden ist, werden Sie niemals jenen lauernden, berechnenden, verschlagenen Ausdruck finden, wie er für Energieräuber charakteristisch ist. Der gewohnheitsmäßige Energievampir taxiert ständig seine Umgebung auf potenzielle Opfer. Wer aber mit seinem inneren Engel verbunden ist, bescheint die Menschen um sich herum mit einem warmen Blick voller Liebe und mit einem entspannten Lächeln, das die gesamte Person sanft zu erleuchten scheint – einem Lächeln wie Mona Lisa.

Durch Engelkonferenzen den Gruppengeist befrieden

In manchen Fällen genügt es jedoch nicht, einen einzelnen Energievampir innerhalb Ihrer Abteilung oder Ihres Betriebes zu »erlösen«: Oftmals ist die gesamte Unternehmenskultur durch energieräuberische Traditionen geprägt, sodass vom obersten Chef bis hinab zum dritten stellvertretenden Leiter der unbedeutendsten Abteilung mehr oder minder jeder Vorgesetzte seine Stellung machtvampiristisch missbraucht. Auch werden nach dem Prinzip der Entsprechung durch solche Strukturen potenzielle Opfer und angstvampiristische Nutznießer in hellen Scharen angezogen – mit der Folge, dass nicht wenige Unternehmen mit Energievampiren unterschiedlichster Typen und Grade regelrecht durchseucht sind.

Da man solchen Verhältnissen durch »Einzelheilungen« nur schwer beikommen kann, empfiehlt es sich hier, eine »gruppentherapeutische« Variante der Positiven Spirituellen Intervention anzuwenden. Die Abwandlung besteht, einfach gesagt, darin, dass Sie Ihren inneren Engel bitten, nicht nur bei dem höheren Selbst einer einzigen Person, sondern bei den inneren Engeln mehrerer oder sogar aller Energievampire in Ihrer beruflichen Umgebung zu intervenieren. Wenn alles problemlos verläuft, wird Ihr Engel eine »Konferenz« einberufen, bei der sich die Engel aller von Ihnen genannten Personen einfinden.

Allerdings muss ich an dieser Stelle eine ernsthafte Warnung einfügen: Muten Sie sich nicht zu viel zu! Schätzen Sie Ihre Kraft und Ihre Erfahrung realistisch ein. Versuchen Sie bitte nicht, gleich Ihre ganze Abteilung oder gar das gesamte Unternehmensmanagement auf einen Schlag zu »erlösen«. Wenn Sie nicht bereits seit Jahren als Heiler oder als spirituelle Beraterin tätig und im Umgang mit Ihrem inneren Engel und dem höheren Selbst anderer Personen überaus erfahren sind, sollten Sie keinesfalls versuchen, die Methode der Positiven Spirituellen Intervention auf mehr als zwei oder allenfalls drei Personen gleichzeitig anzuwenden. Beinahe unvermeidlich würden Sie Ihre Kräfte sonst falsch einschätzen und, was noch schwerer wiegt, scheitern bei dem Versuch, tatsächlich allen Beteiligten gegenüber eine Haltung aufrichtiger selbstloser Liebe einzunehmen. Bedenken Sie bitte, dass Sie selbst kein Engel und wahrscheinlich auch keine Heilige sind, der oder die alle Eigensucht, Selbstgerechtigkeit oder Rachsucht aus ihrem Herzen getilgt hat.

Gegenüber einer ganzen Gruppe von Menschen, die uns allesamt vielleicht über Jahre die unterschiedlichsten Kränkungen zugefügt haben, nichts als uneigennützige Liebe zu hegen, ist schwerer, als einen Schneeball in der Schale Ihrer Hände durch die Wüste Nevada zu tragen. Deshalb mein dringlicher Rat: Beschränken Sie Ihre Bemühungen auf einige wenige Personen. Und selbst dann empfiehlt es sich sehr, die Bürde auf mehrere Schulternpaare zu verteilen: Suchen Sie sich nach Möglichkeit Verbündete, am besten aus Ihrem Unternehmen, die nach der entsprechenden Vorbereitung mit Ihnen zusammen oder jede für sich ihre inneren Engel um Positive Spirituelle Intervention ersuchen.

Vor der Trancereise

Begeben Sie sich in Ihren Meditationsraum, und treffen Sie die üblichen Vorbereitungen für eine Meditation, wie im 1. Kapitel beschrieben.

Bevor Sie sich auf den Weg in Ihr »inneres Himmelreich« machen, führen Sie sich bitte alle guten Eigenschaften und potenziell positiven Charakterzüge jedes Energievampirs, den Sie durch Positive Spirituelle Intervention »erlösen« möchten, möglichst intensiv vor Augen. Versetzen Sie sich mit Geist und Herz in jede dieser Personen hinein, bis Sie verstehen und empfinden, dass er oder sie sich aus Not und Mangel so negativ und destruktiv verhält. Hat er Ihnen Leid zugefügt, so vergeben Sie ihm aufrichtig und von Herzen.

Hierbei genügt kein pauschales Verzeihen, dem es notwendigerweise an innerer Verankerung fehlt. Jede einzelne Kränkung, die Sie von ihm oder ihr erfahren haben, ist wie ein Stachel im Blütenkelch Ihrer Seele, und nur durch die aufrichtige Vergebung der konkreten Beleidigung oder Hintansetzung können wir diesen Stachel ziehen. Wiederholen Sie diese Verzeihensübungen für jede einzelne Person, die Sie in die Positive Spirituelle Intervention einbeziehen möchten.

Begeben Sie sich dann in Meditationshaltung und schließen Sie die Augen. Stellen Sie sich vor, wie jede Einzelne dieser Personen sein könnte, wenn er oder sie über ein integriertes Selbst verfügen würde und keinerlei Energiemangel erleiden müsste. Führen Sie sich die »Idealgestalten« möglichst klar und deutlich vor Augen: ihre Fairness, ihre Kreativität, ihr entspanntes und glückliches Lächeln. Sagen Sie mehrfach, laut oder in Gedanken, zu jeder Einzelnen der Personen: »Ich bin dir wohlgesonnen, [Name]. Ich wünsche dir von Herzen, [Name], dass du glücklich wirst. Ich will dir dabei helfen, [Name], dass du deinen inneren Engel findest.«

Wenn Sie fühlen, dass in Ihrem Innern kein Groll mehr gegen die Betreffenden ist, dass Sie ihnen wirklich aus tiefstem Herzen wohlwollen, sind Sie bereit für die Positive Spirituelle Intervention. Es ist nicht sehr wahrscheinlich, dass Sie diesen Punkt beim ersten oder zweiten Versuch bereits im Hinblick auf alle Personen, die Sie einbeziehen möchten, erreichen. Dann verlieren Sie bitte nicht die Geduld. Wiederholen Sie diese Meditation samt Verzeihensübungen einfach so lange (in einem Abstand von wenigstens vierundzwanzig Stunden), bis Sie fühlen, dass der gewünschte Erfolg eingetreten ist. Allerdings dürfen Sie auch dann erst zur nächsten Etappe weiterschreiten.

Im Kreis der Engel

Treffen Sie die üblichen Vorbereitungen für Ihre Trancereise, wie im 4. Kapitel beschrieben. Wählen Sie die Trancetechnik aus, die Ihnen am meisten zusagt, und begeben Sie sich – allein oder mit Unterstützung durch Ihren spirituellen Helfer – auf den Weg in Ihr »inneres Himmelreich«. Als erfahrener Trancereisender beherrschen Sie vielleicht auch bereits die schamanistische Technik der Blitzselbsthypnose, sodass Sie sich ohne umständliche Vorbereitungen und langwierigen Übergang von einer Dimension in die andere versetzen oder, technisch gesprochen, Ihr Gehirn von Beta- auf Alphawellen »umschalten« können.

Suchen Sie Ihren inneren Engel auf, wie im 5. Kapitel dargestellt. Begeben Sie sich unter seinen schützenden Mantel und teilen Sie ihm, laut oder in Gedanken, Ihr Anliegen mit. Hierfür müssen Sie den Namen jeder einzelnen Person nennen, die in die Positive Spirituelle Intervention einbezogen werden soll. »Bitte die Engel von [Name], [Name] und [Name], ihnen Liebe zu schenken.«

Genauere Erläuterungen der energetischen Mangelsituation in Ihrer Abteilung sind hier noch weniger angebracht und erforderlich als bei der Einzelvariante. Stellen Sie sich nur vor, dass Sie Ihrem Engel das ganze hanebüchene Durcheinander aus Intrigen, Mobbing, Demotivierung, Macht- und Angstvampirismus an Ihrer Arbeitsstätte auseinandersetzen müssten. Aber das ist glücklicherweise unnötig. Ihr innerer Engel durchdringt alles irdische Tohuwabohu mit einem einzigen, liebevollen Blick. Wichtig ist jedoch wiederum, dass Sie recht innig und in liebevollem Geist an die Personen denken, um deren Erlösung Sie den Engel ersuchen.

Wenn er auf diese Weise feststellt, dass Sie Ihre Bitte aufrichtigen Herzens vorgebracht haben, wird er Ihnen mit einem Senken seiner Augenlider oder einer Handbewegung bedeuten, dass er die anderen beteiligten Engel zu einer »Konferenz« bitten wird.

Von John, einem Versicherungsangestellten Ende zwanzig, der mich aufgesucht hatte, weil er aufgrund des machtvampiristischen Gehabes seiner Vorgesetzten Depressionen und eine Neigung zu Panikattacken entwickelte, stammt die folgende Schilderung einer »Engelkonferenz«.

Ähnlich wie wenn unser Engel über eine Lichtbrücke zu einem anderen Engel schwebt oder schreitet, hatte auch John den deutlichen Eindruck, »dass ich bei meinem Engel und gleichzeitig allein in der Sternenhöhle zurückgeblieben war«. Es war ein Gefühl, als ob er »irgendwo im Lichtgefieder des Engels« säße, der im dunklen All umherflog, über einzelnen Sternen kreiste und graziöse Flugbewegungen vollführte, während er an anderen Sternen achtlos vorüberflog. Ohne dass John richtig mitbekam, wie das zuging, befanden sie sich im nächsten Moment auf einem hohen Berg, der ganz aus Diamanten zu bestehen schien und gleißend strahlte, ohne dass es John jedoch in den Augen schmerzte.

»Die drei anderen Engel waren schon da«, erzählte er. »Ich erkannte jeden Einzelnen von ihnen sofort, denn sie sahen aus wie die unglaublich veredelten Versionen meiner drei Vorgesetzten, die mich und meine Kollegen jeden Tag so schrecklich triezten. Nur dass eben alles Boshafte, Bittere, Scharffaltige aus ihren Gesichtern gewischt war.

Mein Engel trat in ihren Kreis, und sie begrüßten einander auf eine Weise, die ich nicht beschreiben kann. Es war, als ob sie sich gegenseitig die Wangen küssen oder sich an den Schultern berühren würden, obwohl sie eigentlich nichts von alledem wirklich machten. Sie standen einfach im Kreis, und ihre Augenstrahlen überkreuzten sich und bildeten einen Stern aus Licht. ›Bitte schenkt Liebe‹, hörte ich. ›Euer kleines Selbst ist zerbrochen und zerbricht andere, die heiler sind als sie.‹

Licht flutete aus ihren Augen und aus allen Poren der Engel, falls sie so etwas wie Poren haben. Ich musste weinen, so irre glücklich fühlte ich mich mit einem Mal. Das Glücksgefühl, wenn man seinen eigenen Engel zum ersten Mal trifft, kannte ich ja mittlerweile schon. Aber diese vier Engel zu sehen und die Liebe zu spüren, die sie zusammen ausstrahlten, war wie ein positiver Schock, anders kann ich es nicht ausdrücken, wie eine irre Überdosis Glück.«

»Erlösung« im Team

Wenn man auf diese Weise eine ganze Gruppe von Energievampiren »erlöst«, kann dies im betrieblichen Alltag gruppendynamische Effekte auslösen, die den »Genesungs«-Prozess erheblich beschleunigen. So verhielt es sich auch in der Versicherungsagentur: Nachdem John etwa eine Woche lang die Prozedur täglich wiederholt hatte, fingen seine drei Chefs beinahe gleichzeitig an, sich von seltsam beglückenden Traumerlebnissen und »Erscheinungen« am helllichten Tag zu erzählen.

Das löste im ganzen Unternehmen natürlich großes Erstaunen aus, und John gab sich einen Ruck und zog zwei seiner Kolleginnen ins Vertrauen. Wie sich herausstellte, war eine von ihnen auch schon recht weit fortgeschritten auf ihrem spirituellen Weg. Von der Methode der Positiven Spirituellen Intervention hatte sie zwar noch nichts gehört, aber nachdem John ihr das Nötigste erklärt hatte, war sie sofort bereit, ihn durch entsprechende Bitten an ihren eigenen inneren Engel zu unterstützen.

Auf diese Weise wurde der Prozess gleich von mehreren Seiten verstärkt: Durch die Mithilfe der spirituell erfahrenen Kollegin verdoppelte sich die Wiederholungsfrequenz, was die Heilung erheblich beschleunigte. Die »genesenden« Energieräuber brauchten ihre inneren Wandlungen außerdem nicht aus Angst vor Spott oder Racheattacken zu verbergen, sodass auch die damit normalerweise einhergehenden Verzögerungen entfielen.

Kurzum: Schon nach wenigen Wochen war die energetische Situation in Johns Agentur so deutlich und nachhaltig verbessert, dass es vielen Beteiligten wie ein Wunder vorkam. Die drei Chefs hatten ihr Machtgehabe weitgehend abgelegt. Beförderungen und Kompetenzerweiterungen, die sie jahrelang immer wieder mit dürftigen Argumenten verweigert hatten, waren auf einmal kein Problem mehr. Alle Beteiligten, Vorgesetzte und Untergebene, arbeiteten eifriger und effizienter als jemals vorher und verbrachten auch Teile ihrer Freizeit einträchtig miteinander. Umsatz und Auftragsvolumen der Agentur stiegen sprunghaft an, sodass sich sogar das lokale Fernsehen für das »Wunder« interessierte. Der eine Abteilungsleiter, der immer als besonders bärbeißig und eigenbrötlerisch verschrien gewesen war, hatte sich zu einem charmanten Menschenfreund gewandelt und der erstaunten Kollegenschaft erklärt, dass er seine Jugendliebe wieder getroffen habe und sie zu heiraten gedenke.

Zu diesem Zeitpunkt hatten alle drei Chefs bereits begonnen, sich meinem Übungsprogramm zur Überwindung energiesenkender Muster zu unterziehen. Auf ihre Bitte hatte John mich zu einem Vortrag in ihre Agentur eingeladen, und dort hatte ich ihnen erklärt, dass sie zu einer dauerhaften Überwindung ihrer energetischen Mangellage auch ihrerseits beitragen müssten, indem sie ihren inneren See reinigten, einige ihrer Lebensgewohnheiten umstellten und ihre Selbststruktur harmonisierten.

Dem Reporter des lokalen Fernsehsenders verrieten sie jedoch von alledem nichts. Auf die Frage, wie er sich die wundersame Wandlung seiner Agentur erkläre – einer vor Kurzem noch »stadtbekannten Mobbing-Hölle«, wie der Fernsehmann sich ausdrückte –, antwortete der frisch verheiratete Abteilungsleiter: »Man muss ja nicht alle seine Geschäftsgeheimnisse ausplaudern.« Und dazu lächelte er sein Mona-Lisa-Lächeln, sodass der Reporter ganz vergaß, mit messerscharfen Fragen nachzubohren, die doch sonst immer sein Markenzeichen waren.

Wenn zwei sich streiten – Engelmediation

Falls Sie befürchten, dass sich in diese Überschrift ein Druckfehler eingeschlichen hat, kann ich Sie beruhigen: Hier soll es in der Tat um unsere inneren Engel als Mediatoren in Streit- und Konfliktfällen gehen. Falls Sie jedoch der Ansicht sind, dass dieses Konzept nun aber wirklich die Grenzen der Praktikabilität überschreite, muss ich Ihnen zumindest teilweise Recht geben. Engelmediation in ihrer effizientesten Form ist heute für die meisten Unternehmen noch eine ferne Utopie. Allerdings gibt es bereits einzelne Betriebe, in der Regel Heil- oder Beratungspraxen mit spiritueller Ausrichtung, in denen dieses Konzept erfolgreich eingesetzt wird. Außerdem habe ich eine Variante der Engelmediation entwickelt, die zwar deutlich weniger effektiv ist als die »utopische« Idealform, dafür aber in jedem Unternehmen zur Schlichtung von Streitfällen eingesetzt werden kann.

Worum geht es? Die Grundidee ist denkbar einfach: Wenn an Ihrer Arbeitsstätte zwei oder drei Kollegen oder Manager miteinander im Streit sind, dann tun alle Beteiligten grundsätzlich so, als ob es ihnen »nur um die Sache« ginge. Man beharrt auf irgendwelchen »objektiven Fakten«, führt »unwiderlegbare Beweise« oder »rationale Argumente« ins Feld, um die es ja zum Teil durchaus auch gehen mag. Aber da unser »Normalbewusstsein« eben nur durch das schmale Sichtfenster der »Rationalität« zu blicken vermag, bleibt bei der Auseinandersetzung alles ausgeblendet, was sich zur Linken und zur Rechten des Ratio-Sichtfensters abspielt.

Stellen Sie sich vor, der Pilot einer Boeing 747 könnte von seinem Cockpit aus nur wahrnehmen, was vor ihm geschieht, während ihm von links und rechts heranrasende Flugobjekte und Unwetterzonen verborgen bleiben. Als ein ebensolcher Schmalspur-Pilot vermag auch das auf Rationalität getrimmte Normal-Ich unserer beiden betrieblichen Kontrahenten nicht nach links und rechts zu blicken – und dabei sitzt ihm zur Seite ein Kopilot von unübertrefflicher Weisheit und Geschicklichkeit, der alle Dimensionen und Himmelsrichtungen zugleich zu überschauen vermag: sein innerer Engel oder höheres Selbst.

Auf eine Formel gebracht heißt Engelmediation also: im Streitfall die Engel der Kontrahenten um eine Lösung zu bitten. Das bedeutet natürlich nicht, dass Ihr höheres Selbst sich nun in die Akten vertiefen oder Berechnungen anstellen wird, um zu den strittigen Sachfragen ein Kompromissmodell zu erarbeiten. Die inneren Engel der Beteiligten können jedoch dafür sorgen, dass alle unterschwellig mitschwingenden Konflikte und Motive (Rivalität, Neid, Machtstreben usw.) entschärft werden, sodass die Sachauseinandersetzung in einer friedlichen Atmosphäre wechselseitigen Vertrauens geführt werden kann.

Um nochmals zum obigen Beispiel des Boeing-Piloten zurückzukehren: Als Kopilot vermag unser innerer Engel nicht nur die Bedrohungen zu sehen, die links und rechts des Ratio-Sichtfensters auf uns zugerast kommen – er verfügt auch über die Mittel, heranjagende Unwetterfronten aufzulösen und auf Kollisionskurs befindliche Flugobjekte zusammen mit deren »spirituellen Kopiloten« so abzulenken, dass wir einem Zusammenstoß entgehen.

Um zur Entschärfung eines Konfliktes beizutragen, in den Sie und weitere Personen verwickelt sind, begeben Sie sich in Ihr »inneres Himmelreich« und bitten Ihr höheres Selbst, die inneren Engel Ihrer Kontrahenten aufzusuchen. Dies kann durch Einzeltreffen oder wiederum durch eine »Konferenz« aller beteiligten inneren Engel geschehen. Bitten Sie Ihr höheres Selbst, auf die anderen Engel einzuwirken, damit keiner der Beteiligten während der Problemlösungsphase an Energiemangel leidet.

Auch hierbei ist es von ausschlaggebender Bedeutung, dass Sie keinen Groll gegen die Betreffenden hegen, sondern ihnen von Herzen wünschen, dass sie ihre Mangellage überwinden. Ebenso wichtig für den Erfolg der Engelmediation ist es, dass Sie wirklich die bestmögliche, fairste und zweckdienlichste Lösung für das anstehende Problem finden möchten, also sich nicht etwa »hinter dem Rücken« Ihres Engels persönliche Vorteile verschaffen oder eine offene Rechnung mit einem Ihrer Kontrahenten begleichen wollen.

Die »utopische« Variante dieser Engelmediation besteht darin, dass sämtliche Beteiligten in der beschriebenen Weise ihr höheres Selbst bitten, mit den inneren Engeln ihrer Kontrahenten zu Mediationsmeetings zusammenzutreffen. Die atmosphärisch reinigende und energetisch harmonisierende Wirkung einer solchen einvernehmlichen und allseitigen Positiven Spirituellen Intervention ist überwältigend stark und tritt fast augenblicklich ein, wie ich aus einigen wenigen Fallbeispielen (einschließlich eigenem Erleben) weiß. Aber auch wenn Sie als Einziger unter den in einen Konflikt Verwickelten in der Lage und bereit sind, Ihren inneren Engel um Beistand zu bitten, können Sie diese Methode mit beträchtlichen Erfolgsaussichten einsetzen.

Begeben Sie sich in Ihr »inneres Himmelreich«, suchen Sie Ihr höheres Selbst auf und sagen zu ihm oder ihr: »Bitte die Engel von [Name], [Name] und [Name], ihnen Liebe zu schenken, damit in ihrem Innern Frieden einkehrt.« Wiederholen Sie diese Übung vor und während der Phase, in der Sie mit den anderen Beteiligten an einer rationalen Problemlösung arbeiten, so oft wie möglich, mindestens jedoch einmal pro Tag – am besten morgens, bevor Sie sich an Ihre Arbeitsstätte begeben und dort mit Ihren Kollegen zur Besprechung zusammentreffen. In der Regel werden Sie schon nach wenigen Tagen feststellen, wie der Umgangston friedlicher wird und Ihre Kollegen davon ablassen, einander zu verdächtigen und zu belauern. Stattdessen werden Sie in harmonischer Stimmung und konstruktiven Geistes gemeinsam nach einer Lösung suchen – und nicht wenige Ihrer Kollegen werden staunen, wie mühelos sich das scheinbar so vertrackte Problem auf einmal lösen ließ!

7. Kapitel Mit Liebe siegen in Familie und Partnerschaft

Viele Ratschläge und Übungen, die ich im voranstehenden Kapitel für Sie zusammengestellt habe, lassen sich mit leichten Abwandlungen auch zur Befriedung und »Erlösung« von Energievampiren im privaten Umfeld einsetzen, sei es nun in Ihrer Familie und Partnerschaft, in der Nachbarschaft, in Vereinen oder anderen sozialen Gruppen. Um den Umfang dieses Buches nicht unnötig aufzublähen, werde ich in diesem abschließenden Kapitel also hauptsächlich auf Abweichungen vom und Ergänzungen zum bereits Ausgeführten eingehen und mich ansonsten auf summarische Rückverweise beschränken.

Ein erheblicher Teil meiner Klienten sind Frauen in jungen oder mittleren Jahren, denen häufig erst im Verlauf einer mehr oder weniger langjährigen Partnerschaft bewusst geworden war, dass es sich bei dem Mann an ihrer Seite um einen waschechten Energievampir handelte. Nachdem sie mein Übungsprogramm zur Überwindung energiesenkender Muster durchgeführt hatten, entschlossen sich nicht wenige dieser Klientinnen, ihre räuberischen Partner zu verlassen, da diese Männer nur in seltenen Fällen von sich aus bereit waren, ihren Gefährtinnen auf dem spirituellen Pfad nachzufolgen.

Oftmals hatten die Paare jedoch Kinder, die auf diese Weise zu Scheidungswaisen wurden. Zwar hatten die Väter ihre Erziehungsaufgaben meist eher schlecht als recht erfüllt und Frauen und Kinder nicht selten mehr ausgenutzt als behütet. Dennoch beschäftigte es mich, dass die positive Entwicklung meiner Klientinnen häufig zulasten ihrer Partner und manchmal auch ihrer Kinder ging. Viele Frauen ließen auch erkennen, dass sie es vorziehen würden, mit ihrem bisherigen Partner zusammenzubleiben, wenn dieser sich nur entschließen könnte, seine Energieprobleme nicht länger auf vampiristische Weise zu lösen.

Also überlegte ich, wie ich auch den räuberischen und in aller Regel uneinsichtigen Teil solcher (Eltern-)Paare zu einer Entwicklung ihrer Persönlichkeitsstruktur und damit auch zu einer nachhaltigen Behebung ihrer Energieprobleme bewegen könnte. Um das Ergebnis meiner Überlegungen vorwegzunehmen: Auch für dieses Problemfeld erwies sich die Positive Spirituelle Intervention als konkurrenzlos wirksame Lösungsmethode.

Impfen Sie das Familienklima mit spirituellen Injektionen

Analog zu den Übungen und Strategien, die ich Ihnen im 6. Kapitel vorgestellt habe, empfehle ich meinen Klienten, die unter Energieräubern im familiären Umfeld leiden, in aller Regel als Erstes einige leicht zu beherzigende Alltagsstrategien:

- Stellen Sie den Speisezettel im familiären Haushalt auf energetisch wertvolle Ernährung um (siehe 6. Kapitel, dritter Tipp).
- Schneiden Sie bei Gesprächen mit Ihrem Partner (oder auch mit Ihrem zu Energievampirismus neigenden Teenager-Kind oder sonstigem Familienangehörigen) spirituelle Themen an (siehe 6. Kapitel, zweiter Tipp).
- Führen Sie regelmäßig die Meditation zur Verbesserung der Energiestruktur Ihres räuberischen Partners, Sprösslings oder sonstigen Familienmitglieds durch (siehe 6. Kapitel, vierter Tipp).

Neben diesen Veränderungsversuchen »von unten« erweist sich aber auch hier vor allem die Positive Spirituelle Intervention mithilfe der inneren Engel als herausragend wirkungsvoll.

So verbünden Sie sich mit dem inneren Engel Ihres Partners oder eines Familienmitglieds

Auch partnerschaftlicher Energievampirismus beruht ausnahmslos auf der Tatsache, dass die Verbindung zwischen dem bewussten Ich (oder kleinen Selbst) des häuslichen Räubers und seinem höheren Selbst gestört ist. Häufig ist diese Verbindung seit der frühen Kindheit unterbrochen, da der Betreffende schon als Junge (oder Mädchen) im Säuglings- und Kleinkindalter durch die fundamentale Erfahrung mangelhafter Energieversorgung traumatisiert worden ist.

Der Vampir an unserer Seite wäre also von sich aus gar nicht in der Lage, Kontakt mit seinem höheren Selbst aufzunehmen: Seine Charakterstruktur ist durch Abspaltung von Selbstanteilen wie Herz-Kind und natürliches Selbst geprägt, über deren Unterjochung ein räuberisches »Kontroll-Ich« oder »Kollaps-Ich« wacht.

Jedoch kann das höhere Selbst des Betreffenden mit dem tyrannischen Kopf-Ich in Verbindung treten, wie ich das bereits bei der »Erlösung« eines Energievampirs im beruflichen Umfeld dargestellt habe. Denn natürlich kann unser innerer Engel auch zu dem höheren Selbst unseres Partners (oder sonstigen Familienangehörigen) Kontakt aufnehmen und diesen Engel bitten, sein kleines Selbst zumindest kurzzeitig von seinem chronischem Energiemangel zu befreien.

Nur wenn die Verbindung zum höheren Selbst bei Ihrem Partner vollständig zerstört ist oder dieser sein Gewissen verloren oder abgestoßen hat, kann der innere Engel keinen Kontakt mehr mit dem Kopf-Ich aufnehmen. Aber solche Fälle sind glücklicherweise selten, denn die betreffenden Menschen haben in aller Regel jegliche Fähigkeit zu Einfühlung und Nächstenliebe eingebüßt.

Auf der anderen Seite kann die Intervention des inneren Engels umso rascher eine positive Wirkung hervorrufen, je leistungsfähiger die Chakras der höchsten Frequenzstufe bei dem Betreffenden noch sind. Wenn also Stirn-, Schläfen- und Kronenchakra bei dem »Vampir an unserer Seite« nicht allzu sehr verkümmert sind, kann ihn eine kosmische Energiespende seitens seines inneren Engels binnen weniger Stunden oder Tage von einem aggressiven in einen friedfertigen Zeitgenossen verwandeln, von einem kalten und selbstsüchtigen Egomanen in einen liebevollen und einfühlsamen Partner oder Elternteil. Allerdings hält diese oftmals verblüffende Wirkung auch nur kurze Zeit vor, solange der Betreffende nicht seine Charakterstruktur harmonisiert hat, um auf diese Weise zu wahrer und nachhaltiger energetischer Autarkie zu gelangen.

Auch wenn Sie durch die Intervention Ihres Engels bei Ihrem Partner keine sofortige revolutionäre Wandlung hervorrufen, werden Sie doch mit hoher Wahrscheinlichkeit von Anfang an deutliche Veränderungen beobachten: Nach ein- oder mehrmaliger Intervention Ihres inneren Engels wird Ihr Familienangehöriger die charakteristischen Anzeichen eines »Erweckten« oder »Erleuchteten« an den Tag legen (siehe 6. Kapitel):

- Sein innerer Engel wird ihm im Traum oder sogar im Tageslicht, bei wachem Bewusstsein, erscheinen.
- Akustische Sensationen können ihn auf die Anwesenheit seines höheren Selbst hinweisen: eine sanfte Stimme, die scheinbar aus dem Nirgendwo erklingt, oder das Ertönen von »tausend Glöckchen in einem Baum, durch den der Wind hindurchstreicht«, wie ein Klient mir gegenüber es einmal umschrieb.
- Ein Gefühl stiller Freude wird Ihren Partner (oder Ihr Teenager-Kind) erfüllen, das glücklich machende Erlebnis, genährt und geborgen zu sein – ablesbar etwa an seinem »Mona-Lisa-Lächeln«, während das Gesicht des Betreffenden vor Kurzem noch jederzeit angespannt, lauernd oder verkniffen wirkte.

Vor der Trancereise

Begeben Sie sich in Ihren Meditationsraum, und treffen Sie die üblichen Vorbereitungen für eine Meditation, wie im 1. Kapitel beschrieben.

Bevor Sie sich auf den Weg in Ihr »inneres Himmelreich« machen, führen Sie sich bitte alle guten Eigenschaften und potenziell positiven Charakterzüge Ihres Partners oder sonstigen Familienangehörigen, den Sie durch Positive Spirituelle Intervention »erlösen« möchten, möglichst intensiv vor Augen. Das ist auch und gerade im privaten Umfeld nicht immer leicht. Wie oft schon mag Ihr Partner Sie ungerecht behandelt, verletzt oder an die Wand gedrückt haben. Aber damit eine Positive Spirituelle Intervention gelingen kann, ist es unbedingt erforderlich, dass Sie in Ihrem tiefsten Herzen gegen Ihren Partner (oder Sprössling etc.) weder Groll noch Rachegefühle hegen, dass Sie ihn bessern und heilen, nicht aber strafen oder nun Ihrerseits unterdrücken möchten.

Versetzen Sie sich mit Geist und Herz in ihn hinein. Versuchen Sie zuinnerst zu verstehen, dass er sich aus Not so negativ und destruktiv verhält. Er leidet an chronischem Energiemangel, er ist wie ein Fisch, der auf dem Trockenen zappelt, wie ein verirrter Bergsteiger im Hochgebirge, der zu wenig Atemluft in seine Lunge saugen kann. Wenn er uns Leid zugefügt hat, dann geschah das aus eben dieser Not: Wie ein Ertrinkender hat er um sich geschlagen, wie ein Verhungernder hat er uns entrissen und in sich hineingeschlungen, was er zum Überleben brauchte.

Verzeihen Sie ihm aufrichtig und von Herzen. Da es sich um einen Familienangehörigen handelt, werden Sie wahrscheinlich über einen längeren Zeitraum unter seinem räuberischen Gebaren gelitten haben. Welche seiner Worte, Taten oder Verhaltensweisen hat Sie in besonderem Maß gekränkt? Führen Sie sich möglichst viele dieser einzelnen Verletzungen vor Augen und vergeben Sie sie ihm aufrichtig.

Nehmen Sie dann Ihre Meditationshaltung ein und schließen Sie die Augen. Stellen Sie sich vor, wie Ihr Partner (oder Kind usw.) sein könnte, wenn er über ein integriertes Selbst und jederzeit über ausreichende Energieressourcen verfügen würde. Führen Sie sich seine »Idealgestalt« möglichst klar und deutlich vor Augen. Wie liebevoll Ihr Partner sein könnte, wie gelassen und souverän, humorvoll und facettenreich. Was für ein großartiger Partner, souveräner Erzieher, einfühlsamer Geliebter Ihr Gefährte fortan immer sein wird, wenn Sie ihn nur dazu bewegen können, sich dauerhaft mit seinem höheren Selbst zu verbinden.

Stellen Sie sich die Idealgestalt Ihres Partners (oder sonstigen Familienangehörigen) möglichst lebhaft vor. Sagen Sie mehrfach, laut oder in Gedanken: »Ich liebe dich, [Name]. Ich wünsche dir von Herzen, [Name], dass du glücklich wirst. Ich will dir dabei helfen, [Name], dass du deinen inneren Engel findest.«

Wenn Sie fühlen, dass in Ihrem Innern kein Groll mehr gegen Ihren Partner ist, dass Sie ihm wirklich aus tiefstem Herzen wohlwollen, sind Sie bereit für die Positive Spirituelle Intervention. Sollten Sie diesen Punkt beim ersten oder auch beim dritten oder vierten Versuch noch nicht erreichen, besteht kein Grund zum Verzagen. Wiederholen Sie diese Meditation samt Verzeihensübungen einfach so lange (in einem Abstand von wenigstens 24 Stunden), bis Sie fühlen, dass der gewünschte Erfolg eingetreten ist. Allerdings dürfen Sie auch dann erst zur nächsten Etappe weiterschreiten.

Die Muschel aus Licht

Treffen Sie die üblichen Vorbereitungen für Ihre Trancereise, wie im 4. Kapitel beschrieben. Wählen Sie die Trancetechnik aus, die Ihnen am meisten zusagt, und begeben Sie sich – allein oder mit Unterstützung durch Ihren spirituellen Helfer – auf den Weg in Ihr »inneres Himmelreich«.

Suchen Sie dort Ihren inneren Engel auf, wie im 5. Kapitel dargestellt. Begeben Sie sich unter seinen schützenden Mantel, und teilen Sie ihm, laut oder in Gedanken, ihr Anliegen mit: »Bitte den Engel von [Name des Partners oder Familienangehörigen, den Sie durch Positive Spirituelle Intervention ›erlösen‹ möchten], ihm Liebe zu schenken.«

Auch hier können Sie auf jegliche weiteren Erklärungen verzichten. Wichtig ist jedoch wiederum, dass Sie in liebevollem, verzeihendem Geist an die betreffende Person denken. Auf Ihre Bitte hin, Ihrem Familienmitglied – über dessen höheres Selbst – Liebe zu schenken, wird der Engel Sie aus seinen strahlenden Augen anschauen, und Sie werden spüren, dass er bis auf den Grund Ihres Herzens blickt. Wenn Sie Ihre Bitte wirklich »reinen Herzens« an ihn gerichtet haben, so wird er Ihnen mit einer Gebärde zu verstehen geben, dass er sich der Sache annehmen wird.

Eine Klientin namens Marthe, die sehr unter den machtvampiristischen Verhaltensweisen ihres Ehemannes zu leiden hatte, beschrieb den Verlauf ihrer ersten Positiven Spirituellen Intervention so: »Ich stand in einer Muschel aus Licht, und diese Muschel war zugleich ein Muster auf einem Flügel meines Engels. Er – sie – sah mich an, wie mit tausend strahlenden Augen, und ich weinte und lachte gleichzeitig vor Rührung und Glück. Der Engel sah aus wie ich selbst – wie ich hätte werden können ohne all die Angst und den Kummer, die ich so viele Jahre lang ausstehen musste.

Mein Engel schwebte mit mir über eine Brücke aus Licht. Es ging so schnell wie sonst nur in Gedanken oder im Traum: Im nächsten Moment stand er auf einer Art Turm, der gleichfalls aus reinem Licht geschaffen schien, und ihm gegenüber stand der Engel von Jimmy, meinem Mann.

Es war das Unglaublichste, was ich jemals erlebt habe: Wie die beiden Engel voreinander standen, und sie sahen aus wie Jimmy und ich! Nur dass wir eben zu einem Traumpaar verwandelt waren, so makellos schön, so anmutig, so strahlend vor Liebe. Und mein Engel sagte zu Jimmys Engel: ›Ich bitte dich, schenke ihm Liebe. Er lässt sie leiden.‹ Er sagte einfach nur ›ihm‹ und ›sie‹, aber natürlich war allen klar, wer damit gemeint war: Jimmy und ich.

Die Lichtstrahlen aus den Augen beider Engel flossen ineinander. Sie hoben ihre Hände, und auch aus der Spitze jedes ihrer Finger drangen Lichtstrahlen, die sich miteinander verbanden. Dann hoben sie ihre Arme und bildeten auf diese Weise eine Kuppel aus Licht. Es sah so wunderschön aus. Und obwohl niemand mehr etwas sagte, spürte ich, dass Jimmys Engel die Bitte meines Engels erfüllen würde.«

Der Turm der Liebe

Bei Marthe dauerte es ungefähr zwei Wochen, bis sie die ersten Veränderungen im Verhalten ihres Jimmy bemerkte. Ich hatte ihr eingeschärft, dass sie ihren inneren Engel möglichst jeden Tag aufsuchen und jedes Mal aufs Neue die Bitte an ihn richten sollte, bei Jimmys Engel zu intervenieren. Für viele Klienten, die mit ihrem inneren Himmelreich noch nicht so sehr vertraut sind, klingt das immer wieder seltsam – so als ob ich behaupten würde, dass Engel an Gedächtnisschwäche leiden würden oder störrisch wären, weshalb man ihnen mit seiner Bitte ständig in den Ohren liegen müsste. Aber so ist es natürlich nicht.

Es geht einfach darum, energetische Verbindungen zu stärken – von unserem Ich zu unserem höheren Selbst ebenso wie zwischen den beiden Engeln. Auch Menschen, die sich in Gebeten an ihren Schöpfer oder an einen Schutzheiligen wenden, wiederholen ihre Bitte ja ein ums andere Mal, mit jedem Gebet aufs Neue. Jede Wiederholung stärkt die Verbindung, verbreitert und befestigt die Brücke aus Energie, aus Licht und Liebe, die uns mit unserem inneren Engel und diesen mit dem höheren Selbst Ihres Partners verbindet.

Bei der Positiven Spirituellen Intervention geht es außerdem darum, dem Energieräuber, den wir »erlösen« möchten, möglichst oft einen Strahl kosmischer Liebe zukommen zu lassen. Dadurch steigt sein Energielevel immer weiter an, und er wird auf eine Ebene transferiert, auf der ihm sein bisheriges vampiristisches Verhalten inakzeptabel erscheint. Mit anderen Worten: Seine Einsichtsfähigkeit steigt, und obwohl er ja aktuell gar nicht an Energiemangel leidet, wird er bereit oder sogar von sich aus begierig sein, seine energetische Struktur grundlegend zu verbessern.

Was Marthe und Jimmy angeht, so erkannte sie zum ersten Mal, dass der Vampir an ihrer Seite sich grundlegend zu ändern begann, als Jimmy ihr eines Tages vorschlug, einen kleinen Ausflug zu unternehmen. In den ersten Jahren ihrer Ehe waren sie häufig zusammen aufs Land gefahren, um an einem See zu picknicken und in der Sonne zu liegen. Später hatten sie diese Gewohnheit abgelegt und stattdessen ihre Freizeit mit Streitereien vergeudet, bei denen Jimmy sich nicht selten einen gewaltigen Whiskyrausch antrank.

Erwartungsvoll sagte Marthe zu, und zu ihrem Erstaunen brachte Jimmy sie zu einem Aussichtsturm, der sich am Waldrand auf einem kleinen Hügel erhob. Er parkte seinen Wagen, und als sie auf den hölzernen Turm zugingen, fasste Jimmy auf einmal Marthes Hand und sah sie mit einem verwirrten kleinen Lächeln an. »Hast du das eben auch gesehen«, fragte er sie, »dieses Pärchen da oben auf dem Turm? Die beiden haben mich irgendwie an uns zwei erinnert, wie es früher zwischen uns war.« Marthe schossen die Tränen in die Augen, und gleichzeitig war ihr zum Singen und Lachen zumute, aber sie bezwang sich und lächelte ihn nur mit tränennassen Augen an. »Die beiden haben fast wie Engel ausgesehen«, fuhr Jimmy in seiner glückseligen Verwirrung fort, »so von Licht übergossen, als ob sie die Sonne im Rücken hätten – dabei ist der Himmel doch bewölkt! Und außerdem – wo sind die beiden denn hin?«

»Lass uns nach oben gehen, Darling«, gelang es Marthe zu antworten, »und nach den beiden suchen.«

Als sie dann oben auf der Plattform des Aussichtsturms standen, kam Jimmy zuerst gar nicht mehr auf die beiden Engel zurück. Jedenfalls nicht mit Worten. Er stand einfach da, hielt Marthe umarmt und lächelte sie unentwegt an. Sie küssten sich und sahen eng umschlungen auf Wald und Hügel hinab und küssten sich aufs Neue wie frisch verliebte junge Leute.

Dann riss der Himmel auf, die Sonne brach zwischen den Wolken hindurch und überschüttete Marthe und Jimmy mit ihrem goldenen

Licht. »Weißt du, dass ich genau diese Szene hier letzte Nacht geträumt habe?«, murmelte Jimmy. »Du und ich auf so einem Turm, aber wir beide sahen wie strahlende Lichtwesen aus.«

Dies war der Beginn einer wundervollen neuen Liebe zwischen Marthe und ihrem Jimmy, der in den folgenden Wochen immer deutlichere Anzeichen spiritueller Erweckung zeigte. So fiel es Marthe leicht, ihn davon zu überzeugen, dass er sich um eine nachhaltige Behebung seiner Energienotlage kümmern musste. Jimmy sah voller Scham- und Schuldgefühle auf die Vergangenheit zurück, in der er Marthe so häufig gekränkt und auf vielerlei Weisen heruntergezogen hatte, um sich in ihrer Ehe als der Mächtigere aufzuspielen und an ihrer Angst und Ohnmacht vampiristisch zu weiden. Wie ein Süchtiger, der von seiner Abhängigkeit genesen ist, blickte er auf diese Zeit zurück, und nachdem er sich meinem Übungsprogramm zur Überwindung energiesenkender Muster unterzogen hatte, begann für Marthe und ihn eine Zeit ungekannter partnerschaftlicher Liebe und Harmonie. Jimmy gab seinen Job bei einem Immobilienmakler auf und eröffnete eine Galerie, in der er seither die Gemälde und Skulpturen ausstellt und verkauft, die Marthe und andere Künstler mit spirituellem Hintergrund ihm anvertrauen.

Mit Liebe siegen bei Erziehungsproblemen

Wenn unsere Kinder in die Pubertät kommen, rebellieren sie vielleicht auch gegen Gebote und Anschauungen ihrer Eltern, vor allem aber begehren sie gegen ihre energetische Mangelsituation auf. Dieser eigentliche Beweggrund ist in der Regel weder den Kindern noch ihren Erziehern bewusst. Dabei liegt es meiner Überzeugung nach auf der Hand, dass jugendlich-pubertärer Protest gegen die »Alten« in erster Linie eine ungestüme Art ist, individuell Energiebilanz zu ziehen.

Die jungen Leute gehen in sich und stellen fest, dass sie von ihren Eltern oftmals von Geburt an zu wenig Liebe und Zuwendung erhalten haben. Ihre ganze Persönlichkeit ist durch diese Erfahrung chronischen Mangels von Grund auf traumatisiert und in Stücke gespalten.

Durch ihr Aufbegehren, das nicht selten kopflos wirkende Ausprobieren neuer Lebensmuster suchen sie nach einem Ausweg aus der energetischen Dauerkrise. In dieser Situation können Auseinandersetzungen zwischen Elternteilen und Kindern nur zu neuen Missverständnissen, Vorwürfen und erbittert ausgetragenen Konflikten führen, solange beide Seiten sich der tieferen Ursache dieser wie ein Ungewitter über sie hereingebrochenen Krise nicht bewusst geworden sind.

Jugendliche, die sich politisch radikalen Gruppen anschließen, einem fernöstlichen Guru nachzulaufen beginnen oder sich über Nacht zu alles und jeden ablehnenden Punks entwickeln, verfolgen allesamt das gleiche Ziel: Nachdem sie erkannt haben, dass weder ihre Familie noch sie selbst imstande sind, ihre energetischen Bedürfnisse stabil und harmonisch zu befriedigen, suchen sie – zwischen Wut, Kummer und Panik schwankend – nach einem alternativen Energie-Versorgungssystem. Skinhead-Gruppen beispielsweise ziehen manche (überwiegend männliche) Jugendliche an, weil sie die Aussicht auf reiche machtvampiristische Ausbeute bieten. Solche Schlägertrupps weiden sich buchstäblich an der Angst ihrer Opfer – und im übertragenden Sinn der ganzen zivilisierten Gesellschaft –, und bei den meisten von ihnen geht es überhaupt nicht um politische Überzeugungen, sondern um Lebensenergie im Aggregatzustand der Angst. Es sind Machtvampire, die sich vom Entsetzen und von der Panik ihrer Mitmenschen nähren.

Auch wenn glücklicherweise nur eine sehr kleine Minderheit der Jugendlichen in Amerika und Europa auf solche unheilvollen Abwege gerät, durchleidet während der pubertären Wirren doch nahezu jeder Mensch eine fundamentale Energiekrise, für die er oder sie eine tragfähige Lösung finden muss. Als Elternteil können Sie Ihrem heranwachsenden Sohn oder Ihrer pubertierenden Tochter wirksam helfen, indem Sie Ihr höheres Selbst bitten, bei dem inneren Engel Ihres Kindes zu intervenieren.

Matt – der Punk aus Energienot

Suzanna, eine resolute Geschäftsfrau Ende dreißig, war schon seit vielen Jahren von Schuldgefühlen gegenüber ihrem Sohn Matt geplagt, als dieser kurz nach seinem sechzehnten Geburtstag heftig gegen seine Mutter zu rebellieren begann. Als Inhaberin und alleinige Betreiberin eines Lebensmittelladens musste sie sich von früh bis spät um ihr Geschäft kümmern. Matts Vater Jack, ein Hubschrauberpilot, war bei einem Unfall umgekommen, als der Junge eben fünf geworden war. Seitdem bestand Suzannas Leben fast nur noch aus Arbeit, Sorge und Reue.

Der kleine Matt war häufig allein zu Hause, von Nachbarinnen und einer Tante, die sich bei der Betreuung abwechselten, nicht allzu liebevoll versorgt. Matt war lange ein stiller, scheuer Junge gewesen, der von seinen Kameraden gehänselt wurde, weil er bei den üblichen Spielen seiner Geschlechtsgenossen nicht mittun mochte. Es bedrückte Suzanna, dass Matt ohne Vater aufwachsen musste, aber für die Suche nach einem neuen Lebenspartner fehlte ihr nicht nur die nötige Zeit, sondern auch der innere Antrieb, da sie um den so früh verstorbenen Jack, ihre große Liebe, immer noch trauerte. Hinter ihrem zupackenden Wesen verbarg sich eine feinfühlige Seele, und so war sie nicht allzu überrascht, als Matt mit sechzehn Jahren praktisch über Nacht seinen Charakter und sein Leben von Grund auf änderte: Der bis dahin so sanfte und stille Junge verwandelte sich in einen grünhaarigen, mit Sicherheitsnadeln gepiercten, struppige Zwergratten züchtenden, Haschisch rauchenden und Dosenbier trinkenden Punk, der die Nächte mit seinesgleichen in Hinterhöfen verbrachte und an manchen Morgen zu betrunken war, um auf seinen eigenen Beinen in die Schule zu wanken.

Einige Monate vor dieser spektakulären Verwandlung ihres Sohnes hatte Suzanna begonnen, sich meinem Übungsprogramm zur Überwindung energiesenkender Muster zu unterziehen. Bei unseren Treffen berichtete sie mir mit wachsender Verzweiflung von den Eskapaden ihres Jungen, der mal in Schlägereien mit Ku-Klux-Klan-Leuten verwickelt war, dann wieder von der Polizei aufgegriffen wurde, weil er und seine Punk-Kumpane durch ein offenes Fenster in das Getränkelager einer lokalen Gastwirtschaft geklettert waren.

Suzanna hatte eine Reihe von Versuchen unternommen, mit ihrem Sohn »in Ruhe zu sprechen«, wie sie es mir gegenüber nannte – wobei allerdings ihre Stimme und ihre Unterlippe zitterten. Diese Gespräche endeten regelmäßig in Tränenausbrüchen der Mutter und wütendem Geschrei ihres Sohnes, der ihr unter anderem vorwarf, dass sie niemals Zeit für ihn gehabt habe, dass sie ihn nie geliebt habe und Jacks Tod und ihre Arbeit immer nur willkommene Vorwände für sie gewesen seien, um sich ihrem Sohn zu entziehen. Bei diesen hitzigen Auseinandersetzungen stritt Suzanna immer alles ab, solange ihre Kräfte reichten, um dann weinend aus dem Zimmer zu laufen.

»Dabei hat Matt recht, zumindest teilweise«, sagte sie zu mir. »In den ersten Jahren war ich so sehr in Jack verliebt, dass ich meine Mutterrolle wohl wirklich vernachlässigt habe. Und später, als Jack tot war – da war ich durch meine Trauer und meinen Schmerz so sehr gelähmt und innerlich versteinert, dass ich dem armen kleinen Matt wiederum nur wenig Aufmerksamkeit zuwenden konnte.«

»Dann sagen Sie ihm das, Suzanna«, schlug ich ihr vor. »Sagen Sie es ihm genau so, wie Sie es eben mir erklärt haben. Und bitten Sie Matt um Verzeihung.«

Suzanna brauchte noch ein paar Tage, aber dann raffte sie sich tatsächlich auf und versuchte ihrem Sohn klarzumachen, dass und warum sie sich in seinen ersten Jahren und in seiner späteren Kindheit so wenig um ihn gekümmert hatte. Als sie ihn schließlich um Verzeihung bat, schien Matt beeindruckt, ja gerührt. Die beiden umarmten sich und verbrachten zum ersten Mal seit Langem wieder einen gemeinsamen Abend, bei dem der Sohn sich nicht betrank oder fluchend und mit Türen knallend davonlief und die Mutter nicht mit Weinkrämpfen aus dem Zimmer rannte.

Aber diese Entspannung der Atmosphäre hielt nicht annähernd so lange vor, wie Suzanna es in der ersten Euphorie erhofft hatte. Schon am übernächsten Tag gerieten sich die beiden wieder wegen irgendwelcher scheinbarer Nichtigkeiten in die Haare, und als Suzanna am Abend nach Hause kam, war Matt gerade dabei, sich mit einigen Punk-Gefährten in seinem Zimmer »die Lampe anzuzünden«, wie er das nannte.

Vor Wut und Enttäuschung verlor sie die Selbstbeherrschung. Sie schrie Matt an, dass er sich jetzt auf der Stelle entscheiden müsse:

Entweder er kehre zu ihr und einem anständigen Leben zurück – oder er solle mit seinen abgerissenen Kumpanen aus ihrem Haus verschwinden.

Sie bereute ihre Worte bereits, während sie auf die Jungen einschrie. Und sie hatte den Mund noch nicht ganz wieder geschlossen, als Matt den anderen einen Wink gab und sie wie eine Meute magerer Füchse in der Nacht verschwanden.

Bei unserem nächsten Treffen, das gleich am Tag nach dieser dramatischen Konfrontation stattfand, überschüttete sich Suzanna vor mir mit Selbstvorwürfen. Sie sei eine Rabenmutter, sie allein treffe die Schuld daran, dass ihr armer Matt so sehr aus der Bahn geraten war. Und nun habe sie ihn auch noch davongejagt wie einen Verbrecher, dabei sei Matt doch beinahe noch ein Kind!

Nachdem Suzanna sich ein wenig beruhigt hatte, erzählte ich ihr von der von mir entwickelten Methode der Positiven Spirituellen Intervention. In den Wochen davor hatte sie bereits einige Erfahrung als Trancereisende sammeln können und war in ihrem inneren Himmel auch schon mehrfach ihrem höheren Selbst begegnet. »Bitten Sie Ihren Engel«, sagte ich nun zu ihr, »mit Matts Engel zu sprechen.«

Die hilfreichen Geister

Bei der Vorbereitung dieser Trancereise war es besonders wichtig, dass Suzanna ihr Innerstes von jeglichem Groll gegenüber Matt reinigte. Nur wenn sie wirklich und vorbehaltlos vor sich selbst ihre Schuld an Matts Notlage eingestand und sich aus tiefstem Herzen wünschte, dass ihr Junge ihr verzieh, wäre ihr Engel bereit und imstande, auf Matts höheres Selbst einzuwirken.

Als sie schließlich vor ihrem Engel stand, gab er ihr mit einem strahlenden Lächeln zu verstehen, dass er sehr gerne bereit war, ihr und damit vor allem auch Matt zu helfen. Unter dem Mantel ihres Engels hervorlugend war Suzanna Zeugin, wie ihr höheres Selbst über die Lichtbrücke schritt oder schwebte und auf der Spitze einer Lichtpyramide mit Matts Engel zusammentraf. »Bitte schenke deinem kleinen Selbst Liebe«, sagte ihr Engel. »Matt leidet und lässt andere leiden.«

Suzanna weinte vor Reue und zugleich vor Glück, als sie den Engel ihres Sohnes sah, einen idealen, vollkommenen, überirdisch schönen, vor Liebe strahlenden Matt – in allem das schiere Gegenteil ihres Punk-Jungen, der sich absichtlich entstellte und sein Gesicht andauernd zu möglichst abstoßenden Fratzen verzog.

Zwei Wochen lang wiederholte sie jeden Tag diese Tranceübung und bat ihren Engel immer aufs Neue, bei Matts Engel zu intervenieren. Dann aber wollte sie sich schon geschlagen geben, denn die erhoffte schnelle und grundlegende Veränderung schien auszubleiben. Zwar war Matt einige Tage nach jenem heftigen Streit wieder nach Hause gekommen, aber nur, um sich auszuschlafen und satt zu essen. Dann hatte er ein paar Sachen zusammengepackt und war abermals auf und davon gegangen, obwohl Suzanna gebettelt und geweint hatte, damit er bei ihr blieb. Diese Szenen hatten sich seitdem mehrmals wiederholt, und auch die Engel schienen Matts Verwandlung zum prügelnden Trunkenbold in Punk-Outfit nicht mehr rückgängig machen zu können.

Am sechzehnten Tag aber stand Suzannas Junge plötzlich wieder vor ihrer Tür und sah aus, als ob er nur eben im Supermarkt gewesen wäre, um ein paar Sachen einzukaufen. Seine zerfetzten Punk-Klamotten hatte er wieder gegen gewöhnliche Jeans und sein Lieblings-T-Shirt vertauscht. In seinen Haaren entdeckte Suzanna noch einige Reste von der giftig grünen Farbe, mit der er sich zum Punk verunstaltet hatte, und seine Augen waren von den Alkoholexzessen der zurückliegenden Wochen entzündet. »Aber davon abgesehen hat er begonnen, wieder zu dem alten Matt zu werden, der er früher war«, wie die überglückliche Suzanna mir berichtete.

Sie fuhr fort mit ihren Trancereisen, und nur wenige Tage später zeigte Matt erste Anzeichen der »Erweckung«. Er erzählte ihr von seinen Träumen, in denen er sich selbst als einem Lichtwesen begegnet sei, und fing in der Folgezeit an, sich für spirituelle Themen, energetisch wertvolle Ernährung und die Frage, was uns nach dem Tod erwartet, zu interessieren. Suzanna hatte erwartet, dass er sich mit ihr aussprechen wolle, und sich innerlich schon gewappnet für den Fall, dass er sie neuerlich mit Vorwürfen konfrontieren würde. Aber diese Aussprache fand niemals statt, und zwar nicht deshalb, weil sie beide vor neuen Auseinandersetzungen zurückgeschreckt wären, sondern weil Matt ihr eines Tages erklärte, dass er mit sich selbst und seinen beiden Elternteilen nun im Reinen sei.

»Es ist sonderbar«, sagte er zu ihr, »aber mir kommt es vor, als ob irgendwelche Geister diese ganze verwickelte Sache für uns geregelt hätten. Sogar meinen Dad habe ich dort in der Geisterwelt besucht – ich meine natürlich«, unterbrach er sich mit einem verwirrten Lächeln, »ich habe geträumt, dass ich mit meinem Engel bei Dad gewesen wäre, der gleichfalls so etwas wie ein Engel war.«

»Habe ich neulich gesagt, dass er wieder der alte Matt geworden wäre?«, fragte mich Suzanna bei unserer abschließenden Sitzung mit einem schelmischen Lächeln. »Dann habe ich mich eindeutig geirrt, denn in den letzten Monaten hat sich Matt sehr stark weiterentwickelt. Er wirkt jetzt viel männlicher, reifer und gelassener als vor seiner ›Energiekrise‹ – beinahe wie vor zwanzig Jahren sein Vater Jack.«

Wie Ihr Engel Sie im Notfall schützen kann – die SOS-Variante

Dies ist eine Variante der Positiven Spirituellen Intervention, die Sie im Notfall anwenden können, um sich vor energievampiristischen Angriffen augenblicklich zu schützen. Damit man sie wirkungsvoll einsetzen kann, sollte man aber unbedingt reichhaltige spirituelle Erfahrung besitzen und mit seinem höheren Selbst so stabil verbunden sein, dass man tatsächlich imstande ist, angreifende Energievampire durch Überflutung mit kosmischer Energie zu lähmen. Von einer Vorform dieser spirituellen Abwehrwaffe habe ich meinen Lesern schon in meinem Buch *Achtung, Energie-Vampire!* berichtet. Allerdings war ich damals noch weit davon entfernt, die Möglichkeiten dieser SOS-Methode zu überblicken oder gar gezielt und systematisch einzusetzen.

Um zu veranschaulichen, wie die Methode funktioniert und worauf sie basiert, erzähle ich am besten einfach die Geschichte von Sharon, die sich vor einigen Jahren zugetragen und damals auch mich bis ins Innerste erschüttert hat.

Mit ihren Eltern, Frank und Harriet, und ihrem kleinen Bruder Mike lebte Sharon in einem geräumigen Haus wenige Straßenzüge von meiner Beratungspraxis entfernt. Damals war sie fünfzehn Jahre alt, ein zierliches Mädchen mit auffällig heller Haut und dichtem schwarzem Haar, das wie ein Helm an ihrem Kopf anlag. Auffällig war auch der Blick ihrer hellblauen Augen, der zugleich durchdringend und verschleiert wirkte – wie zwei brennende Sterne hinter einem Gespinst aus Nebel. Anfangs bekam ich Sharon nur hin und wieder zu sehen, wenn sie ihre Mutter Harriet abholte, die mich wegen ihrer Depressionen und Panikattacken um Hilfe gebeten hatte.

Der Vater der kleinen Familie, Frank, war Prediger einer evangelikalischen Gemeinde, die in ständiger Erwartung apokalyptischer Gottesstrafen lebte. Aus Harriets Schilderungen erkannte ich rasch, dass ihr Mann ein Energieräuber vom Typus des Angstvampirs war. Seine Macht über Harriet und die Kinder ebenso wie über seine Gemeinde beruhte darauf, dass er in all diesen ihm anvertrauten Seelen unablässig Angst und Schuldgefühle schürte.

Frank war ein kleiner, schmaler Mann von hypernervösem Charakter. Seine Augen huschten immerzu unruhig umher, seine Hände waren ebenso unaufhörlich in Bewegung, und auch wenn er schwieg, schien ein Strom beunruhigenden Gemurmels von ihm auszugehen. Beharrlich untergrub er Selbstbewusstsein, Lebensfreude und Zuversicht aller Menschen in seiner Umgebung. Anscheinend berauschte er sich buchstäblich an den Wogen der Angst, die von den Betenden in dem kleinen Gemeinderaum wie auch zu Hause, am Küchentisch, von seiner Frau und seinen beiden Kindern zu ihm schwappten.

Allerdings schien Frank als Strafgerichtsprediger nicht allzu überzeugend zu sein. Seine Gemeinde bestand nur aus ein paar Dutzend Schäfchen, und ihre »Kirche« war ein ehemaliger Lagerschuppen in einem Hinterhof. Nachdem das wohlhabendste Kirchenmitglied, das bis dahin für alle Unkosten, einschließlich der Entlohnung ihres Oberhaupts, aufgekommen war, unter zweifelhaften Umständen aus dem Leben geschieden war (ob durch Mord oder Selbstmord, konnte nie wirklich aufgeklärt werden), zerfiel die kleine Gemeinde praktisch über Nacht zu einem Chaos aus allgemeiner Überschuldung und apokalyptischer Hysterie.

Auch Harriet und ihre Familie wurden von diesem Strudel davongerissen und in eine übel beleumdete Hochhaussiedlung am östlichen Ende der Stadt gespült. Von einer Kellerwohnung aus, in der das Tageslicht ein seltener Gast war und man die Ratten hinter den Wänden trappeln hörte, arbeitete Frank verbissen an seinem Comeback. Während der Nächte schrieb er Texte voll düsterer Voraussagen, die er im Morgengrauen auf einem altertümlichen Kopiergerät vervielfältigte und an ausgewählte Empfänger verschickte. Zweifellos hoffte er auf diese Weise einen neuen Wohltäter zu ködern, der seine Gemeinde und vor allem ihn selbst sponsern würde. Aber die gelegentlichen Spenden, die er erhielt, reichten für ihn und seine Familie kaum zum Überleben.

Als diese Katastrophe über sie hereinbrach, hatte ich mit Harriet erst ein paar Wochen lang an ihrer Energiestruktur gearbeitet. Eigentlich wusste sie selbst seit Langem, dass sie ihre beiden Kinder bei den Händen packen und Frank auf schnellstem Weg verlassen sollte, und letztlich war dies auch der Grund, warum sie mich aufgesucht hatte. Aber sie war noch weit davon entfernt, diese Loslösung durchzustehen und sich fortan aus eigener Kraft durchzuschlagen, und so erstaunte es mich nicht, dass Harriet ihrem düsteren Frank in jene Kellerwohnung folgte.

Es verwunderte mich nicht, doch es bedrückte mich umso mehr. Immer wieder musste ich daran denken, wie die zierliche Sharon, ihr kleiner, damals erst neun Jahre alter Bruder und die ohnehin von Angst und Depressionen geplagte Harriet in einer so herben Umgebung zurechtkommen würden. Die Hochhaussiedlung war für hohe Arbeitslosigkeit, Bandenkriminalität und Vergewaltigungen am helllichten Tag berüchtigt, und bis dahin hatten Harriet und ihre Kinder zwar unter der Fuchtel eines paranoiden Angstvampirs, aber zumindest in einem freundlichen, hellen Haus in einem bürgerlichen Viertel gelebt.

Besonders Sharon ging mir nicht aus dem Sinn. Sie war ein sensitiv begabtes Mädchen, das war mir schon bei unserer ersten Begegnung aufgefallen, und das hatte ihre Mutter mir auch bestätigt: Sharon hatte Vorahnungen und sah in ihren Träumen häufig Dinge voraus, die wenig später tatsächlich eintraten. Ein paar Mal war es passiert, dass sie die Gedanken von Leuten in ihrer Umgebung »mitgelesen« hatte, ohne selbst so recht zu begreifen, was da mit ihr geschah. Und als Einzige in der Familie hatte Sharon einen gewissen Einfluss auf den angstvampiristischen Frank. »Wenn sie ihren Vater auf diese besondere Art ansieht«, so hatte Harriet es mir erklärt, »wird Frank auf einmal ganz ruhig und entspannt und beginnt sogar zu lächeln.«

Ich hatte eine recht genaue Vorstellung davon, wie Sharon das anstellte. Offenbar war sie mit ihrem höheren Selbst gut verbunden (sonst hätte sie nicht über die erwähnten intuitiven, telepathischen und sogar prophetischen Fähigkeiten verfügt), und das versetzte sie in die Lage, ihren Vater Frank erforderlichenfalls an den Energieressourcen teilhaben zu lassen, die ihr innerer Engel für sie bereithielt. Anders gesagt: Wenn sie spürte, dass Frank wieder einmal im Begriff war, Angst und Schrecken zu verbreiten, um auf diese räuberische Weise seinen Energiebedarf zu decken, dann überschüttete ihn Sharon mit ihrer Liebe, mit reiner Engelenergie.

Ich wusste aus eigener Erfahrung, dass man im Notfall einen Angreifer neutralisieren kann, dessen Aggression aus akutem Energiemangel herrührt. Vor langen Jahren hatte ich selbst einmal in einer Slumsiedlung einen solchen Angriff äußerst gewaltbereit wirkender Jugendlicher erfolgreich abgewehrt, indem ich den Gang-Anführer mit einer Woge reiner, altruistischer Liebe überschwemmte. (In meinem Buch *Achtung, Energie-Vampire!* habe ich von dieser Erfahrung berichtet.) Und während meine Gedanken wieder und wieder zu Harriet, Sharon und dem kleinen Mike zurückkehrten, nahm in meinem Innern ein Plan Gestalt an: Ich musste mit Sharon in Verbindung treten und sie in ihren sensitiven Talenten bestärken und schulen, das war ihre einzige Chance, aus der ganzen, schrecklich verfahrenen Situation heil hervorzugehen.

Am Abend des gleichen Tages versetzte ich mich in Trance und versuchte Sharon eine Gedankenbotschaft zu senden: »Sharon, komm zu mir. Dorothy«. Alle meine spirituelle Energie bündelte ich und schickte sie auf die Reise zu dem Mädchen mit der zierlichen Figur, den helmartig anliegenden schwarzen Haaren und dem Blick aus hellblauen Augen, der zugleich durchdringend und verschleiert schien. Zuvor hatte ich meinen inneren Engel um Beistand gebeten, und während ich meine Botschaft ein ums andere Mal wiederholte, vergegenwärtigte ich mir Sharons Aussehen so intensiv wie möglich.

Ich war mir keineswegs sicher, ob dieser Versuch erfolgreich sein würde. Mit einer Person, deren sensitive Fähigkeiten nicht geschult sind und mit der man überdies nur flüchtig bekannt ist, kann man sehr viel schwerer in telepathischen Kontakt treten, als wenn es sich um einen Vertrauten handelt, der als spiritueller Heiler oder Helfer in ähnlicher Weise ausgebildet ist wie man selbst.

Zwei Tage lang geschah überhaupt nichts, doch am dritten Tag stand tatsächlich Sharon vor meiner Tür. Da ich gerade mit einer Klientin arbeitete, bat ich das Mädchen nach einer kurzen, herzlichen Begrüßung, in meinem privaten Ruheraum neben der Praxis auf mich zu warten. Ich wolle ihr etwas vorschlagen, fügte ich hinzu und erkannte an ihren Augen, dass sie bereits wusste – oder zumindest ahnte –, worüber ich mit ihr sprechen wollte.

Eine halbe Stunde später war ich bei ihr. Sie wirkte angespannt, aber nicht verängstigt, eher auf eine suchende, noch ziellose Weise entschlossen, sich nicht unterkriegen zu lassen.

»Vielleicht ist es ja alles nur ein blöder Irrtum«, sagte sie, »aber ich habe seit Tagen immer wieder so eine Ahnung, dass du mich sprechen willst. Wenn nicht, sag nur ein Wort und ich bin wieder weg.«

Ich umarmte sie und versicherte ihr, dass ihre Ahnung sie nicht getrogen habe und ich glücklich sei, sie bei mir zu sehen. »Ich habe dir eine Gedankenbotschaft geschickt«, sagte ich. »Du bist spirituell sehr begabt, Sharon, das weiß ich seit unserer ersten Begegnung. Ich will dir helfen, deine Begabung zu entwickeln und zu schulen, damit du deine Mutter, Mike und dich selbst besser schützen kannst.«

Sie sah mich schweigend an. Ihr Mund zuckte für einen Moment, und ich ahnte, dass sie während der ersten Wochen in ihrer neuen Umgebung schon einige ungute Erlebnisse hinter sich gebracht hatte. »Wie soll das gehen?«, fragte sie schließlich.

Da erzählte ich ihr, was mir vor Jahren in jener Slumsiedlung widerfahren war. Ich hatte eine Autopanne und musste in einer wirklich üblen Straße anhalten. Stapel alter Autoreifen und der Inhalt umgestürzter Mülltonnen brannten in der Gosse, und kaum hatten sie mich bemerkt, da kam eine Bande jugendlicher Gangster, bewaffnet mit Messern und Schlagstöcken, auf mich zu.

»Was hast du gemacht?«, fragte Sharon. »Sie mit Blitzen beschossen?«

Wir mussten beide lachen. »Nicht ganz«, erwiderte ich. »Ich habe dem Anführer der Bande alle Liebe geschickt, alles Engellicht, das in mir war.«

Wieder sah Sharon mich schweigend an, dann nickte sie mehrfach, als ob sie meine Erfahrung bestätigen könnte. »So mache ich es manchmal auch bei Dad. Aber wenn du die Typen sehen würdest, die da draußen bei uns durch die Straßen ziehen …«

»Du musst sie dir ja nicht alle vornehmen«, sagte ich. »Sorge dafür, dass ein paar von den Platzhirschen ein einziges Mal spüren, welche Kräfte in dir stecken. Dann haben du und deine Familie ein für alle Mal Ruhe. Wir müssen es nur vorher trainieren, damit beim großen Showdown nichts schiefgeht.«

Die verschiedenen Techniken, mit denen man sich in Trance versetzen kann (siehe 4. Kapitel), sind im Grunde nur Hilfsinstrumente für uns heutige »westliche« Zeitgenossen mit rationalistisch gedrilltem Normalbewusstsein. Für viele Menschen in anderen Epochen und Kulturen war die Grenze zwischen Wachzustand und Trance fließend und der Übergang erfolgte blitzschnell und ohne irgendwelche äußerlichen Vorbereitungen.

Seher verfielen in eine Sekundentrance, empfingen ihre prophetischen Visionen und kehrten im nächsten Augenblick in die diesseitige Wirklichkeit zurück. Ebenso vermochten sensitiv besonders Begabte ganze Menschenmengen in kürzester Zeit in Trance zu versetzen, indem sie ihnen auf telepathischem Weg bildliche Suggestionen sandten – ein Phänomen, das aus dem europäischen Mittelalter ebenso wie beispielsweise aus dem indischen Kulturraum bekannt ist und meistens als Massen-Blitzhypnose bezeichnet wird.

Entsprechend war auch die Grenze zwischen »gewöhnlicher« Imagination – also etwa dem Tagtraum – und Trancegesichten keineswegs scharf gezogen. In diesem Grenzbereich des Bewusstseins vermochten erfahrene Sensitive »beide Seiten« zugleich zu schauen, also die Welt der Engel und sonstigen Geister genauso wie die irdische Wirklichkeit mit ihren verkörperten Kreaturen. Alle wirklichen (also nicht betrügerisch vorgetäuschten oder aus frommem Eifer erfundenen) Wundertaten, von denen berichtet wird, beruhen auf eben diesen Fähigkeiten einzelner sensitiver Menschen, gleichzeitig in den Bereichen des Normal- und des Hyperbewusstseins zu agieren.

Als ich vor weit mehr als einem Jahrzehnt jene herausfordernde Begegnung in der Slumstraße zu bestehen hatte, waren auch mir diese Zusammenhänge noch nicht vollständig bewusst. Meine sensitiven und spirituellen Fähigkeiten waren zwar vorhanden, aber erst teilweise geschult. Natürlich hätte ich mich in jener SOS-Situation nicht erst einmal mittels Pendel- oder Tropfentechnik in Trance versetzen können, um mit meinem inneren Engel Verbindung aufzunehmen. Vielmehr musste ich diesen Kontakt gedankenschnell herstellen, in einer Sekundentrance den kosmischen Pool anzapfen und zugleich den Gang-Leader im Auge behalten, auf den ich die Energiewoge lenken wollte.

Diese ganze komplexe Notfallaktion gelang mir nicht deshalb, weil ich sie vorher durchdacht und eingeübt hätte, sondern nur darum, weil mich meine teilweise noch »wildwüchsige« Sensitivität glücklicherweise nicht im Stich gelassen hatte. Doch hierauf wollte ich mich, was Sharon und ihre Familie anging, lieber nicht verlassen.

In den folgenden Wochen besuchte mich Sharon nahezu an jedem Tag. Ich hatte für sie einen Intensivkurs entworfen, bei dem es einzig und allein darum ging, ihre »paranormalen« Talente so rasch wie möglich im Hinblick auf gewisse Notfallsituationen zu schulen.

Schon nach kürzester Zeit vermochte sich das Mädchen sozusagen im Handumdrehen in Trance zu versetzen und ebenso rasch in die »Normalität« zurückzukehren. Ich lehrte sie, ihren inneren Engel aufzusuchen und gezielt um Rat und Hilfe zu bitten. Ich zeigte ihr, wie sie ihre außerordentlichen telepathischen Kräfte einsetzen konnte, um mir im Notfall ebenso eine Gedankenbotschaft zu senden, wie ich sie auf diesem Weg aufgefordert hatte, mich aufzusuchen.

Sharon begriff und lernte so schnell, dass es für uns beide die reine Freude war. Anfangs hatte ich noch geplant, sie lediglich in dem Kunstgriff zu trainieren, mit dem ich damals die Aggressivität jenes Gang-Leaders lahmgelegt hatte. Aber mir wurde bald schon klar, dass Sharon mehr brauchte als einen stillen K.o.-Sieg durch Liebesenergie, wenn sie und ihre Familie dort draußen wirklich unbehelligt leben wollten. Wir mussten es so einrichten, dass alle Nachwuchsgangster, die bei der Konfrontation zugegen waren, mit eigenen Augen sahen, über welche »übernatürlichen« Kräfte Sharon gebot.

Nachdem sie knapp zwei Wochen lang meinen Crashkurs absolviert und sich jeden Tag aufs Neue als hochbegabte Schülerin erwiesen hatte, beschlossen wir, die Konfrontation zu wagen. In der Zwischenzeit war Harriet in der Straße, wo ihre Kellerwohnung lag, bereits zweimal überfallen worden, und der kleine Mike wagte sich kaum mehr vor die Tür. Nur Vater Frank spazierte ungerührt draußen umher und schien sich in den düsteren Straßenschluchten und zwischen den apokalyptisch aufgestylten Gangstertypen wie zu Hause zu fühlen.

Auch Sharon selbst war schon ein paar Mal in unangenehme Situationen geraten. Auf meinen Rat hin hatte sie es jedoch vermieden, von ihren spirituellen Möglichkeiten Gebrauch zu machen, da wir uns das Überraschungsmoment aufsparen wollten. Einmal hatte ein abgerissener Mittzwanziger vor ihr sein Klappmesser gezückt, aber als Sharon ihn nur mit ihren durchdringenden Augen angestarrt hatte, war er schließlich schulterzuckend zur Seite getreten, sodass sie unbehelligt weitergehen konnte. Ein anderes Mal war sie von Jugendlichen umringt worden, die sie aufforderten, ihr den Inhalt ihrer Handtasche zu übergeben. Sharon, die genau diese Situation vorausgesehen hatte, leerte bereitwillig ihre Tasche aus, die lediglich wertlosen Plunder und ein paar zerknitterte Dollarnoten enthielt, da sie alle wichtigeren Dinge in Gürteltasche und Brustbeutel verstaut hatte. Sie war eben nicht nur ein sensitiv begabtes, sondern auch ein lebenskluges und pragmatisch vorausschauendes Mädchen.

An dem Tag, den wir für den Showdown vorgesehen hatten, fuhr ich sie mit meinem Wagen nach Hause. Wir hatten verabredet, dass ich im Auto bleiben, die Situation im Auge behalten und nur notfalls aktiv eingreifen würde. Wenn alles so liefe, wie wir es uns erhofften, würde ich mich darauf beschränken, Sharon so viel Energie zu senden, wie ich mithilfe meines inneren Engels irgend aufbringen konnte. Denn Sharon würde mehr davon benötigen, als eine ganze Kleinstadt an einem frostkalten Wintertag durch die Schornsteine pusten konnte.

Sie lächelte mir noch einmal zu (so als ob ich es wäre, die ermutigt werden müsste), dann stieg sie aus und ging geradewegs auf die Gruppe verwegen gekleideter junger Typen zu, die auf dem weiten, öden Platz vor den Hochhäusern zwischen umgekippten Abfallcontainern und Sperrmüllstapeln beisammen standen.

»Hey, bleiche Braut«, sagte einer der Kerle zu ihr, »leg dich dahin, wir haben was mit dir vor.« Er deutete auf ein halb vermodertes Sofa, das auf drei Beinen neben den Kehrichthaufen stand. Die anderen Burschen grölten und johlten durcheinander.

Sharon ging unbeirrt weiter, bis sie ungefähr zwei Schritte vor dem Kerl stand, der sie eben angepöbelt hatte. Er trug einen Irokesenhaarschnitt, seine Schultern waren breit, seine Gebärden herausfordernd. Aber seine unreine, käsefarbene Haut und mehr noch seine graue, löchrige Aura verrieten, dass es um seinen Energiehaushalt schlecht bestellt war.

»Ist der da euer Boss, Leute?«, fragte Sharon die anderen Kerle, vielleicht sechs oder sieben Burschen, alle zwischen siebzehn und fünfundzwanzig Jahren und von so abgerissenem Aussehen wie ihr Wortführer. Sie deutete auf den Irokesen, und die anderen schrien durcheinander: »Wir sind hier alle Chefs, verstehst du, Braut? Wir machen ein Meeting, um die Claims aufzuteilen. Damit unsere Gangs sich nicht gegenseitig ins Gehege kommen. Aber warum erzählen wir dir das überhaupt?«

Ihre Redseligkeit begann ihnen selbst unheimlich zu werden, und was ihnen da die Zunge lockerte, war tatsächlich schon ein erster Vorgeschmack auf das, was ihnen gleich passieren sollte.

Sharon lächelte sie an. Ihre Haltung schien ganz entspannt. Für einen Sekundenbruchteil sah ich, wie ihre Augen sich nach oben verdrehten, und im selben Moment begann ich, ihr meine Energie zu schicken. Denn Sharon öffnete nun ihre sämtlichen Schleusen und fing an, die Gang-Leader mit reiner Liebesenergie zu überschwemmen. Zugleich feuerte sie telepathische Signale auf die Burschen ab, um sie ihrerseits in Trance zu versetzen. Sie ließ sie hypnotische Trommelrhythmen hören, untermalt von einem suggestiven Sprechgesang: »Ich bin der Engel des Lichts. Ich bin der Engel des Lichts. Fall auf die Knie vor mir. Fall auf die Knie.«

Aus den Gesichtern der Nachwuchsgangster konnte ich unschwer ablesen, was sie in diesem Moment schauten, fühlten und dachten. Tränen quollen ihnen aus den Augen, ihre sonst so harten Züge wurden weich vor kindlichem Glück. Tatsächlich sanken sie einer nach dem anderen vor Sharon auf die Knie und schauten mit hängenden Kinnladen, die Köpfe in den Nacken gelegt, die Hände wie flehend erhoben, zu ihr auf.

Für zufällige Passanten oder Leute, die vom Hochhaus aus ihren Fenstern sahen, war es ein verrückter, unglaublicher Anblick. Aber die jungen Gangster aus der Hochhaussiedlung sorgten in den nächsten Tagen sehr schnell dafür, dass niemand mehr an ihrer Version der Dinge zu zweifeln oder gar darüber zu spotten wagte.

Sharon, das scheue Mädchen aus der Kellerwohnung, hatte sich vor ihren Augen in einen mächtigen Engel aus Licht verwandelt. Und in ihrem Innern hatten sie alle, die coolen Gangster, die zustechen und zuschlagen konnten, ohne mit der Wimper zu zucken, sich so von reiner, kindlicher, engelhafter Liebe erfüllt gefühlt wie niemals mehr seit ihren allerersten Erdentagen.

Überflüssig zu erwähnen, dass Sharon und ihre Familie nie mehr von irgendwem in der Hochhaussiedlung belästigt wurden. Mittlerweile ist Sharon übrigens eine junge Frau Anfang zwanzig und hilft in einem eigenen spirituellen Schulungszentrum Männern und Frauen, ihre sensitiven Kräfte zu entwickeln und zu kontrollieren.

Liebe Leserinnen und Leser, ich wünsche Ihnen von Herzen, dass es Ihnen gelingt, die Verbindung zu Ihrem höheren Selbst aufzubauen und zu stärken. Helfen wir unseren Mitmenschen, so wie wir selbst auf dem spirituellen Weg fortzuschreiten, getragen und beflügelt von der unermesslichen Liebe und Energie unseres inneren Engels.